JN254840

人と文化の探究⑯

吉野作造と柳田国男

大正デモクラシーが生んだ「在野の精神」

田澤晴子著

ミネルヴァ書房

はしがき

吉野作造に関する修士論文を書き終えたあと、次の課題を探すなかで柳田国男『明治大正史　世相篇』が思い浮かんだ。色や匂い、味覚などから近代の歴史を読み解いていくその感性に感嘆しながら読んだことがあったからである。

しかし両者の思想には何の脈略もないようにみえた。吉野は政治学（政治史）が専門で時事評論などを中心に、普通選挙運動など都市部の政治を論じた同時代の啓蒙的知識人かつ戦後民主主義の源流を形成した人物、すなわち「近代」の思想家であり、柳田は既存の学問を批判し農村社会や辺境地域を中心に据えて文学的感性に富む文章で日本文化を論じた民俗学者、「反近代」の思想家とみされていたからである。両者の間には研究上大きな隔たりがあった。

もっとも両者は同世代で東京帝国大学の法科を出ており、一九二〇年代前後に帝国大学教授や国家官僚などの官職を辞し民間の研究者として新たな道を歩んでいることや、その前に朝日新聞社で論説委員を務めている等、その経歴に共通点がある。しかも私が修士論文で吉野を取り上げたのは、日本的「民主主義」とされる「民本主義」がキリスト教をその思想の基礎としているからであった。近代的な合理精神を支える非合理的な感情や想念、宗教精神の役割に関心をもっていた私にとって柳田への傾きは自然なものであった。

そんな折に鹿野政直先生が、吉野はもういいでしょう、と私に話しかけてくださった。そのことを契機に、ともかく柳田をやってみようと決心した。

そのころ川田稔先生の『柳田国男――「固有信仰」の世界』（未來社、一九九二年）を読んだ。柳田の「固有信仰」＝氏神信仰論の全体像を解明しそれが「国家神道」批判であることを明らかにした研究に、「近代」の政治思想としての「氏神信仰」論の可能性を知った。

吉野作造記念館奉職後、ささやかながら企画展「吉野作造と柳田国男――しだれ桜をめぐって」（二〇〇一年）を実施した。両者の朝日新聞社時代の交遊や民俗学上のしだれ桜の意味などを中心に構成したものである。関連文献を渉猟するなかで、吉野退社直後に柳田が朝日新聞論説を発表し始めることは偶然ではないのではないか、またその後の交友から両者の関係は一過性のものではないのではないかと感じた。

退職後、縁あって柳田を本格的に研究する機会を得た。最初に着手したのは柳田とキリスト教の関係についてである。柳田は学生時代一時的にキリスト教に接近したがすぐ棄教したというのが研究上の通説であり、キリスト教とは無関係とされていた。しかし、比屋根安定「故柳田国男先生とキリスト教界」（『キリスト新聞』一九六二年八月二五日）や佐古純一郎「大いなる遺産」（『定本』月報一六）の文章から、柳田が折にふれキリスト教への関心を示していたこと、日本メソジスト教会牧師別所梅之助のキリスト教民俗の著作に関心を寄せていたことを知り、別所の著作や柳田が影響を受けた金枝篇（フレイザー）などを手がかりとしてその関係を探索していった。また川田先生から「固有信仰」の母子神と聖母マリア信仰との関連についてアドバイスをいただき、キリスト教を介して両者がどのように向き合っているかを課題とすることができた。

また、大塚英志・鶴見太郎対談「柳田の市民――「郷土」から「パブリック」へ」（『ａｔプラス』二〇〇九年一一月号）、石井正己『いま、柳田国男を読む』（河出ブックス、二〇一二年）等を読み、従来の柳田像が変更されていることを感じながら、吉野と柳田の政治思想としての比較を進めていくことができた。

なお、両者の思想を東海地方の人々がどのように受容しているかを検討する機会も得た。吉野に関しては『愛知県史』の担当節執筆の過程で、「国体」との両立を掲げているために抵抗感なく「民本主義」や「普通選挙」の語が受け入れられる様を新聞や時報などで確認することができた。また、岐阜大学シンポジウムの準備のため明治末期の柳田の岐阜県旅行の足跡を辿る過程で、古い社会の残存の発見を喜ぶ柳田に対して飛騨の人々が「恥ずべき恨事」としていたことを知り、中央の民俗学者と地域の人々の異なる視線を感じた。思想の受容には地域差があるのではないかと感じているところであるが、この課題は今後展開していきたいと思っている。

吉野作造と柳田国男——大正デモクラシーが生んだ「在野の精神」　目次

序章　吉野作造と柳田国男の比較研究

1　吉野と柳田の思想比較

両者の生涯と交流

吉野作造（一八七八〜一九三三）は、日露戦争後から満州事変までのいわゆる「大正デモクラシー」期において、ヨーロッパの「民主主義」を日本の政治状況に合わせて導入した「民本主義」により、近代天皇制下における政治的民主化を主導した政治学者として知られている。柳田国男（一八七五〜一九六二）は、一九一九年貴族院書記官長を辞し、「柳田民俗学」と呼ばれる学問を一九三〇年代に打ち立てた。その思想は「大正デモクラシー」や日本の近代化を批判する農村の思想として、戦後の日本文化論に影響を与えてきた。

まず両者の生涯と交流について紹介したい。二人の年の差は三歳である。専攻は異なるがともに東京帝国大学法科大学政治学科を卒業した。吉野はその後大学院に入学し中国へ袁世凱の息子の家庭教師として赴任後、ヨーロッパ・アメリカ留学を経て東京帝大法学部の教員となるが一九二四年一月に退職した。柳田は卒業後国家官僚として農商務省に入り、法制局等を経て貴族院書記官長を最後に一九一九年末退職した(1)。

両者は一九二四年二月より共に朝日新聞社の編集局顧問・論説委員として約半年間交流した。入社披露を兼ねた時局問題講演会のため、関西および東北地方への講演旅行を共にしている。東北旅行の際は、山形市の旅館でしだれ桜を観て互いにそれが仙台のものだと話をしたところ、後日吉野から柳田のもとに仙台のしだれ桜の苗が贈られてきた。また、吉野の故郷宮城県古川町（現・大崎市）では、吉野の友人・内ケ崎作三郎の選挙応援演説を二人で行った。壮士が乱入し演者に野次をとばす荒々しく騒々しい演説会に、それまで静かな講演会しか経験してこなかった柳田は驚き、「選挙演説はもうやらんと決心した」と述懐している。(2)

その後神戸青年会館での講演「現代政局の史的背景」で五箇条の誓文を明治政府の「窮余の悲鳴」と吉野が発言したことを、右翼団体国粋会に「不敬」だと攻撃され、不起訴ながらも六月末で退社させられる。柳田はこの事件の収拾に奔走したとされる。(3)後年、吉野の発言について「純粋科学的、歴史的」な説明だったとしつつ、「不用意」で「時勢が悪かつた」としている。直截的な表現をする吉野に比べ、柳田の発言は常に慎重で「時勢」を考慮していた。

柳田が最初に朝日新聞に社説を掲載したのは、吉野退社直後の七月一日である。「七月一日から愈排日法実施につき」は、アメリカの排日移民法実施についてであった。この日を「国恥」記念日とすべきだとする反米的な紙面のなかで、この日を「仮に忘れても、尚進んで行くことのできる方向」を示すべきだと説き、排日移民法が人種差別だという当時の一般論を否定している。(4)それは日米移民問題における吉野の見解と同じであった。一九三〇年末まで論説を担当した柳田は、朝日新聞社を退社し本格的な民俗学確立に向けた準備に入る。

退社後の吉野は明治文化研究会を結成し、柳田は賛助員となった。吉野の情報不足を正す「畏友」として、交流は続いた。(5)晩年の吉野は経済的に困窮しながら言論活動を続け、時事評論を中心に雑誌に執筆した。一九三三年三月、肋膜炎が悪化し逗子サナトリウムで死去した。施設で火事があった直後だったため、暗殺されたという説もある。(6)その際柳田は、吉野から贈られた仙台のしだれ桜が今も咲かないままだと、その晩年の不遇を示唆するかのような言葉を記した。(7)柳田は一九三五年、民間伝承の会を立ち上げ、自身の学問を本格的に始動させる。アジア・太平洋戦争下では民俗学界を隆盛に導いた。戦後も精力的に活動し、その学問は「柳田民俗学」と呼ばれた。

吉野と柳田の思想は都市と農村、「文明」と土着、輸入学問と日本固有の学問、普遍性とナショナリズム、個人主義と共同体主義、アカデミズムと反アカデミズムなど、ことごとく対称的な思想とみなされてきた。その原因は、これまでの両者に関する研究にある。吉野の場合、「大正デモクラシー」を戦後民主主義の「源流」、リベラル・デモクラシーの「原形質」とみなす研究によって、その政治思想の意義と射程が論じられてきた。[8] 一方、「西欧」「合理」「理性」を掲げる「大正デモクラシー」は「ファシズム」を抑止しえなかったとする研究で柳田の思想が取り上げられ、[9]「大正デモクラシー」の底流にわだかまっていたもう一つの潮流を表現する学問や思想の代表格とされてきた。また近年では、「大正デモクラシー」と一九三〇年代の連続性を捉える研究のなかで、柳田の言説が帝国的編成と国民の再定義を示すものとして引用されている。[10] 両者はほぼ同年代であるにもかかわらず、その思想は交わらないものとみなされてきた。

吉野における共同社会・ヨーロッパ文明・明治文化研究の展開

しかし、両者の思想には共通点があることが研究の進展により明らかにされてきた。吉野について次の三点を指摘したい。第一に、吉野の思想には、国家と個人の間の共同社会を政治の核とする思考のあることが指摘されている。大正期の「社会の発見」という思想動向のなかで、吉野の「社会」像は「理想主義」に基づき道義的な精神が働く「相愛互助」の共同体という特徴、[11] あるいは「至高の規範性」をもつ「一大民族精神」という特徴が、[12] 明らかにされている。それは権力的な国家観と対立する一方、天皇を中心とする道徳的な共同体としての民族の概念に依拠しており、戦後に通じるような市民社会型の利益社会は構想しえなかったと指摘されている。[13] また、吉野の「国体」論は神話的権威に依拠する非合理的根拠を否定しつつも、歴史的に培われてきた国民の自然的な忠義心に関しては肯定し強調する側面があると指摘されている。[14]

第二に、吉野の「民本主義」は一般にヨーロッパの文明を日本に合わせて移植するものとされてきた。しかし近年はキリスト教やヨーロッパと距離をおく思想であることが明らかにされてきた。苅部直は、「大正の早期グローバリゼーション」と世界大戦の衝撃のなかで、吉野が依拠した普遍的な「道徳」精神のモデルは、キリスト教の派閥対立を批判するフリーメーソンリーだと指摘している。[15] 陶徳民は、吉野のキリスト教的人生観が儒教の性善論的人間観を受け継ぐ側面のあることを明らかにしている。[16] 吉野は生涯クリスチャンであったが、世界を主導する普遍的精神についての認識は、キリスト教の固有性から脱却していった可能性がある。

これに関連して鶴見俊輔は、「民本主義」はどんな政治体制でも国民が政治の中心となる方向に変えていけるという点に注目し、戦後の民主主義を超える「ユートピア」思想であると指摘している。[17] 吉野の「民本主義」は、キリスト教や「民主主義」体制に限定されない内容をもつ可能性がある。

近年の吉野の東アジア論研究においても、吉野の中国・朝鮮論は「民本主義」論の東アジアへの適用というより、ヨーロッパ列強に対抗する要素をもつことが指摘されるようになった。日露戦争勝利により吉野は「ヨーロッパ的世界像の克服と世界政治への一歩前進」という認識をもったこと、それは「アジアの民族意識の動向と互いに響きあう性格」があったと指摘されている。[18] そして第一次世界大戦後の東アジア論については、「文明化の論理を自ら克服する過程」に発表された日本を含む東アジアの改造論とされている。[19] また、中国をめぐる吉野の国際政治論は、ワシントン体制の「改造」をもくろむ日中の対等な提携論であることが明らかにされている。[20]

第三に、吉野が取り組んだ「現代」政治史研究は、神の意志を政治社会の動向のなかに見出す神への信仰に基づく歴史主義の立場によるものとされている。[21] その代表格とされる明治文化研究においては、明治期の専制政治（「明治寡頭政」）を肯定し、自由民権運動を時期尚早とする評価があるとされてきた。[22] 一方で、在野の民間史学の一つであるともされている。[23] 近年では、吉野が民権運動の自発的な結社の運動体としての画期性を評価していること、「宗教」的熱情により結束力ある運動だったと評価していることが指摘されている。[24] また、東京帝国大学の政治史講義（吉野作造講義録研究会編『吉野作造政治史講義』岩波書店、二〇一六年）が公刊されたことによって、吉野が大正初期より積み重ねてきた「現代」政治史研究の一環として、明治文化研究を捉えなおす必要が出てきた。

このように、吉野研究において、共同社会の思考がある点、キリスト教の固有性やヨーロッパ文明から脱却あるいは対抗している可能性をもつ点、明治文化研究を「現代」政治史研究の枠組みで再検討する必要のある点が指摘されてきた。

柳田におけるヨーロッパ・「大正デモクラット」・アカデミズムの再考

次に柳田研究の動向についても三点を指摘したい。第一に、「日本民俗学」は日本人による日本社会研究であり、日本の事例から帰納的方法により理論を構築し、ヨーロッパ「文明」に対し日本固有の文化を解明する学問とされてきた。しかし一方で柳田の民俗学形成におけるフレイザー、ゴムなどの進化主義的文化人類学、デュルケム、マリノフスキーなどの二〇世紀初頭の文化人類学の影響が指摘されてきた。[25] 自国民による自国の学問という方法、キリスト教「文明」批判は、ヨーロッパの文化人類学の方法や批判を受容し日本に適用する側面のあることが明らかになってきた。

また、柳田自身は一九三〇年代初頭「世界民俗学」構築への志向を明らかにしていたものの、先行研究では戦後の「新国学」への展開を基点とし、戦時下を通じ「一国民俗学」へと邁進する点が重視されてきた。[26] しかし、柳田の「世界民俗学」構想の問題を戦時下の東アジアへの展開との関連で論じる研究[27]など、民俗の世界的な比較の構想を戦時下も持ち続けていることが明らかにされている。

第二に、「非政治的性格」[28]を指摘されていた柳田の政治思想は、「大正デモクラット」の特徴をもつことが指摘されるようになった。それは英米中との国際的協調関係の樹立、政治的民主化の徹底、国内市場志向型の産業の育成であり、基本的には吉野ら「大正デモクラット」の構想と同一とされた[29]。近年では柳田「民俗学」の目的は「日本に欧米並みの民主主義を根付かせたい」という民主国家建設にあったとの論も出ている[30]。

一方、柳田の沖縄への関心、沖縄を日本人の源流とする仮説を、植民地統治が危機的な状況に陥る二〇年代の状況と関連づけ、日本人の祖先は大陸ではなく南島から来たとする「南島イデオロギー」を構築したとする議論や、アジア・太平洋戦争下の「大東亜共栄圏」構築と柳田民俗学との関わりが論じられた[31]。そしてその反論も相次いで起こった[32]。柳田の議論はどちらも部分的には肯定しているようにみえる。柳田が日本を南島との関連で捉えている点を「南島イデオロギー」とは異なる視点から考察する必要がある。そのため吉野の政治思想の観点を取り入れ、相互に比較検討する必要がある。

第三に、柳田民俗学は「民間学」の代表格であり、反アカデミズムの学問とされてきた。しかし同時期のアカデミックな歴史学界では、若手研究者を中心に「社会の歴史」への関心が高まっていたこと[33]、専門領域を超える「日本文化史」など「新しい歴史学」と呼ばれる研究動向が登場していたことが指摘されている[34]。また、柳田自身が京都帝国大学の中世史研究者への影響を及ぼしていること、同大の民俗談話会関係者との親密な関係が指摘されてきた[35]。これを受け、柳田が対抗したのは東大を中心とする文献史学アカデミズムに限定すべきとの論も出ている[36]。

このように、柳田の学問はヨーロッパの民族学（民俗学）の理論を受容しており、その世界性（普遍性）が明らかにされてきた。また「大正デモクラット」と同様の政治思想を持っていること、アカデミズムの動向に呼応する側面のあることが指摘されてきた。

以上の動向をふまえると、吉野と柳田の思想は「大正デモクラシー」の思想として共通点があることが判明するが、それをふまえた上での具体的な相違点は明らかではない。そこで本書では、「大正デモクラット」としての共通点をふまえつつ、両者にどのような違いがあるか、また同時代の思想として比較することでどのような現代的意義があるかを検討する。

2 研究の対象時期とテーマ・時期区分

キリスト教・「帝国」日本・歴史

本書では以下の三つのテーマを設定し、両者の思想を検討する。

第一は、キリスト教である。近代日本思想史の底流には、キリスト教（ピューリタニズム的なるもの）があると指摘されている[37]。吉野は、海老名弾正が牧師を務める組合教会派の本郷教会に属するクリスチャンであった。また柳田は、学生時代にキリスト教に接近し「棄教」ののちも、キリスト教や聖書について言及している。また、民俗学の目的を日本の民間「神道」である氏神信仰の解明においている。近代日本においてキリスト教をはじめ宗教を論じることは、道徳と権威の中心である近代天皇制に触れざるを得ない。そこで天皇ならびに皇室についての認識や国家の宗教政策に関する見解を検討することにより、両者は天皇制をどのように構想したのか、同時代の「国体」論との関わりで明らかにする。また、以上の検討により、近代日本知識人はキリスト教からどのような影響を受けたのか、近代日本の思想におけるキリスト教の果たした役割を明らかにする。

第二に、「帝国」日本への姿勢や態度である。吉野の場合、その立場を「帝国主義」（宮本又久）、「反帝国主義」（松尾尊兊）のいずれとみなすかをめぐって一九六〇年代後半より論争があった。そのなかで吉野の東アジア論が注目されるようになり、一九九〇年代半ば以降、東アジアを中心とする「多文化帝国」構想による「帝国「改造」」

という視点が有力になった。[38]一方、近年では一九二〇年代後半を吉野の中国論の本領とすることで「脱帝国主義」との評価も現れた。[39]帝国「改造」か脱帝国かが争点となっている。

柳田の場合も、国家官僚時代に植民地統治問題に関わった事績から民俗学も「帝国主義」に加担したという仮説が出る一方、植民地統治に批判的な言説のあることが指摘されてきたのは前述の通りである。

第一次世界大戦後、世界的に従来の「帝国」秩序がゆらぐなかで、両者は「帝国」日本をどのように考えていたのか、吉野においては東アジア論だけでなく「文明」論や移民論を視野に、柳田においてはキリスト教「文明」批判の論理に加え、植民地統治論、移民論を視野に、それぞれ検討する。相互に新たな視点を導入することで、両者の議論の特徴を明らかにする。

第三は、両者にとって歴史の視点はどのように機能していたのかを比較考察する。第一次世界大戦前後は「歴史」が新たに問い直される時代であった。アカデミックな歴史学界では「新しい歴史学」と呼ばれる潮流が勢いをもち、民衆の生活や論理を研究する「民間学」が登場した。

吉野は東京帝国大学で政治史を担当し、ヨーロッパ政治史を中心に論じていた。大戦中より中国革命史、一九二一年に明治文化史に着手し、明治文化研究会を組織して『明治文化全集』を刊行している。刊行された吉野の政治史講義等を活用しながら、吉野における「現代」政治史構想の全体像を明らかにする。

また、柳田「民俗学」は「民間」の学問の代表格とされ、「野の学問」としての学史を論じられてきた。[40]しかし、戦前における民俗学とアカデミズムの関係は、対抗だけではない複雑な関係にあることが明らかにされてきた。民俗学創設は「史学」への働きかけの断念とみる説[41]や、柳田の影響を受けた中世の歴史学研究者の系譜が指摘されている。[42]柳田とアカデミズムとの関係を改めて検討し、柳田が解明しようとした歴史とはどのようなものかを考察する。

対象とする時期と区分

次に対象とする時期についてである。本書では、「大正デモクラシー」を通説に従い、日露戦後から満州事変前後までとする。その始期は吉野の場合、東京帝国大学法科の院生で本郷教会機関誌『新人』で本格的に政治評論活動を開始した時期にあたる。そして終期は一九三三年死去までである。一九一六年一月の「民本主義」主張から第一次世界大戦を挟む一〇年が活躍のピークに当たり、人生の大半が「大正デモクラシー」の時代となっている。

柳田の場合、国家官僚として農商務省に入り産業組合の普及などの活動を行う一方、民間信仰に関心を寄せる時期が始期であり、一九三〇年代初頭日本民俗学を本格的に確立させるのが終期である。柳田はその後アジア・太平洋戦争期を通じ日本民俗学界を先導し、民間の神に関する「固有信仰」について論じた。一方戦後は国家神道消滅後の国民道徳論の代案という機能が打ち出されたとされている(43)。

そこで本書では、「大正デモクラシー」期を両者の比較検討の対象時期とし、柳田においてはその思想の帰結である戦時下の民間「神道」論の展開を明らかにする。

また、本書では両者の思想を次のように区分する。吉野に関しては、第一次世界大戦を境に発表される内容に変化がみられることを重視し、二期に区分したい。第一期はキリスト教入信以降「民本主義」を提唱し、論壇で活躍する一九一八年まで、第二期はそれ以降、朝日新聞社入退社を経て、一九三三年死去までとする。吉野の思想が大戦を契機に変化したというよりは、思想は一貫しつつ状況変化に応じて内容を変化させたものであることは先行研究でも指摘されている(44)。時代状況が思想に及ぼした影響を考察する本書では、大戦を画期とする従来の区分としたい。

柳田の思想については、キリスト教との関係、宗教政策論を基準に三期にわける。第一の画期はキリスト教と対立する民間「神道」の特徴を見出し、神社合祀政策への批判が明確にされた一九一二年前後とする。第二の画期は柳田が民間「神道」の世界的基礎をキリスト教を媒介に明らかにし、柳田民俗学の基礎がほぼ固まった一九三〇年代初頭とする。第三期は、一九三五年以降民間伝承の会を発足し、活況を呈す民俗学界のなかで「固有信仰」を論じるアジア・太平洋戦争の時期である。

両者の思想検討の方法については、執筆年月順に資料を読解する方法を取り、同時代の状況のなかで両者の思想を比較検討する。使用するのは『吉野作造選集』（全一五巻別巻一、岩波書店、一九九六～九七年、以下『選集』と略す）、『吉野作造政治史講義』（岩波書店、二〇一六年）および本書のテーマに関わる未掲載の論考である。また柳田に関しては、時系列の配列を基本原理とし著作の本来の形態を尊重している『柳田國男全集』（筑摩書房、一九九六年～刊行中、以下『全集』と省略）を基本資料とする。(45) 未刊行分は『定本柳田國男集』（筑摩書房、一九六二～八二年、全三一巻別巻五、以下『定本』と省略）等で補う。

本書の構成

本書は二部構成である。第Ⅰ部は、キリスト教の精神や思想が「大正デモクラシー」期の思想に与えた影響について、吉野と柳田のそれぞれの場合について検討する。第一章では吉野の思想とキリスト教、および「国体」との関係を検討する。クリスチャンとしての信仰に基づく吉野の「道徳」の内容の解明、国家の宗教政策に対する態度、天皇制に対する立場を、カトリック教会と国家に関する吉野の考察、フリーメーソンへの関心等との関連で検討する。そしてその「国体」観および神社政策に関する見解の特徴を明らかにする。

第二章では、柳田の思想とキリスト教との関係を検討する。柳田が民間「神道」観を確立する一九一二年前後までのキリスト教との関係、民間「神道」論、隣接学問との関係、神社合祀政策論を検討し、その「神道」観の特徴を明らかにする。

第三章では、キリスト教と民間信仰の関係についての柳田の思想をJ・G・フレイザーなどヨーロッパ文化人類学の動向との関連で検討する。そして母子神信仰を基礎とする民間「神道」＝「固有信仰」像と「世界民俗学」構想との関係について、柳田著作『桃太郎の誕生』などの民間の「神話」研究の検討により明らかにする。また、皇室祭祀の位置づけから近代天皇制に関する認識を推測する。

第Ⅱ部では、「帝国」日本に対する吉野、柳田の政治的な立場および学説について明らかにする。第四章では、一九二〇年代における柳田と吉野の政治思想を比較検討する。「文明」、植民地統治、移民政策論などの国際社会論、また普通選挙制度、中央集権体制、国民像など国内政治体制に関する議論の比較を通じて、相互の共通点と特徴を明らかにし、両者における「政治」とは何か考察する。

第五章では、吉野の「デモクラシー」論を福田徳三の「生存権」を基礎とする経済「デモクラシー」と比較検討する。欲望的価値をその思想の基底におく福田との論争のなかで、道徳主義的価値を基底とする吉野が受容した「生存権」の内容を検討する。また、受容後の吉野の「デモクラシー」の特徴と議論の射程について、「産業経営」等の労働問題を中心に、福田の経済「デモクラシー」と比較考察する。

第六章では、民俗学が活況を呈すアジア・太平洋戦争期において、柳田が論じた「民俗」の価値という問題を、「親方制度」、「年の餅」風習、方言により検討する。また、大政翼賛会や神社制度調査会における氏神信仰論と柳田との関わりや議論、宗教政策論を筧克彦などの議論などと比較しつつ、「共同団結の自治」構想との関係により考察する。

第七章では、一九一〇年代後半以降展開される吉野のヨーロッパ・中国・日本の「現代」政治史研究を検討し、「民本主義」との関係、また中国の革命状況が及ぼした日中関係史への影響を考察する。また、自由民権運動評価を再検討し、尾佐竹猛の研究と比較することで、その明治政治史構想の意味を明らかにする。

第八章では、柳田が高木敏雄と創刊した『郷土研究』を取り上げ、記紀神話研究と歴史資料論をめぐる東京帝国大学の黒板勝美（アカデミズム史学）との関係について検討する。そして両者の関係のなかで柳田が目指す学問の方向について考察する。

補章では、大正期の歴史学界に起こった「新しい歴史学」の潮流と、そのなかで「民俗学」はどのように認識されていたかを歴史雑誌三誌により検討する。そのうえで柳田の提唱する「我々の文化史学」と、「新しい歴史学」の一派である西田直二郎の「文化史」学と比較し、一九三〇年初頭までの柳田と歴史学との関係を明らかにする。

以上の研究を通じ、両者の「大正デモクラシー」の学問と思想としての共通点および相違点を考察し、その現代における可能性を明らかにする。

第Ⅰ部　「大正デモクラシー」と宗教精神

第一章　吉野作造における「国体」と「神社問題」

——キリスト教精神の普遍化と国家神道批判——

1 「内面的権威」と「服従」

吉野における宗教と国家

本章では、「国体」と「神社問題」に関する論説を中心として、これまで十分に明らかにされてこなかった吉野における宗教と国家との関係について、その思想形成から展開までの過程において明らかにする。

吉野の国家観および政治学の構想については、政治思想研究のなかでその全容が明らかにされてきた。飯田泰三は明治後期に「ナショナル・デモクラット」であった吉野が、第一次世界大戦後は多元的社会観を表明し、アナーキズムの理想から国家を強制組織として相対化しながらも政治の役割を重視する政治学を構想していたことを明らかにした。そしてその政治学構想は、ファシズム期に「人格主義」や「文化主義」が陥った非政治的なモラリズムやユートピアニズムとは異なる可能性があったことを指摘している。また大戦後の吉野の社会観に、「理想主義的」な「人格」観念に裏づけられた「相愛互助」の人格結合体としての「共同社会」と、「現実主義的」人間観に基づく「多元的」な利害と意見の存在を前提として存立する「社会」という二つの要素を見出している。(1)

また吉野が発見した「社会」は、自由な個人が私的利益を追求する市民社会型の利益社会ではなく、天皇を中心とする道徳的な共同体としての民族の概念に依拠していることを清水靖久が指摘している(2)。さらに松本三之介は、吉野のいう国家と切り離された「全体社会」の内容には、民族の団体生活と道義的精神が活きて働く「霊的活物」という二つの要素があることを指摘している(3)。

三者の研究に共通しているのは、吉野が発見したのは「理想主義」に基づき道義的な精神が働く「相愛互助」の共同体としての社会だったことである。それは権力的な国家観と対立するという側面をもち、国際社会における普遍的国際正義の主張により「健全な他者感覚」で中国や朝鮮半島における反日運動への共感と同情を生んだと評価されている(4)。一方、吉野の「道徳主義的政治学」と社会観は、市民社会型の利益社会を構想しえなかったと批判されている。

この問題は、吉野の「民本主義」あるいは「デモクラシー」の近代天皇制との関係における評価と密接に関わっている。米原謙は、吉野の「民本主義」論において「一般民衆のため」という政治目的が「皇室のため」という要求と対立した場合、吉野が「国民の道徳的判断に一任する」としたことを「国体論の制約による曖昧さ」だと批判している(5)。そして松本は、吉野のデモクラシー論は天皇に政治的責任を及ぼさず、個人の自由や人権の保障の原則を歴史主義的に理解する「輔翼」型のデモクラシーであるとした(6)。吉野の「民本主義」は国体や天皇制と妥協的で、対決しえなかったとされているのである。

しかし近代日本における天皇制国家が「権力と道徳とを一体化した神聖な実体的秩序を具現するものとして観念されてきた(7)」という点を踏まえれば、吉野の「国体」観及び天皇制観は、吉野のキリスト教を含めた宗教全般に関する論説を検討し、吉野のいう「道徳」がどのような内容を持っていたか、それが「国体」と「神社問題」についてどのような機能を果たしていたのかを明らかにした上で論ずる必要がある。

吉野のキリスト教精神についての先行研究

このような観点から吉野のキリスト教精神を対象とした研究は二つ挙げられる。近藤勝彦は、海老名弾正の神学を引き継いだ吉野の神学理解には贖罪やキリスト論、「神の国」概念が欠如していることを指摘した上で、吉野における「キリスト教の真髄」はヒューマニズムの一般論に流れる傾向をもち、キリスト教的デモクラシーの歴史観をもっておらず、市民社会論とは隔たりある「上下デモクラシー」であったとしている(8)。正統派のキリスト教神学の観点からは、吉野のキリスト教思想における欠落部分が指摘され、デモクラシーの内容も「市民社会」と関連しないものだとされている。

これに対し宮田光雄は、近代日本の天皇制国家において聖書のローマ書第十三章における「権威」と「服従」の問題がキリスト教徒にとって宿命的なテーマであったとし、その「実践的注釈」者の一人に吉野を挙げ、その思想に天皇制とは一線を画する「精神的内面性の権威」が存在することを指摘する。海老名の神学的理解を引き継ぎながら、吉野のキリスト教的人間観は日本的特殊主義の枠組みにはとらわれなかったとし、天皇の神聖観を否定した点が「パウロ的」な支配権者の世俗的性格の認識に通じると指摘している。そして君権の合理的基礎の主張から、その服従の根拠として啓蒙化された「良心」が示されているとする。さらにその「国体」論については、天皇の政治的権能を極小化し「憧れの中心」とする戦後の象徴天皇制論議を先取りしたものと評価している(9)。

以上のような宮田の指摘に基づき、本章では吉野の依拠しようとした「内面的権威」の内容に留意し、信仰の師海老名弾正の神学とも比較しつつ、吉野の政治学や社会観における「道徳」的性格の意味を明らかにする。それによって「国体」や「神社問題」をめぐる論説において吉野が主張する「道徳」はどのような意味をもつかが明らかになると同時に、「天皇制」や「国家神道」に対する吉野の立場が鮮明になるからである。

また昆野伸幸は、「神代」に天皇統治の正統的根拠をおく非合理的な「伝統的国体論」に対し、「大正デモクラシー」期には、中世の歴史的時代にその実践的根拠を求め、主体性を尊重する比較的合理的な「新しい国体論」が出現したことを明らかにしている。[10] そうした「国体」論のなかで、吉野の議論は非科学性を排除しつつも「国民の自然的忠義心」を温存する点で大正デモクラットに共通の論とされている。[11] 吉野の「国体」論をキリスト教道徳との関係から検討することで、その独自の性格を明らかにしたい。

検討する資料は『吉野作造選集』（全一五巻別巻一、岩波書店、一九九五～九七年）に加え、未収録の次のテーマに沿った論説を扱う。

第一に、カトリック教会についての論説である。吉野は留学時代カトリック教会に関心を抱き、帰国後国家権力と宗教権力との関係を考察する材料として取り上げた。その考察には「国家神道」に関する吉野の問題意識が反映している。第二に、一九二一年に集中的に言及されるフリーメーソンリーについての論考である。飯田はこの論考を吉野の多元主義理解との関係で取り上げており、苅部直は大正の早期グローバリゼーションと世界大戦の衝撃のなかで吉野が依拠した普遍的な「道徳」精神のモデルとしている。[12] 本章では両者の研究を参考に、それが吉野の宗教観の理想を表現したものとし、その内容について明らかにする。第三に、本章の中心テーマである「国体」や天皇に関する論説である。そして第四に「神社問題」に関する論説である。赤澤史朗は、吉野が一九二六年の第二次宗教法案について既成宗教をのみ利するものであることを批判し、「国家の宗教統制への原則的批判の姿勢」を打ち出した点を明らかにしている。[13] 本章では、大本教弾圧についての理解や政府の神社政策についての論説とあわせ、「国家神道」に関する吉野の考え方を明らかにする。

2　キリスト教と国家との対立・調和

宗教と科学の対立

吉野がキリスト教に入信したのは一八九八年七月、第二高等学校一年のときである。バプテスト教会のミス・ブゼルの熱心な教えに感化されて先輩とともに浸礼を受けたのである。入信は高等学校という社会との摩擦を引き起こし、宗教と科学との衝突という問題に直面する。入信当初に直面したこの問題の解決の方法は、その生涯を貫く問題解決の基本的な考え方となった。その特徴は第一に、この問題を二律背反ではなく、非合理的な聖書の記述と科学的な合理性をいかに調和すべきかという問題と捉えた点である。東京帝大時代、弓町本郷教会の牧師海老名弾正による聖書の歴史主義的解釈にその解決を見出した。卒業演習論文「ヘーゲルの法律哲学の基礎」においては「宇宙の本体」である「ロゴス」への到達につき「理性」を駆使して到達する方法を認識している。「吾人の理性の必然性は即ち本体の必然性」との認識のもと、「理性」による思索を深めていくことによって真理への到達が可能であるという方法をこの論文で明らかにした。そして「俗塵の裡に在りて神と接」するという歴史における神の遍在を、聖書の歴史主義的解釈によって得ている(14)。相対立する概念を調和する方法を求めることが吉野の基本的な態度となった。本章の主題である宗教と国家の問題においても、対立する二者の調和が考え方の基調にある。

第二に、吉野はヘーゲルを媒介として個人と国家の「共通意思」に関心を示している。多くの指摘があるように、「ヘーゲルの法律哲学の基礎」では個人と国家との調和を志向する「有機体的国家」観を表明している。「個人の本性」にして「宇宙の本体」であるところの「大我の自由意志」を完成することが国家の目的とされる。個人と国家の間の共通する「自由意志」の完成によって、個人と国家が有機的に結合することが「望ましき国家の理想」となる。[15] このような個人と国家に共通する「自由意志」を具体的な歴史状況のなかで明らかにすることが、吉野の思想的な課題となった。吉野のヘーゲル解釈には「欲望の体系」としての「市民社会」像が欠落していると指摘されている。[16] 後年の社会像は既にこの時点で基礎づけられていたといえよう。

明治末期に「国家魂」論争のなかで明らかにされた吉野の国家観について、松本は二つの側面を明らかにしている。立憲制度を媒介として「主民主義」という「共通意思」を形成するという「西欧近代の合理主義的な国家観」と、個人の個別な意思や利害を超えた「高次の集団意識」すなわち「民族精神」である。前者は「民本主義」につらなるものであり、後者は多元的国家観を受け入れたあとも吉野のなかに堅持される「血肉化されたナショナリスティックな国家像」である。[17]

日露戦後の吉野は後者の「民族精神」としての国家を日本の固有性の探求という問題と関連させ、「日本文明の研究」という小文を『国家学会雑誌』に発表していることに注目したい。そこでは明治維新以後の日本における「西洋文明」模倣の時代的変遷を明らかにしている。吉野によれば、維新以来の「西洋文明」模倣の結果日清戦争勝利となり日本国内における「欧西文明の普及」はさらに盛んになった。そして西洋との戦いに勝利した日露戦争により「日本人が西洋人の有せざる一種特独《ママ》の精神的原理を有して居つたということ」に気づかされたのだという。「祖国本来の精神」を回顧せしめ、「日本固有の文明の真根底如何」の総括的一般的研究に志を向けしめたる」ことが戦争勝利のもたらした人心の変化だと捉え、「日本固有の文明」の研究は「吾人の終生を捧ぐるに値する重大なる而かも名誉ある大事業なり」とその解明に意欲を示していたのである。[18] ただこの時点で「日本固有の文明」の具体的な像について明らかにされてはいなかった。

ヨーロッパにおける宗教権力と国家権力の相克

留学先のヨーロッパで吉野は、キリスト教をはじめとして各宗教、宗派に大きな関心をよせた。なかでも宗教と国家の対立関係をカトリック教会（天主教会）に注目して観察している。その内容は次の二点である。第一に、ドイツの小農村における政治権力としてのカトリック勢力の大きさを実感したことである。約五カ月間滞在した人口六七〇人足らずのリーデンハイムで、村内の事件や問題が警察でなく村長と牧師とによって治まるという「日本の模範村」が実現されていることに吉野は驚く。その原因は、村の教会の礼拝に毎日人口の七割が出席するという、信仰心の篤さにあると考えた。信仰がもたらす政治への多大な貢献を実感した吉野は、帰国後ドイツ国力の源泉は教会と小学校の教師が手を結び地方を啓発していく点に求められると主張した(19)。

第二に、フランスにおける政教分離法施行の現況の観察である。フランスではもともと人口の九割がカトリック教徒でありカトリック教が国家の保護を受けていた。一九〇五年の政教分離法によって「信仰の自由」が保障され、各宗教における教義執行の自由を得て「日本と同じ様な宗教自由の国と為つた」。そして「公平に言へば宗教が国家の保護の下に隠るゝのは、宗教の健全なる発達の為めに有害である。従つて政教の分離は宗教《(ママ)》為めに有益必要であること言ふ迄もない」と政教分離を原則的に肯定した。

吉野作造（留学時代）
（吉野作造記念館蔵）

しかしフランスは「分離法の施行が思ふ様に行かぬ」状況にあり、ローマ法皇とフランス政府は「両者相敵視するの間柄」であるとする。その原因は「民間の輿論乃至感情が猶未だ却々教会を離れぬから」で、「一般俗衆の間には教会の勢力今猶却々抜き難いものがある」からである。吉野はこの「一般俗衆」の信仰を「教界《(ママ)》の威力に盲従するといふ惰性的の現象」だとし、「本当の宗教心は寧ろ少数なる新教徒の方に活きて居る」と指摘する[20]。

こうした観察を経て帰国後、教会の最高権力者ローマ法皇のもつ政治権力についての講演録「羅馬法皇」を『法学協会雑誌』に発表する。その冒頭で、ローマ法皇およびローマカトリック教会がヨーロッパ諸国において「法律上一種特別ノ地位」を占め「政治上亦一種独特ノ勢力」をふるっている原因を四点に分けて論じている。第一に、かつて法皇領をもった独立国家だったことである。第二に、「世界的宗教ナル」ゆえに信徒は国家との間に宗教上の問題が生じると国家的統制から外れることである。第三に、「法皇ノ専制ト教徒ノ絶対服従トニヨリテ統一セラル、団体ナルコト」で信徒の絶対服従が社会的政治的境遇との矛盾を増長させていることである。そして第四に、「今仍ホ所謂教会至上主義ノ信念」があるために国家より教会を重要視する傾向があることである。

吉野自身のカトリック教会観は次の三点である。第一に、カトリック教会は「同一ノ信条ヲ奉シ、同一ノ聖式ニ与リ、同一ノ首長ニヨリテ統制セラル、唯一ノ教会ナリ」という排他的で同一性の重視が特徴としている。またこの文章で、すべての宗教は「同シ根カラ出テ居ル親族テアツテ、所詮均シク同一ノ真理ヲ表示シテ居ルモノ」とするフリーメーソンを、カトリック教会が敵対視し迫害していると指摘している点に注目しておきたい[21]。

第二に、国家と教会との対立という問題は、絶対的権威たる法皇の存在や教徒の自由意志を認めないカトリックに特徴的な問題と考えていた。プロテスタントは同一の信条を守っていても「或範囲ニ於テ、教徒ノ自由意思カ認メラレテ居ルカラ、国権ニ盲従スルト云フコトカ無イ迄モ、国権ト併行シテ、換言スレハ其場処ノ社会的政治的境遇ト云フモノト矛盾セナイヤウニ発達シテ行ク可能性ヲ有ツテ居ル[22]」のである。カトリックと比較してプロテスタントは「自由」があるために国家権力に盲従せず、しかも併行して発達する可能性をもつ宗派だと考えていた。

第三に、近代国家の制度的特徴は、統一的唯一権力の思想を中核とすると吉野は考えていた。「近代ノ国家ニ於テハ、国内ニ於テ二種ノ独立ノ権カ相対峙シテ存立スルヲ許サナイ」ものであり、イタリア半島統一運動をめぐる国家とローマ法皇との対立の国際紛争化に際し、「今日ノ大勢ハ、漸次宗教問題ヲ純精神界ノコト、《ママ》ナシ、公ノ権力ト争フヘキ性質ノモノテナイト云フ考カ明ニナリツ、アルヲ以テ、早晩教会カ全然国権ノ統制ニ服従スルノ日アルヲ信シ、又斯ノ如キ傾向ニアリト思フノテアル」と国家権力による教権の統制を期待していた(23)。

吉野は上記とほぼ同趣旨の「羅馬法皇論」を一六年の『新人』に掲載し、この問題の解決が国際関係の平和的構築にとって重要との認識を示し、同時期の政治史講義でも論じている(24)。そして国権と教権の衝突、フランスにおける政教分離、法皇による近代主義否認令、僧職を法廷に出頭させない命令の発令等の問題に言及し、「羅馬法皇なるものが欧州国際関係の間に介在して、常に種々の面倒なる問題を惹起し、所謂教権なるものが、今日隠然として国権に対抗する一大勢力たることが分るであらう」と、教会権力がいかに国際社会で「奇々怪々なる現象」を引き起こしているかを強調していた(25)。

国家の範囲を超えて信仰される「世界的宗教」は権力と結び付くことによって、近代的主権国家との間に摩擦や国際紛争を引き起こす。その最も象徴的な宗派がローマ法皇を頂点とするカトリック教会であった。この過程を観察した吉野は、国家と教会の対立をどう調和するかという問題を日本においても考察の対象とする。

キリスト教精神と立憲政治の調和

帰国後発表した「政治に対する宗教の使命」（一九一四年五月）には、吉野が考えている「宗教」とは何かが明らかにされている。それは第一に、立憲政治の根底をなす精神的基盤である。吉野によれば「立憲政治の美果は国民の宗教心の発露によりて結ばる丶もの」である。「宗教を政治から駆逐し全然無関係のものとしたのは、我国政治家の大失敗」であり、「宗教心」なき民衆政治は「階級闘争」という「不祥事」を引き起こす可能性が高い。第二に、それはキリスト教精神以外のものではなかった。吉野は「余の云ふ宗教が基督教を指せる」ものだと断言し、

「余は断じて神道や仏教が余の主張する処の能力を政治の上に貢献するものとは思はない」と述べている。[26]

第三に、「宗教心」の内容とは、「個人の価値の自覚」と「人類平等の主義」である。[27] 政治権力と教会が結び付き特権権力となることを否定しながら、キリスト教の精神が政治を支える精神的根拠となることを積極的に主張した。吉野にとって「宗教」とは、現実の政治権力とは関わらずに政治の精神と結び付きを持つものであり、その内容は「国家の利益」を犠牲にする覚悟、すなわち「正義を以て国家よりも高しとするの見識」であった。[28]

吉野はこの精神を大正日本の精神改革、すなわち「大正維新」の柱とする。その特徴は二点ある。第一に、人類に共通の普遍的な思想であるということである。大正天皇即位礼に関する「御大典に際して国民の精神的覚醒を促す」（一五年一一月）では、維新以降の日本の精神的ありようについて次のような認識を示した。明治以降「富国強兵」政策により「物質的日本」は確立したものの、精神的には「鎖国主義」に固執し国民は「世界的精神」に触れていない。今後の日本は「世界的精神」に基づく「精神的日本の建設」が目標となる。[29] それは「世界の市民として、暫く国家を超越して世界を我物として経営するの事業に興味を持」つことである。[30] キリスト教精神に基づく「個人の価値の自覚」と「人類平等の主義」を人類全般に通じる普遍的な思想と考えていた吉野は、この思想を日本に根づかせることを目的として「大正維新」を提唱したのである。

また、キリスト教は民族精神から脱却しうる精神とも考えていた。「何故に伝道するか」（一六年一〇月）では、吉野自身がキリスト教によって「偏狭なる民族的思想より脱却することが出来」たとし、「世界主義人道主義」に立つキリスト教伝道の必要を「最近」とくに感じていると告白していた。[31]

第二に、「大正維新」は精神的「鎖国主義」である「国家主義」から「個人主義」へと日本の教育を改革するものであった。吉野は『中央公論』一九一六年一月号に「精神界の大正維新」と題し教育政策の刷新を掲げた。富国強兵政策遂行のため多年ドイツ流の国家主義を実施し、「青年子弟の思想感情を一定の鋳型より打出さんとする」

文部省の「注入教育」や「忠君愛国」などの服従要求が「現代の精神的堕落」を招いているとし、今後は「精神界の大正維新」、すなわち「個人主義」に基づく教育政策による一大革新を主張する。(32)日本政府の推進すべき今後の教育は、「個人主義」を基礎とする世界市民の精神を教育政策として確立することであった。

「大正維新」の政治的表現が「民本主義」の主張である。同じ号に掲げられた論説「憲政の本義を説いてその有終の美を済すの途を論ず」で、吉野は政治の目的および手段としての「民本主義」を主張した。「国民利福」のためという政治の目的および普通選挙制度の実行という手段としての「民本主義」である。「民本主義」や教育改革の提言は吉野にとって広義のキリスト教伝道活動であった。

3　「国体」の普遍的基礎としての宗教精神

「精神的自給自足主義」批判とフリーメーソン

キリスト教固有精神とされる「個人の価値の尊重」と「人類平等」の思想を、日本の現実に即し「国家主義」に対する「個人主義」として主張した吉野は、「国体」や天皇制についても普遍的な基礎づけを試みようとした。

吉野は第一次世界大戦下における日本の「国体」論を、「精神的自給自足主義を排す」という論説のなかで批判する。それによれば国家存立の根拠には「普遍」と「特種」の両側面があるという。後者は「其国の地勢、境遇、人種其他之れ等のものが共合して作る処の歴史等に依つて自から生ずる処の一個の特質」である。この「特種方面の国家」とは、吉野の抱懐する国家観のうち既述のように「民族精神」と関係するものであり、日露戦後に「日本固有の文明」と関連するものとして捉えられていたものである。

そして日本に特徴的なのは「精神的自給自足主義」とする。その内容は「我国には我国特有の思想がある。此の特有の思想丈けで将来の国際社会に十分に通つて行ける」とするものであった。それは「自国の特種的根底を、他の凡ての国に優る、所謂万国に冠絶すると見る」という同時代の「国体」論の特徴であった。しかも「国体」論者たちは日本固有の思想的根底を「抽象的に研究」するのみで「各其の境遇に関連して具体的に考察」していないと批判する。

このような伝統的「国体」論に対抗して、吉野が主張するのは次の四点である。第一に、国家の存立する精神的根底における「普遍的な方面」をこそ重要視すべきだということである。これは「万国共通」であり「彼我互いに影響し合ふ」方面である。この方面を欠落させている現状の日本は「精神的に全然孤立、即ち国際社会に於ける継子とならざるを得ない」と将来国際的に孤立するという危機感を募らせていた。[33]「武力偏重」から「国際的道義」が基調になる国際社会を大戦後に予想していた吉野にとって、日本の国家を「普遍的な方面」において位置づけることは日本の将来的な針路を決定する重要な課題だったのである。[34]

第二に、吉野は国家の統一のために君主制が共和制より優れていると主張する。それは「一致協同して吾々の経営する協同団体の中心として国民に深き縁固ある皇室を頂くのは協同的性質を有する国家の本質と何等矛盾せざるのみならず、却つて国家をして統一ある発達をなさしむる」からである。[35]君主制の意義は民族精神と通じる協同団体としての国家観と関連して主張されている。天皇を中心とする君主制は国家の「特種的の方面」における日本の特徴であった。そして日本における「君主制」維持は「君主の権力を吾々の団体生活の根本義に照らし、之を純粋なる合理的基礎の上におく」こと、すなわち「人民の君権に服従する所以の理を合理的説明の上に立てる事」が必要であるとする。そして「天壌無窮の神勅」などの「伝説、神話に基く非科学的」説明や「神武天皇」をはじめとする日本歴史の「非科学的、神秘的分子に富む」説明は、「現代文明人の了解」を得ることができず、「危惧不安の淵に沈ましむる」ものだとし、記紀に基づく天皇制根拠の主張は「非科学的民族伝統の盲目的鼓吹」だと否定する。[36]

しかも日本の君主制の特殊な方面は他の国々と「根本的性質上の差」はなく、「彼我の相違は皇室に対する民心の厚薄の程度の差」と「永い深い歴史的関係」の有無にすぎないとみていた。(37) この吉野の見解は、近代天皇制を君主制一般の合理的基礎におく点で昆野伸幸が指摘する「大正デモクラット」一般の見解といえよう。

第三に、吉野の議論の特徴は、天皇の存在そのものに権威を見出すのではなく「国君が自ら国君としての使命を自覚し、国家の発展幸福のために最善の努力をなすこと」、すなわち天皇自身に道徳的な君主となるよう努力を求めている点である。

吉野は君主制の合理的根拠として「人格」を主張する。「万国に冠絶して我が国独特のものであると誇る所の国体の観念は、主権が君主にあるといふ法律上の観念に止まらずして、更に君主と人民との間に微妙なる情誼的関係あるといふ其の道徳的方面に存する」。その「基礎を最も合理的に説明するものは」は「人格」、すなわち「日本の建国以来皇室と人民との間の関係が、歴代君主の人格の余徳が一般人民の上に及ぼしたといふことに因るの外、他に適当の説明は無い」とする。(38) 天皇と一般人民との「人格」を通しての「道徳的」関係の歴史的な継続が、日本における君主制の根拠だとするのである。

「道徳」とは合理性と普遍性を兼ね備えたものと認識されており、国際社会において尊重されるべき「道義的精神」と通ずる。ヘーゲルにより看取された国家と個人の「共通意思」の内容と想定されているからである。そのような「道徳」は現実には「人格」として表現される。「君主と人民との間に微妙なる情誼的関係」とは、君主・人民間の「人格」を媒介とした「道徳的」関係である。

そしてこの関係の成立のために、君主が国家に対する使命を自覚し道徳的な崇敬の対象となることが必要である。天皇は「真に万民の父たるに適し給ふやう」、イギリスやドイツの方法を参考に皇太子教育を受ける必要があると吉野は論じる。「国民の精神的中心となり、国家統一の根拠となつて居る」ドイツのヴィルヘルム二世や、スペイン国王（アルフォンソ一三世）を模範例として挙げている。「人情に篤い、思ひ遣りの好い、温厚の君」である現国王とイギリスから来た王妃の「淑徳」によりスペインは共和制の道を選ばなかったと論じてもいる[39]。以上のように皇太子時代から天皇に道徳教育を施し、国民の愛慕の念を引き出すよう育成する必要があるとしている点は、「大正デモクラット」のなかでも吉野独自の見解である。

第四に、吉野のいう「人格」とはキリスト教の宗教信念が「人格」という形をとって表れたものであり、このような「人格」概念は海老名神学の影響を強く受けたものである。海老名弾正は、キリスト教精神が現世に発揮された「人格」概念をその神学において重要視していた。芦名定道によれば、海老名の信仰理解の特徴は、信仰を「人格」の全体性の事柄と捉えていることである。「神人合一」を実現したキリストと究極的には合体同化し、知情意を統合した神聖なる「人格」をこの世に実現させることがキリスト教信仰だとする[40]。吉野は「人格中心主義」（一九一三年一二月）という講演のなかで、サン・シモンやイギリス外相エドワード・グレー、フランス大統領ポアンカレーを例に挙げて「人生の凡ての事業の根本は人格である」、「人格は一切万事の根本である。中心生命である」と強調し、社会化されたキリスト教精神の真髄として「人格」を挙げていた[41]。

吉野は、民族精神の協同団体という特殊な方面の国家においても合理的な根拠により服従の基礎を築くべきだと考えていた。そしてその根拠は、キリスト教精神の社会的発現である「人格」に求めていたのである。

このように吉野はキリスト教精神に基づく「人格」を君主人民の関係の基礎におくことによって国家の特殊な方面である「国体」を合理的で普遍的な基礎のもとに構築すべきだと考えていた。そして「君民同治」を理想とする「民本主義」の政治は、「君主と人民との人格的関係を益々涵養するもの」だとする[42]。「民本主義」とは法律上の君主が政治を人民に任せることである。このことによって教育された君主の「人格」＝「道徳的勢力」を国民に及ぼすことができる[43]。吉野の「国体」論は、天皇権威を合理的基礎に置きなおそうとするだけでなく、天皇の存在価値を国家によって育成すべきとした点に特徴がある。

海老名の自由主義神学を受容していた吉野は、宗教の精神をキリスト教の教義や儀礼とは切り離して考える傾向にあり、大戦を通じて宗教を超えた友愛団体であるフリーメーソンに高い評価を表明するようになる。

吉野によれば、共感をもつきっかけはフリーメーソンの思想を表した「賢者ナータン」（レッシング作）の劇を留学先で鑑賞したことである。吉野は同日の日記に「意味能ク分ル」とのみ記した(44)。そして帰国後の「国際関係の調和力としての宗教」（『六合雑誌』一九一六年一月号）では、宗教がこれまで平和事業に貢献してきたという側面と同時に、「却つて世界の平和を妨げる傾向」のあることを指摘し、カトリック教会が国家間および民族間の対立の原因となった例を挙げている。平和事業とは「皆か丶る宗派を超越した人々に負ふ」とし、「若し宗教が国際関係を調和すべき使命を有するならば、其はよほど自由なものでなければならぬ」と述べ、ユニテリアンとともに平和事業に貢献してきたフリーメーソンにその使命があることを主張した。フリーメーソンとは先述したように、キリスト教のなかから起こりながら仏教やイスラム教など「凡ての宗教の友」たるべき友愛団体で、「新旧いづれの宗派に属するを問はず、共に唯一の神を信じ、協力して進み行かうとするもの」である(45)。その事業の眼目は「人類の本性を合理的に且つ完全に発達開展させようと」することであり、この団体に「真の宗教を見出す」と吉野は表明する(46)。

ヨーロッパ諸国の情勢や第一次世界大戦という現実のなかで、カトリック教会の対極にあるフリーメーソンやユニテリアンなど、唯一神信仰を基調とする普遍的で宗派対立を超える団体と思想に共感し、国際的平和の実現の可能性を託すようになる(47)。「所謂世界的秘密結社の正体」（一九二一年）を皮切りに、吉野はフリーメーソンについて立て続けに論説を発表している(48)。フリーメーソンの掲げる自由平等の思想と国際平和運動への貢献に対し、西洋および日本の反動思想家が陰謀説を流布していることへの批判が論説の目的である。フリーメーソンの国際平和運動への貢献を高く評価し、その標榜する精神主義が「四海同胞」という普遍的な自由と平等であることを吉野は重視していた。宗教の差異を超越した普遍的精神を主張しているフリーメーソンリーに、「道義的精神」を中心として国際社会を支える精神的な支柱の具体的な表現を見出したのである。そして自らも「出来るなら是非之に入りたい」としていた(49)。

「国家倫理学」の提唱

第一次世界大戦がロシア革命とアメリカ大統領ウィルソンの十四か条宣言によって終結したことは、「二十世紀の世界的覚醒の時代」の到来を吉野に実感させた。大戦は「四海同胞」というキリスト教精神と「偏狭な国家主義」「侵略主義」との戦いであったとし、「戦後出現すべしとせらる丶平和的新形勢は正さに基督教の理想の実現」とした。その理由として、「四海同胞の本当の感情は基督教の間に最もよく発達し、又実際上に於て基督教のみ独りよく之れを発達せしめ得る所であるから」だとする。そして「此信仰を欠くもの、殊に偏狭なる国家主義的教育の下に養はれたるものに取りては余程努力しても、時々従来の永き教育の力に塁せられて四海同胞の大義に徹底することが出来ぬ」とし、世界的精神とキリスト教信仰との関連性を強調していた(50)。

戦後の国内外に確立すべき精神を「四海同胞」とする吉野は、海老名神学に基づきキリスト教の理想「神の国」を地上に築くことを国家の最終的な目標として掲げた。既に指摘されているように、この時期の吉野はクロポトキンや荘子に共鳴し「人道主義的」無政府主義を究極の理想に掲げることによって国家権力を相対化した(51)。吉野の描く究極的な社会像とは海老名神学における「神の国」と同じものであった。神と人が究極において一体化し、道徳が法則として成り立っている世界である。「我々は神に絶対に服従する。けれども我々は同時に自ら神となるのである」、「此の絶対的状態に於ては支配服従の関係を認めない」という境地こそが宗教生活の理想とされる(52)。それは

「人間の内発的な規範意識にのみ支えられた完全に自由な社会的秩序の実現」を理想とする[53]。このときの吉野の「全体社会」像は、国民や民族の共同生活体であると同時に、道義的精神が活きてはたらく「霊的活物」という「国家魂」の二つの側面を引き継ぐものと指摘されている[54]。

ところで吉野のアナーキズム受容は、宗教と国家の理想状態における調和の実現と関係している。「国家と教会」（一九一九年九月）では、「我々の国家生活と宗教生活との間に立派なる調和が成立ち得る」とし、「我々の宗教生活」が「我々の国家生活の理想の暗示」であるべきだと吉野は主張している[55]。「人道主義的」無政府主義を国家の究極的な理想状態とすることは、海老名神学いうところの「神の国」を国家の理想とすることになる。こうして年来の問題である宗教と国家の対立はここに調和され、宗教的理想と政治的理想は一致する。それぞれの究極の理想を無強制で完全なる自由の状態とし、現状は不完全とすることで、国家権力は理想に導くための強制組織となり宗教生活は国家生活の指針となったのである。

その結果、「帝国の永遠なる理想に於ては、命令、服従の関係強制組織といふもの、非認」となる。そして天皇は「命令の君が一転して愛慕の君」となるべきだとする。「我々は我が国の皇室をして、将来命令者主権者として望むの必要なからしめんが為めに、主権者命令者として之を今日に尊崇したい」とする[56]。国家の主権者としての天皇は、将来命令者主権者であることを否定されることを前提として、「愛慕」の中心へと転換していくべき存在であることが主張されている。

その根拠として吉野は、理想主義の人生観を掲げる。国民一人ひとりの内面には理想が存在しており、それは環境を整えれば無限に発達する可能性を秘めている。国民の自発的な道徳的支持が道徳の中心としての天皇を支え維持すると吉野は考えていた。すべての人間に人間固有の理想あるいは理性が存在し、「自由」な環境を確保さえすれば神へ向かって無限に発達していくという人生観こそが、「道徳」を中心としての個人、国家、世界へと連なる社会構想を支えていた。それは吉野の考える最も普遍化したキリスト教の信念である。吉野は宗教的理想を国家の理想に重ね合わせることによって、天皇の命令者主権者としての存在を将来的には否定すべきことを主張した。

こうした国家観を背景に、一九二〇年に世界市民としての「善」を基礎とする新しい政治学を提唱した。「従来の政治学は富国強兵を理想とし、強制組織其物に絶対の価値を認めたから、所謂国家の為めにする事はすべて絶対の価値ありとする」ものであったが、新しい政治学は「絶対の価値は個人の生活に於ても国家生活に於ても共に最高の善である」、「国家をして善を行はしめねばならない」。「善」を「国家」より上位においた「国家倫理学」が新しい政治学なのである。(57)

吉野が国家より上位に置いた道徳、「善」の内容とは、「四海同胞」の精神である。それは二〇年代前半になると、教会と切り離されうる精神と意識されつつあった。二一年になると吉野はキリスト教の真髄は教会固有のものではないと主張する。

「基督教と云ふ成立宗教に捉へられて見ればこそ、色々間違つた考へを生ずるが、其の真髄たる唯一神に統一さるる世界同胞の信念に至つては、実は基督教のみの占有の思想ではない。只だ此の思想が最も基督教に依つて主張され、又最も強く最も深く基督教界内に於て養成された故に吾々は之を基督教的精神と云ふのであるが、此の精神が今日西洋に最も強く働いて居ると云ふことは、何れの点から考へても疑ふことは出来ない」。(58)

これまでの教会が「吾々の現実の生活にピツタリ合はなかつた」こと、「教会が近代人の現実の最大の苦悶たる社会問題の解決に、無力であつた」という教会活動に対する批判が、その占有性を否定する理由であった。(59)

この「四海同胞」の精神を人類の普遍的な精神として現実のキリスト教会と切り離すことにより、教会勢力のふるわない日本においてもその精神が根づいていることを主張することが可能である。同じ年に、「日露戦後の時代思潮」とキリスト教的人生観を関連づける認識を吉野は明らかにする。

「日露戦争は、更に日本人の魂を世界的にした許りでなく、是を機として吾々国民の魂を自由主義に醒めしめた。始めは主として政治的に現はれたのであるが抑々此の自由なるものは、本来基督教的人生観の地盤の上に生育したものである。…国民は之より段々基督教的思想に基く、色々な実社会の批判を丁度自分達の要求に合する議論だと感ずるやうになつて来る。…詰り日露戦争後の時代思潮は、無意識的に基督教的人生観に依りて支配せられて居つたと云はなければならない(60)」。

日本の歴史的現実に「自由主義」たるキリスト教精神が浸透しているとの認識の背景には、「我国が古来高尚な固有な文明を有つてゐなかつた」という日本文化の固有性に関する否定があった。「始めて朝鮮と交通し、初めて支那と交通した時に、我々の祖先は隣邦の偉大に対して多少の圧迫を感ぜずには居られなかつた」。しかし、「我々の祖先は毎《つね》に負けじ魂を振ひ起して、対手《あいて》の有つて居る丈けのものは我も亦之を具備して、対等の地位を確実に主張せんと努めた(61)」のだとする。記紀は日本固有の文明の表現というよりは、中国の歴史書に対抗する日本国家の政治的主張であるとする。日本はその時代の国際社会において価値とされたものを基準に、「国家の偉大」を主張するため「文化開発」に全力を挙げてきた。各時代の国際的な政治の方向性が文化の内容を決定するという、政治的な「文化開発」の産物として記紀を捉えている。

第一次世界大戦後の国際社会の方向性からキリスト教精神の実現を意識し、キリスト教精神と関連させた新しい「文化」を吉野は構想しようとした。歴史的にみれば一八世紀のフランス革命から始まる「知能品性」あるいは

「道義」を中心とする社会実現の運動が国際社会においても貫徹しつつあり、大戦は国際社会を「国内の個人的関係と同様に、等しく皆完全に法律と道徳との支配する所たらしめんとする」意味をもっていた[62]。個人関係、国内および国際社会に共通の「統制原理」確立の可能性への確信から、うちたてるべき「統制原理」を「相愛互助」とした。これはキリスト教精神をもととする「四海同胞」の普遍的精神から発している。そして「凡ての人類に能力発展の均等の機会を与へんが為めに平等を主張し又能力発展の障害たる人為的階級より凡べての人類を解放」するための「自由を主張するもの」がデモクラシー（「民主々義」）なのであった[63]。このような「人格」的自由のための文化構築の構想は、日本固有の文化を高唱する伝統的な「国体」論とは対極にあるもので、将来における天皇の政治的権威を否定するものであった[64]。

4　神社問題に対する批判

「道徳的意義」における神社参拝への疑義

「四海同胞」のキリスト教精神を人類の普遍的な精神とし、その精神が国家を指導すべきだと考えていた吉野は、政府による神社参拝および「敬神の念」の強制をどのように見ていただろうか。このことが社会問題化するのは主に一九三〇年代以降のことであるが、吉野は一九一〇年代後半より神社と宗教との関係について論じていた。以下二点を挙げたい。第一に、吉野は「我国ノ所謂神道ヤ支那ノ儒教ノ如キハ民族的宗教」と捉えていた[65]。「民族的宗教」とは日本国内でのみ信仰される「大和民族」の宗教である。そのような「民族的宗教を以て宗教の最上の理想とし、之を鼓吹せんとする」風潮に対し、「民族的宗教が過去の遺物にして、国民の世界的発展を妨げ、現代世界に処するに際し種々の不利益を生ずる」ものだと批判した[66]。そして「神道は宗教であるかどうかわからないのみならず、此の頃反動的に之を担ぎ廻る者があるが、国民の精神並に生活の上に何等現実の勢力を持つて居ない事は疑を容れない」とする。(67)

吉野にとって「神道」とは、世界宗教より一段低い発展段階にある「民族宗教」であり、「国民の世界的発展」を妨げる「過去の遺物」と考えられていた。原始宗教からキリスト教を頂点とする宗教の発展段階のなかに「神道」を位置づける発想がその前提にある。

そして一九一八年の臨時教育会議で課題となった国民思想の統一方法につき、「古来の美風たる家族制度を尊重せよとか、敬神の念を鼓吹すべし」などという、「強いて日本固有の風俗習慣に執着せしめ、以て欧米思想の流入を阻止せんとするのは重大なる誤謬」であり「思想の統一を図つて而かも思想の混乱を誘致するもの」だとした。(68)

第二に、「道徳的意義」から神社の強制参拝や靖国神社の存在を批判する。「神社崇拝の道徳的意義」（一九二〇年一二月）では、氏神の祭日による学校の休校について「氏神といふのは、一体我々に何ういふ道徳的関係があるか。所謂敬神の念とは無我夢中に神社といふ建物の中に居るものを礼拝する事ではない」とする。靖国神社の参詣についても、「少くとも戦争で死んだといふだけでやくざ者を国家の干城として崇めるといふ事は、少くとも平和時代の良民を薫陶する所以ではない」と祭神とされる人々の素性を問題とし、「道徳的意義」に疑義ありとする。(69)国家の行うべき善という「道徳的意義」の基準に照らすと、神社参拝強制は否定すべき政策であった。

一九二〇年八月、教派神道の大本教に対する弾圧が開始された。京都府警は大本教に対して「皇室の尊厳を冒瀆し、国交を紊り、人心を狂誑乱し、公安を害する虞あるを以て」二回の警告を行い、内務省は大本教取締りを全国に指示した。

かねてより軍人の信奉者が多い大本教に批判的な立場にたっていた宗教学者の姉崎正治ですら、政府の「外面から加へる圧迫迫害は無効」だと批判し、迷信的要素を含む神社問題の解決こそ必要だと主張する。(70)吉野もまたアメリカでアドヴェンテストという一派がキリスト再臨を唱え大流行した末に衰退したという事例を出し、「姉崎博士の云ふが如く大本教の流行は時代特有の病弊であつて一時はどんなに盛んでも早晩衰ふべき運命にある」とした。「迷信教」の一般的な趨勢と重ね問題を一般化することで大本教問題に関する「官憲の取締は寧ろ無用」だと主張する。(71)

政府は二一年一〇月に、大本教の神殿を多数の人夫、警察官、在郷軍人を動員して取り壊した。吉野はこれを報道で知り、「一種異様の悪感を催さずには居られない」とする。それは「宗教政策の腕力を以てする圧迫は如何なる場合に於いても禁物だと信じて居る」からであり、「少くとも之に対抗するには、同じく健全なる思想を以つてすべく、腕力を以つて之に臨むのは本来の目的に裏切る自殺的行為」だと断言する。さらにこの常軌を逸した行為に国民が「平然として看過して居る」姿にもいらだちを募らせた。(72)吉野は宗教の内容にかかわらず、政府の宗教政策が暴力的な方法で行われ、国民に黙認されている事態に強い危機感を抱いた。以下にみるように宗教政策の原則は信仰の自由の尊重にあると考えていたからである。

第二次宗教法案と神社制度廃止

一九二六年五月、宗教制度調査会より第二次宗教法案の草案が発表された。この草案は「政府の干渉と既成教団秩序の固定化によって、宗教界の動揺と流動する思想状況に対処しようとするもの」とされる。その条項の特徴は、「個人や集団の信仰の内容に国家が直接介入する可能性をもつ規定」であることと、既成宗教団体の「組織形態を画一化し固定化する役割を果たすもの」であったとされている。(73)吉野はこの第二次宗教法案を契機として宗教政策に関する自らの考えを明らかにする。「概して思想問題に付ての政府在来の態度は、無用に教会を激昂させた西洋諸国の政府によく似た所がある」。カトリック教会と西洋諸国政府との関係が、日本における思想問題と政府と相似の関係にあるとした上で、「信仰自由」に関する宗教政策の根本原則を三点挙げる。
一点目は、「凡ゆる宗教につき、原則として、之を布教宣伝することも又之を信仰礼拝することも、自由とする」ことであり、原則として「国教を設けてはいかぬ」、「特に此原則に対する例外を設くる必要ある場合には法律を以て之を規定する」ことである。二点目は、「凡ての宗教は、禁令に触れざる限り、一様に之を保護する」こととし、この観点から第二次宗教法案における宗教指定を批判し「保護は積極的であつてはならぬ」と無用煩瑣の干渉規定を批判する。そして三点目に、「国家の宗教政策を樹つるにつき最も戒心すべきは、宗教の私的性質を徹底すること」だとする。

そして「神社問題」については、政府による神社参拝の強制を国教化か否かは「将来における大問題」としつつ、「虚心に評すれば」神社に対する政府の方策は宗教の「公認保護政策」だと批判する。また第二次宗教法案の本質は、国家による宗教指導政策であり、「斯れ程用意周到な、従てまたこれ程宗教を馬鹿にした方策はあるまい」と「明白に誤つたる国家主義の弊」だと批判する。(74)「公認保護」と「宗教指導」の両政策こそは、近代ヨーロッパ国家による宗教（カトリック教会）に関する二大過誤政策だと吉野は考えていた。日本政府の宗教政策は西洋諸国が過去においてカトリック教会に対し行ってきた「過誤」政策再現なのである。法案そのものを「僭越不当の法規」とする立場から、吉野はキリスト教徒による細部の項目についての反対運動を「実は大した問題ではない」とした。(75)

さらに「神社宗教論」では、「政府が所謂思想混乱の叫びに狼狽し、神社崇拝を以て民心の統一を期し得べしとの愚論に迎合し、信教自由の原則を忘れて軽々に今日の様な神社制度を作つてしまつたのには感服が出来ぬ」とし、神社が宗教であるかどうかとの当面の論争には触れず「問題解決の根本は、政府が正直に兜を脱いで従来の間違つた取扱をいさぎよく廃《や》めることに帰着する」、すなわち神社制度の廃止を断言した。(76)

このように、吉野における政府の神社政策に対する立場は原則的に否認である。吉野は「神道」や「神社」参拝をその抱懐する「道徳」的意義から否定し、実質的に「公認保護」政策であると神社政策そのものの廃止と、「宗教指導」政策たる第二次宗教法案の否認を主張していた。このような吉野の神道理解は、師海老名が明治末年に神道に対してその迷信性を批判し、帝国憲法の「信教の自由」の侵害だとした神道批判をさらに徹底化させたものといえよう(77)。

5　普遍的で合理的な「道徳」による「国体」の改造

吉野の政治学や社会構想に見られる「道徳」の内容における「民本主義」、「国体」そして大戦後の「国家倫理学」に関連した特徴は五つの点が挙げられる。第一に、それは吉野の信仰するキリスト教精神と結び付いている。その内容は「個人の価値の尊重」と「四海同胞」の人類平等の精神である。それは「民本主義」の精神的根底を担うものだと主張されるとともに、このような精神は精神的「鎖国主義」に陥っている国民を個人主義へと変革する「大正維新」の思想の中核をなすものと構想された。

第二に、「自国の特種的根底」について、「万国に冠絶すると見る」「精神的自給自足主義」たる伝統的「国体」論に対し、日本の「国体」の特徴は「君主と人民との間に微妙なる情誼的関係あるといふ其の道徳的方面にある」とする。この「道徳的方面」とは民族精神としての協同団体という国家の特殊方面における合理的な基礎として主張され、その内容はキリスト教精神の社会的な発現である「人格」であった。「道徳」とは合理性と普遍性を兼ね備えたものであると認識されており、「人格」として体現されるキリスト教精神である。吉野は日本の特殊性や記紀による非合理的根拠を高唱する「国体」論を批判し、国家の特殊方面である民族精神を普遍的で合理的根拠に置きなおすこと、そのため天皇が国民の「道徳」の中心となるべく皇太子時代から教育を施す必要があるとしていた。

第三に、第一次世界大戦後「国家倫理学」とされた新しい政治学は、大戦を「道義的精神」の勝利とし、アナーキズムを国家の究極的理想とすることによって宗教的理想と政治的理想を合致させたものである。吉野は国家の究極的な理想を「人道主義的無政府主義」とし、それが海老名神学の影響を受けた「神の国」の内容と究極において一致することを主張する。それは強制が解消され各個人の自由が最大限に発揮されている社会であり、「相愛互助」が統制原理となっている。この「相愛互助」の「道義的精神」は大戦後の国際社会を指導し、かつ個人に内在する「四海同胞」精神である。各個人に内在する「理想」あるいは「人格」を自由に開展させることよって究極の理想社会は実現する。個人から国家、国際社会に通じる「統制原理」としての道義的精神という考え方は、ヘーゲル研究で看取された国家と個人の「共通意思」の内容を個人に内在する普遍的で合理的な「道徳」を想定することで、現実に機能すべきものとして主張されることになった。

そして究極的な理想に照らすことで国家権力者としての天皇は将来命令者主権者の地位を否定され、国民の道徳的中心へと転換すべきだと主張されている。天皇の存在を「道徳的中心」という、ヨーロッパで一般的な「人格」的な君主像の一つに位置づけようとする構想であった。

そして第四に、日本が新たに形成すべき「文化」について、「凡ての人類に能力発展の均等の機会を与えんが為めに平等を主張し又能力発展の障害たる人為的階級より凡べての人類を解放」する目的の「文化政策」と「社会政策」を主張、その総体をデモクラシー（「民主々義」）とした。吉野がこのような「文化」建設を可能であると考えた背景には、すべての個人に理想が内在しているというキリスト教精神を教会の占有物ではなく普遍的精神であると考えていたこと、日本では政治上の要請によって文化開発が行われてきたという歴史認識をもっていたことが挙げられる。

第五に、吉野はキリスト教と神道を発展段階の異なる宗教とし、「道徳的意義」という観点により靖国神社や神社参拝を否定する。また、政府の宗教政策をヨーロッパの国家権力がカトリック教会に対して行ってきた二つの「過誤」政策と同一視し、批判する。すなわちそれは国家神道という宗教に対する「公認保護政策」であり、また国家による「宗教指導政策」である。両者は「明白に誤つたる国家主義の弊」なのであった。

このように、吉野は神社神道を普遍宗教ではなく国家占有の宗教とみなし、神社制度の廃止を主張していた。そこには普遍的で合理的な「相愛互助」の「道徳」を自由に開展させることを目的とする新しい文化への展望と、カトリック教会と国家権力との関係について留学以来検討を重ねてきた吉野の確信が凝縮していた。

第二章　柳田国男における民間「神道」観の成立とキリスト教

――「国民倫理」形成と神社合祀政策批判――

1　民間「神道」研究への道のり

一九一〇年、柳田は民間信仰研究を問答形式でまとめた『石神問答』を出版し、一九一二年に政府の神社合祀政策を批判する「塚と森の話」を発表した。本章では、柳田がキリスト教と出会った一八九五年前後から、民俗学の出発点とされ、民間「神道」に関する考え方が一つの帰結を迎えたと考えられる一九一〇年前後までの期間を対象に、その民間「神道」観の成立過程を検討する。

本章の課題は三点ある。第一に、柳田の民間「神道」の研究が隣接する学問とのどのような関係から導き出されたのかを明らかにすることである。柳田が人類学や考古学と積極的に関わりながら民俗学を構築していった点については、多くの指摘や研究がある。(1) 本章との関連でいえば、人類学・考古学者の間で論じられたアイヌ・コロポックル論争のなかで柳田はアイヌ説をとっていたことを坂野徹が指摘している。(2) また岡谷公二は、柳田がフレイザー、タイラー、ゴムなど欧米の人類学、民族学を積極的に摂取するようになるのは、『石神問答』で交流した山中笑の人類学的視点を受け継いだからだと指摘している。(3) さらに横山茂雄は、「異民族」の記憶が民間伝承に反映しているというイギリス民俗学者デヴィッド・マクリチィの学説が柳田に影響した可能性を指摘している。(4) 以上に加え考古学や人類学の研究者たちとの論争や交流、輸入学説の摂取を経て柳田が辿り着いた研究方法とはどのようなものか考察する。

第二に、柳田は民間「神道」をどのようなものと認識したのか、その変遷過程と神社合祀政策に対する見解から明らかにする。川田稔によれば、柳田は「国民倫理」の形成の課題を「氏神信仰」をテコに成し遂げようとしていたという。その倫理とは、「相互に見知らぬ人々の関係をも視野に入れた共同性＝秩序形成の倫理規範を自覚的に創出、育成すること」だとされる(5)。また、徳丸亞木および川田は、柳田の神社合祀政策の批判の論拠を、神の宿る森や塚という土地そのものを異民族との境界である「聖地」とする信仰に求め、また「氏神信仰」が「一国の存立」に肝要との認識によるものだとしている(6)。両者とも、この時期の柳田の関心が集落外の他者との関係における倫理にあることを明らかにしている。

しかし、一九一〇年までの柳田の言説は、民間「神道」に関して否定と肯定の間を往復している。本章ではその言説の変遷を追いながら、柳田の民間「神道」観がどのような要因によって形成されたのか、またその民間「神道」観は神社合祀政策批判とどのような関係にあるのかを明らかにする。

第三に、柳田の民間「神道」観形成におけるキリスト教の役割を考察する。岡谷公二、藤井隆至が柳田とキリスト教との具体的な関わりや、教会から遠ざかった思想的要因を検討しており、その結果キリスト教への関心は一時的なもので終わったというのが通説である(7)。しかし柳田は大正期以後も産業組合や民間信仰を論じるなかでキリスト教に言及しており、信仰から遠ざかった後キリスト教をどのように認識していたかという点を検討したい。

なお柳田は、日本の民族が伝えてきた民間信仰の呼称として当該時期は「幽冥教」や「神道」という言葉を使用している。そこで本章では民間「神道」の語を使用する。

2　キリスト教と「幽冥教」の狭間で

キリスト教への接近と離教

「乱読の癖」（一九〇七年）によれば、柳田のキリスト教への自覚的な関心は第一高等中学校時代、英語学習の必要に促されてのことである。英語能力の向上のために「聖書を読むが良いと勧める人が有つて、日本語と英語とを対照して読んで居るうちに、中味に余程引つけられた時代がある。情ない哉、此が自分の唯一の宗教々育であつた」と回想している。[8]宗教について考え始めたのは、聖書を通しキリスト教と出会ったことがきっかけであった。

戦後の回想では、カナダ・メソジスト派の本郷中央会堂へ一時期通っていたことを告白している。当時の牧師「コーチ」（コーツ、ハーバー・ハヴロク、一八六五〜一九三四）が「私を非常に可愛がつてくれた」という。[9]『中央会堂五十年史』によれば、コーツ総理就任時代、会堂では日曜日の集会の他英語説教会を開催し、洗礼志願者のために「神の国」に関する知識習得を目的とする集会があった。英語説教会や英語聖書会は未信者のためにも開催し、学生が出席者の多数を占めていたという。内外雑誌閲覧所なども設けるなど、学生の英語学習の機会を捉え積極的に布教活動を行っていた。[10]当時の「中央会堂の目的」は「基督の福音を宣伝し、以て個人の霊魂を救ひ、安心立命の地をえせしめ、道徳上、社交上の改善を謀り、以て社会の道義を高潔ならしむる」ことである。[11]キリストの福音により社会の「道義」を高めることを目的としていたことが注目される。柳田がのちに重視するのもキリスト教の社会道徳上の機能だからである。

柳田が会堂に通っていた時期は「明治二十八年前後」、すなわち一八九五年頃のことだと推測されている。[12]この年、「私が暫く大学の寄宿舎を出て、本郷の春木座の傍に二階借りをして住んでゐたことがある」との柳田の回想がある。下宿していたのは一年ほどであり、島崎藤村ともこの時初めて出会ったという[13]。春木座（春木町一丁目）と本郷中央会堂（春木町二丁目二三）とは至近距離であり、藤村が下宿していたという新花町や金助町も近い場所にあった。一八九六年一〇月一一日付田山花袋あての書簡の冒頭に「今日は参堂例の多く罪得申候」とある。九五年末から九六年にかけて柳田は中央会堂から離れた場所に引越した後も「参堂」、すなわち本郷中央会堂へ通い続けたことが推察される[14]。

東京帝国大学入学後もキリスト教への関心は継続した。「大学生の日記」（一八九八年三月）は、柳田が大学一年生の時の日記である。このなかに二度日本基督公会牧師の植村正久[15]が登場する。「植村正久氏を訪ひ、いろ〳〵有益なることを聞きたり」（三月一二日）、「昨日植村氏にて借りしクリスチャン、ドクトリンを少しよみたり」（翌一三日）とある[16]。植村と柳田との接点は、九五年より親交のあった藤村が植村の主宰する一番町教会に通っていたことを機縁とする。田山花袋著『東京の三十年』によれば、藤村と柳田の交流について「柳田君は白い縞の袴を穿いて、興奮した顔の表情をして、よく出かけて行っては、詩や恋や宗教の話をした[17]」と描写している。この「宗教」とは、キリスト教であろう。

しかし先の『故郷七十年』では、柳田は入信しなかったと回想し、キリスト教から離れたのは当時の本郷中央会堂における人間関係が主な原因であったとしている[18]。この離教を死後の世界に対する認識の問題だとする藤井隆至の指摘が、キリスト教との乖離を決定的なものとする通説を補強している。藤井によれば、相次ぐ両親の死という経験のなかで「死後における霊魂の所在場所」をめぐり、柳田には「遥遠の地へ霊魂が行ってしまう」ことになる植村の福音主義的なキリスト教理解に納得できず、「顕界と幽界とは同一空間に存」するという松浦辰男の他界観との間で葛藤し後者を選んだとされる[19]。このような世界観は『先祖の話』の他界観と一致する。ただし、次節でみるように柳田がこうした他界観をこの時期に確立させていたと断言することはできない。また、晩年になって柳田はこの他界観を自らは信じていないと表明していることも有名であり、再考の余地がある。

同時代に柳田が著した文学作品には、現実を超える神秘への憧れが表現されている。たとえば散文集「夢がたり」(『文学界』一八九七年)には、六編の小品が掲載されている。そのあらすじを紹介すると、若き詩人の「魂」が乗り移ったすみれの花を摘んだために恋に落ち悲哀を感じる幼き恋人たちを描いた「菫摘みし里の子」、失恋のために死んでうぐいすとなった男が本当は男を想っていたという少女の心を知ったとたん死ぬという「縁」の哀れを描いた「籠の鶯」、自らの恋心を貫いた結果、相手の浜百合の死にあうという「あはれなる浪」、当人を離れた「影」同士の永遠の恋とその主たちの無縁さを描く「影」、自らが輝くために誠の恋を地上に現出せしめた結果男は死し、少女も後を追うという結末に泣く「小さき星」、そして悪魔によって通じ合うことなく共に死すという悲劇的な運命を辿る「比翼の鳥」である[20]。

これらの作品には、短文ながら「魂」や「縁」、「影」という目にみえない神秘的存在が主人公となり、現実世界の人間の意思や意図と反対に作用する「運命」の皮肉や不可思議が表現されている。この世を支配する神秘的あるいは超越的存在への関心が、柳田の宗教や信仰への傾倒をもたらしていることが推察される[21]。

同時に柳田はキリスト教への懐疑を表明している。「独唑記」(一八九七年)ではイエス・キリストとマホメットの仕業を「匹夫匹婦ヲ籠絡シ蠱眩シ畏嚇シ屈伏シ尽サバ亦可ナリ」と捉えた[22]。また「漫夏消息」ではハウプトマンの「孤独生涯」の読後感として「学問は固より凡夫を済度すること能はず。宗教は些も調摂の力を有せざる境に立ちて嘗て独生き独思はんと試みたる〈学士フォッケラアト〉は憫むべき瞽者のみ。求めざれば与へざる基督の神にして真実此世の中におはさば二十世紀は愈浅ましき苦しき世紀なるべし」とも書き表している[23]。キリスト教は孤独な思いをかかえて生きる人々を救済することがなく、政治的な勢力拡大を行う宗教として否定的にイメージされている。目にみえない神秘的存在へ強い関心を寄せる一方、キリスト教によって柳田自身は精神的に救済されることがなかったという経験を示唆している。

しかし産業組合論では、国民の倫理的基礎の形成と関係させてキリスト教を論じている。次項ではこの点について柳田の認識を明らかにする。

産業組合による社会道徳の「伝道」と「幽冥談」

一九〇〇年七月、東京帝国大学法科大学政治学科を卒業し農商務省農務局に配属された柳田は、法制局に異動したのちも全国農事会など民間団体を基盤に産業組合を広める活動を行った。柳田は産業組合の根本的な組織原理を、農民相互間の「協同相助」だと主張し、その基盤を「郷党」の人的結合力に置いていた。「協同相助」の原理を日本に内在する歴史貫通的な固有性と理解し、この固有性の回復のために農民の自覚を促す解決策に傾斜していくと指摘されている(24)。

本項では柳田が「協同相助」を論じる際キリスト教の社会倫理形成力を引き合いに出していることに注目し、日本固有の「幽冥教」との関係でどのように論じられているかを検討し、柳田が産業組合論で論じた倫理の内容を明らかにする。

柳田の経済と倫理に関する認識は次の三点である。第一に、資本主義の進行による「道義心の消長」を危急かつ重要な問題としている。『産業組合通解』「自序」（一九〇二年一一月）のなかで、資本主義の進行による日本の現状を国家の倫理的基礎の消失という問題と結び付けて論じている。「新時代の市場の形勢」により、「小農」は「安楽なる生活」が出来なくなった。その結果「地方経済の進歩を碍げ」、「国力の根底を動揺せし」め、「家道の零落」、「祭祀の滅絶」等が起こった。「之に伴ふ道義心の消長の如き、若し詳に説くときは、憂ふべく悲しむべきもの甚少からざるなり」と危機感を表明した(25)。

第二に、産業組合は国民の倫理的基礎を形成する機関であることを主張する。「土地と産業組合」（一九〇八～〇九年）では、「産業組合は既に人も知る如く一方に経済上の機関であると同時に、他の一方では人格の養成機関で有る、旧来一種特別の階級に有るもの丶如く目せられたる小民を引上げて、富みたる紳士と対等の関係に於て節を礪《と》かしめ、徳を養はしむる機関である、個人の道徳上の改良に適切に経済上の意義を有たしむる機関で有る」とした。[26]

第三に、柳田の考える産業組合の精神的基礎とは、「誠実」を基とする共同の「自助的救済」である。「産業組合講習会講習筆記」（一九〇五年四月）によれば、「勤勉にして事実を違はず正直なるものには資金を貸与し又怜悧なるものにても道徳上の心掛なきものは之れが貸附をなさず」という教育的な道徳的効果がある。[27]

この倫理道徳を論じるなかでキリスト教に関する肯定的な表現がみられることに注目したい。「基督教の如きは伝導布教の為め莫大の醵金をなすは誠に感ずべきの至りにして是等は別に経文中に掲げられたるものにあらずと雖宗教の利を己れ一人にて壟断することを為さず一般に其の功徳あることを知らしめんとするの衷情に外ならず」。[28]キリスト教の伝道活動、およびその隣保精神を産業組合の普及拡大のモデルとして高く評価する。

さらに同じ年の講演録「産業組合に就て」でも、「産業組合の主意は殆と《ママ》宗教であります、儒教で申せば博愛とでも申しませぬが、耶蘇教で申せば博愛とは申しませぬが、他人を愛すると云ふ、己れの欲する処、之を人に施せ、己れの宜いと思ふ所は、之を勧めると云ふやうな、極高尚な主意から出たもの」だとしている。[29]隣人愛の発露ともいうべき「伝道」活動が社会倫理形成における重要な要素だという認識がここにはみられる。社会倫理の形成という視点からキリスト教の伝道の精神を肯定的に評価していることがわかる。

柳田国男（1903年11月）
（田山花袋記念文学館蔵）

そして「報徳社と信用組合との比較」（一九〇六年）では、日本の宗教をめぐる現況を次のように指摘している。「西洋諸国には外部に耶蘇教会の統一的勢力があつて、組合の中で説教を聴かせないでも、村には大抵会堂があつて其処へ行けば段々と善人にしてくれますが、日本ではさうではなくて神仏耶蘇教其他種々の宗教が競ひ進む有様で、人民は拠に迷ふて居る故に、従つて道徳の訓練までも組合が自ら之を行ふ必要があるのでありましやう」[30]。

柳田によれば、今の日本は諸宗教が乱立している状況であり、ヨーロッパ諸国のキリスト教のように社会生活に根づき、道徳原理として作用している宗教が存在していない。報徳社事業が宗教的性格を帯びているのはこの日本の状況に起因するものである。こうした現状に鑑み、柳田は倫理観念を広める布教伝道の機能を産業組合に期待していた。ヨーロッパ社会におけるキリスト教が隣保精神に基づく「協同扶助」の社会道徳として機能していると認識し、その教育普及という機能を日本では産業組合が果たすべきだと考えていた。

一方、日本民族固有の宗教「幽冥教」は、「公益」の側面をもたないものとして否定的に論じられていた。柳田が最初に公にした日本固有の宗教に関する言説「幽冥談」（一九〇五年）によれば、「幽冥教」は第一に、「公益に害のあるものであるから、伝道の困難なもので公けに認めることの出来ない宗教」だという[31]。つまり公的な道徳の形成には無関係な宗教である。第二に、「昔の民族と一緒に成立つて居る宗教」ゆえ伝道という事業がなく明治の今日には衰微してしまっている[32]。それは各国民が持つ「特別の不可思議」であり「国民の性質」と密接な関わりがある。第三に、仏教やキリスト教などの既成宗教と比較すると、「人の拵へた宗教ではない一種の信仰」であるがゆえに「日本人の血が雑婚に依て消えて仕舞ふまでは遺つて居るだらうと思ふ」[33]ものである。開祖をもうけた人為的な世界宗教とは異なり「日本人」の民族の消長とともにある宗教以前の信仰だとする。

この世の中には現世と幽冥、「うつし世」と「かくり世」が成立しており、後者は前者より強く、この世に後者は満ちており、この世の人々に賞罰を与える。しかしその基準は、神が託宣しているキリスト教のようにこの世の人々にとって明確でない。また、義理がたさ、正しいこと、清潔などを好み、復讐心に富むという性質をもった神であり、その具体的な表れとして「天狗」が挙げられている。

このように「幽冥教」は日本古来の「民族」の信仰とされ、公益性、明確な主義綱領、開祖のいずれをも欠いているとされた。「天狗」に象徴される神の性格も、公共道徳とは無関係な特徴をもったもので、伝道活動も困難で衰微しつつあるというものであった。「幽冥教」は少なくともこの時の柳田には「宗教」ではなく、キリスト教のような社会的な道徳原理を形成する力はないものとされていた。この認識は、第一章で指摘した吉野の神道観に通じるものがある。

しかし、実際の産業組合のありようは柳田の期待に添うものではなかった。「産業組合の道徳的分子」（一九一〇年）では、現今の日本の組合の多くが「法律思想だけで作り上げた組合」であることに不満を示している。ヨーロッパでは、組合事業に携わる人の志は「己の欲する所を人にも施さん」とするもの、つまり道徳的行為と関連しており伝道費用を必要な負担と認めている。法律上の義務のみが強制されている組合の現状に、危惧を表明していたのである。(34)

こうしたなか、日本社会の内部、具体的には九州の山中に「山人」の実在を確信することによって、その宗教意識は展開を迎えることになる。

3　山人の実在と境の神信仰の探求

山人の実在と民族の記憶としての「幽冥教」

一九〇八年五月二四日から八月二二日にかけて、内務省から行政視察の命を得て九州各地を旅行したことは、柳田に国民倫理考察の範囲および社会風習の残存への関心をもたらした。宮崎県の椎葉村で共有地の分割方法に関し「富の均分といふが如き社会主義の理想が実行」されていることに柳田は注目し、これを「一の奇蹟」と驚いている。貧富の格差を埋めるための相互扶助的な分割方法を、かつて存在した古い時代の思考の残存とみなした。

「九州南部地方の民風」（一九〇九年四月）に「要するに古き純日本の思想を有する人民は、次第に平地人の為に山中に追込まれて、日本の旧思想は今日平地に於ては最早殆ど之を窺《うかが》ひ知ることが出来なくなつて居ります」との言があるように、「純日本」の思考をもつ人々は、「平地人」により山奥に追われたとみなしたのである。そして平地のみならず「山地人民の思想性情を観察しなければ、国民性といふものを十分に知得することが出来まいと思ひます」と日本の国民性の全体像を理解するために山村の思想を研究する必要を主張する。(35)現代だけでなく過去の思考を含め「国民」を考察する必要を実感したのである。

椎葉村に向かう前に、柳田は天草の「切支丹」集落へ足を運び、数百年前に日本にもたらされたキリスト教の風習が現存していることを確認している。「天草の産業」（一九〇八年一〇月）では、崎津港、大江村の二つの村に島原の乱以前からのキリシタンが数百戸残り、「切支丹」と呼ばれていることに注目し、祈禱や賛美歌の言葉が長期間のうちに転訛しつつも残り、葬式や聖日の慣習を保っていることを記している。そして「此村などが、天草群島中で、最も僻遠な村で、従つて言語や習慣などに、数百年前の面影の残つて居るのは、必らずしも宗教の為めのみではない」と、「数百年前の面影」が「極めて新しい文明社会の風俗と併存して居る状態」を指摘した。(36)

天草におけるキリシタン風俗習慣の残存は、始まりは少なくとも近世初頭にまでさかのぼることが明白である。現在の風俗習慣が数百年前の日本を伝えている可能性を確信することができたがゆえに、椎葉村での「山人」発見に至ったと考えられる。

そして九州旅行後の「天狗の話」（一九〇九年三月）においては、「幽冥教」の神であった「天狗」が「我々日本人と全然縁の無い一種の人類」として、明治の今日における実在が主張されるようになった。柳田は、「天狗道」の特徴として「清浄を愛する風」「執着の強いこと」「復讐を好む風」「任侠の気質」の四点を挙げている。「幽冥教」の神様の特徴は、「儒教で染返さぬ武士道」の精神となったのである。(37) そして天狗とはフェアリーがその発祥地であるケルト民族の特性をよく示しているのと同様、日本の「国民性」に影響を与えているものと考えていた。「幽冥教」における天狗は、日本人の「国民性」を探求する研究対象とみなされるようになった。

こうして探求され始めた山地の人々の生活は、椎葉村のイノシシ狩りのことばや作法、口碑をまとめた『後狩詞記』（一九〇九年）に最初の結実をみた。「序」には「猪狩の慣習が正に現実に当代に行はれて居ることである。自働車無線電信の文明と併行して。日本国の一地角に規則正しく発生する社会現象である」、「古今は直立する一の棒では無くて。山地に向けて之を横に寝かしたやうなのが我国のさまである」と地理上に古今が並んでいるとした。(38)

歴史探求を目的として日本人の風俗習慣の全体像が関心事となるなか、柳田は各地で米作に執着する農民に注目する。「九州南部地方の民風」（一九〇九年）では九州南部の山間部に水田耕作が盛んなことにふれ、米食には「経済学以外の理法」があると考え、米食を「平地人」すなわち現在の日本人の象徴とする。それに対し、「粟食人種、焼畑人種」を「山民」の象徴として「日本の旧思想」習慣をもった人種とした。(39)「北国紀行」（一九〇九年六月一五日）でも、石川県金沢の農民が利益上の差異はないにもかかわらず「麦の栽培を引合はずといひ、米に力を入れたがる」現象に留意し、「米だけには何か伝来の考へ方があったのか」と心理学上の問題と捉えている。(40)

そして「山民の生活」（一九〇九年五月）で、柳田は平地人と山人との関係について以下のようにまとめている。「吾人の祖先は亜細亜の南部の嶮岨な処に居つた」ものが、日本の先住民を駆逐して現在の状況に至った。そして未開の地に分け入った際、神を祀るために必ず水田を耕した。つまり「我等の祖先は必ずしも米でなければ生活出来ぬものでも無かつたらしいが神に供ふる酒や餅は皆米で作つたのである、従つて居所を相するには先づ神酒神饌の料たる米の産地あるかを見る」のである。柳田によれば、日本人の祖先はアジア南部の山間にいた人々であり、米作民というよりは信仰上の理由により「水田を耕す」民族だとした。そして未開の地に分け入った証拠として「田代」などの地名を重要な指標とし、「森は敬神の念篤き我等の祖先が、焼畑切換畑を作るに当り、神を祀る処として之のみを残したもの」だとする[41]。

さらに柳田はその一生を神の研究に捧げたという国学者伴信友の著述に記されていない神のうち、「境々に祀つたもの」が多いこと、本居宣長の「山の神」解釈が間違っていることを指摘した上で、「石神」は石棒が神体だとする人類学者の説を「当らぬ」と実際的な研究の必要を示唆している[42]。

このように、九州旅行を契機として確信された先住民＝「山人」の実在は、柳田が抱懐していた「幽冥教」への考えを転換させることになった。「幽冥教」の「天狗」は神ではなく、かつて日本を支配していた先住民の末裔であり、「山人」の姿を示したものであった。清浄を愛し、執着が強く復讐を好み、任侠の気質をもった天狗の特徴は、そのまま「山人」の特徴とされることになった。そして経済上の理由と無関係に米に執着する農民たちの姿から、米作をする「大和民族」と先住民である「山人」との間に存在した対立や交渉の記憶が、境の神という信仰に残されることになったと考えるようになった。柳田は各地に存在する民間信仰を、異なる社会の歴史を記憶として伝える社会的伝承と捉えている。信仰によって伝えられた口碑を民族あるいは異民族の重要な歴史として捉える方法を、このときの柳田は獲得していた。それは横山茂雄によればデヴィッド・マクリチィなどイギリスの民俗学を媒介とするものであった。

人類学・考古学との格闘

石井正己は、三四通の往復書簡からなる『石神問答』（一九一〇年）が、当代の「山人」実在を口碑によって明らかにした『遠野物語』の成立と密接な関わりを持っていると指摘している。石井によれば、三四通の書簡が交わされた時期は、柳田が『遠野物語』の草稿本を書き終えて清書に入るまでの間であり、『遠野物語』のテーマである「山人」の前提となる「古い時代」の「荒ぶる神」をまず明らかにしようとしたため、刊行は『遠野物語』より優先されたという(43)。

『石神問答』は古い時代の「山人」の実在を前提にした民間信仰論である。その内容は、明治期人類学および考古学界における課題を消化した上で、日本人の信仰について新たな像を構築する試みだったのではないかと推測される。そこでまず柳田の人類学や考古学などの学問に対する立場を明らかにしたい。

まず人類学との関係についてである。『石神問答』の往復書簡のうち、人類学関係の議論の主要な相手は山中笑（共古、一八五〇～一九二八）である(44)。柳田が参加した山中らの集古会は、最初の人類学関係学会であった。山中はタイラーやラボックなどの人類学の原書を読破する在野の「学究的の人」である。岡谷公二は、柳田と山中との交流は『石神問答』の出版前後が最も親密であったとしている(45)。

山中笑（共古）
（『日本基督教団甲府教会百年史』より）

日本列島の先住民族を大和民族が征服したという当時の通説的見解のなかで、人類学会ではアイヌ・コロポックル論争が中心的課題となっていた。アイヌ伝承中にあるアイヌ以前のコロポックルを先住民族とする東京帝国大学の坪井正五郎に対し、柳田は山中と同様、先住民のなかにアイヌも含まれるという立場にたっていた。山中は坪井との確執によって論争後人類学界から去った(46)。論争は一時期坪井のコロポックル説が優勢だったものの、一八九九年の鳥居龍蔵の千島探検調査をきっかけにアイヌ説が浮上、一九一三年の坪井死後はアイヌ説が全盛となる(47)。

最初の柳田の山中あて書簡では、山中の説に添う形で、シャグジ（石神）という言葉をアイヌ語のなかから見つけ出そうとしている[48]。柳田は山中と同じ立場であるだけでなく、その調査内容に信頼を置いていた。『定本柳田國男集』（筑摩書房）別巻五索引によれば「山中共古」の名が出てくるのは四二回、ほとんどが山中著作あるいは山中から聞いた口碑の引用であり、明治末から昭和初期に至る。人類学上の共通な了解のもとで確実な資料を提示し石神《シャグジ》に対する探求を進めていくために、柳田は山中を往復書簡の相手としたと考えられる。

まず柳田は石神《シャグジ》を石の神とする坪井の通説を批判することに意を注いでいる。古墳や塚を墓所とする仮説や調査など、柳田は他の問題でも坪井に対しことごとく批判的立場をとっている[49]。山中あて書簡（一九〇九年一〇月六日）には、「無暗に通説を批難することは慎むべき義に候はんも　シャグジの起原は石の神なりとする御考証には未だ心服仕る能はず候」、「此説は坪井博士あたりに始り候やう信じをり候が　其以前にも此考を持ちし人有之候ことにや」とシャグジ＝石の神説への疑問を呈し、この説が坪井から始まったのではないかと質問している[50]。これに対し山中は、この説の始まりは坪井ではなく、松浦武四郎の『撥雲余興巻一』の説明文によるとし、山中自身も松浦の説に服していることを伝えている。そしてシャグジを江戸高輪のオシャモジを元祖とする流行神だと主張する[51]。

このシャグジをめぐる学説について、柳田は後年、松浦説を受けた坪井の主張だと回想した上で「同じ名の祠は弘く東海東山の国々に分布し、その数も至つて多く、悉く同じ誤解に陥つたとは思はれぬ上に、単に御幣を樹てゝ居るのみならば、曾て祀られた石体が紛失したとも見られるが、明白に神主の木であつたシャクジも且つ存するから」シャグジは石の神ではないと改めて強調した[52]。柳田はあくまでも人類学会の権威であった坪井説であることを強調しており、それを批判することに主眼があった[53]。

そして「行々はシャグジ考とも題すべき大著述出来候はゞ　定めて大に学界を裨益も何も致さぬこと、存じ候」と、自嘲気味ながらも学界の通説と異なる方向でシャグジの問題を追求する意志を語った[54]。シャグジの実態については次のように推測する。

「自分には取留めたる考も無之候へ共　何でも蕃人の神にて　我々の祖先土著の砌《みぎり》彼等との地境に之を祀り相侵さゞるを許りしこと　恰《あたか》も山の神塞の神荒神など、同じきかと存じ候」(55)。

シャグジとは先住民族の神を大和民族との地境に立てたものであるという。柳田はさらにサク（佐久）という地名や神に注目し、それが「古代の生蕃」と「我々の祖先」を隔絶するための「一の隘勇線」だったとし、シャグジとの関係を示唆する(56)。

このように石神《シャグジ》は石の神ではなく、先住民と大和民族の「地境」の神であり、先住民の記憶を残す遺跡だとする主張は、人類学界では異色の説であった。また、漢字の意味と読み方とを切り離し、サクやサヘノカミ、サグジ、ショウグン塚、ショモジなど同じような音をもつ地名や神社、塚などの由来や意味を比較検討しながらシャグジの神の本質に迫ろうとする方法は、柳田民俗学の基本的な方法となる。シャグジの実態を探求する過程で、柳田は人類学とは異なる方法と結論を編み出していく。

次に、考古学に関する柳田の論争への関与は二点にわけられる。一点目は、一九〇〇年より一四年にかけて展開された神籠《こうご》石論争である。久留米の高良山の山頂に発見された一列の切石群の報告に端を発し、同じような石群が各地で発見され山城説か霊域説かで論争となった。霊域説に立つ喜田貞吉は、『歴史地理』一九一〇年三月号に「神籠石号」の特集を組んだ。喜田はこの石を大和民族の残した遺蹟とし、古代生活探究の手がかりとする。そして「大要方形又は長方形に切つた石を密接して一列に並べ、山の或る地域を取り囲んだもの」という形状面と、付近に「神籠」という名称をもつ地名や寺院が存在することから「神籠石」と名づけ、神霊が鎮座する「神奈備の境界石」だと主張する。(57)この霊域説に坪井正五郎も、「或る霊地として神聖に保たれた地を区別したものであらう」と賛同したという。(58)

一方、柳田は同号の「神籠石に関係ある地名」で、神籠石の分布が九州に限らない傍証として日本各地の「カウゴ」「カゴ」石を紹介する。そして自説として、「巌石を神とする風習は、小石を神体とする社と共に、数限もなきことに候が、小生所見にては其大半は猿田彦系統の神々即ち国ツ神の部類に縁」があるものだとし、岩石のない地方では塚を列ね築いたのではないかと推測している。(59)『石神問答』掲載の際は、さらに補注を加え、実際には一箇所しかない「神籠石」の呼称を汎称とする喜田への疑問を呈し、その形状についても「カウゴ石」は孤立する奇石が多いと批判、霊地ではなく「民俗学上の理由」によるもの、すなわち「仏教にて営みたる地鎮の祭場」だったのではないかとする。

これに対し喜田は、「神籠石と磐境《いわさか》」（『歴史地理』一九一一年三月号）であくまでも霊地説を堅持し、「神籠石とは神霊の鎮まれる石にして、通例は巨大なる自然の磐石なり」としつつ、その名称を変更する必要を認め、遺蹟を「磐境」つまり祭壇であると自説を修正する。(60)

柳田はこの喜田説に「自分は唯半分同意す」と表明する。カウゴ石が「信仰の容体」であることは認めるものの、神霊の鎮まる所との断定には依然否定的だった。(61)そして神籠石が境の神である塞の神と関連すること、そして岩石のない地方では塚となることを指摘し、先住民と大和民族との境界線を決定する祭場との自説を堅持した。喜田は境の神の信仰の施設だとする柳田説には応答していない。

二点目に、「十三塚」（一九一〇年）論争が挙げられる。柳田は同名の論文で十三の塚を並べた遺跡である「十三塚」に関する全国的な事例を掲げ、この塚に関する論争を始めようとした。そして自ら「根拠に乏しき憶説」として次のように主張する。

「正真の十三塚は筑前等の如く正しく十三ありしならん。而して大塚一小塚十二ありしならん。十二神及一神の思想は古き道教の説に基くものならん。而して密教の儀軌に於て仏説と習合し夙に我国に入りしものならん。都邑の境に列塚を築きて民居を鎮護するの風習は極めて古きものならん。塚の排列と神籬磐境《ひもろぎいわさか》又は神籠《かうご》とは系統を同じくするものならん。出雲風土記の神名樋《かんなび》山の石神及び文徳実録の常陸大洗の立石は十三塚の先型ならん〔句点―引用者〕」。(62)

柳田によれば、十三塚は石神や神籠石を先駆型とするもので、その実態は先住民との境に立てられる鎮護のための遺跡であり、境の神の信仰の風習を伝えるものであった。

『石神問答』の往復書簡からは、「十三塚」に関する柳田の考えがまとまっていく過程が明らかにされている。柳田は、山中あて書簡（一九〇九年九月一五日付）に、シャグジに関係する地名として十三のつく地名を挙げた。山中は、「もしや塚を十三仏に配し候事にも無之かと存じ候」（一〇月五日付）、「大日を主として十二仏をならべしことは御座候と存候」（一〇月八日）と柳田に回答した。柳田はこの回答を受けて、「大日を中心としたる十三仏を拝すること　全く我国特発の思想なるべし」との注記を刊行の際つけた。(63)

さらに塚の全容解明の糸口を求め、「将軍塚」「十三塚」「スクモ塚」「一里塚」などについて質問を考古学者の和田千吉あてに出し、山中あて書簡（一一月二三日）では、「近年は塚の発掘大分の流行故　果して右の如き供養塚なりや否ややがては埋蔵物より立証し得る機会も可有之」と、塚の全容が考古学者たちによる発掘成果により明らかになることを期待する。(64) 翌年三月二八日付山中あて書簡に「例の十三塚の問題は過日考古界の為に大綱を掲載致置候」とし『考古学雑誌』に「十三塚」を掲載したのである。そして「塚の築造の山伏と関係あること」、「修験道の行法等の中に於て十三塚築造の因縁を探索しても早合点とは言ひ難かるべし」とし、修験道との関係で塚を考察す

べきことを明らかにしている。(65)

この柳田説に対し考古学界でも実地調査が行われ報告がなされている。佐藤一二「尾張の十三塚」（『考古学雑誌』一九一二年一一月号）では調査した六つの十三塚のうち、その実態を古墳（二つ）、戦死者の墓とされた伝説の塚である（二つ）とし、残りの二つは不明という結果を発表している。小川栄一の「美濃国に存する十三塚」（『考古学雑誌』一九一四年九月号）も、三つの塚を墳墓と関連付けて紹介している。

十三塚の問題を掲げることで柳田は考古学者ないしは人類学者たちの塚＝墓所という考え方をくつがえし、信仰や境の神の標としての塚の性格を広めようとした。しかし柳田の「十三塚」論は一定の反響があったものの、墓所ではなく境界線や境の神の祭場という柳田の説に同意するものはほとんどいなかった。

以上みてきたように、柳田は上古から伝えられてきた境の神信仰にまつわる諸問題を追求するにあたり、人類学や考古学の学問上の課題と格闘した。『石神問答』の往復書簡という形式は、人類学、考古学などの諸学の学者たちとの論争や情報収集のありようを読者に伝えるための効果的な形式であった。石神《シャグジ》についての通説的見解への批判、神籠石論争、そして十三塚の問題提起のなかで柳田の示した説は、石神は先住民との間に築いた境の神であり、神籠石、十三塚はいずれも境の神を祀るための共通の施設であるというものであった。この柳田の説は、当時の人類学や考古学の通説と相容れないものであった。

「えたいの知れない民間信仰」

柳田は石神（シャグジ）の神の特徴を四点挙げている。(66)第一に、「我国雑神」たる道祖神、山神、荒神、姥神、子安神などと同様、記紀の神代史には所見のない渡来神である。第二に、日本における先住民族であり、新住民への抵抗のなかで土地の譲与に関する神として祀られるようになったと推測している。(67)第三に、地境の神として「邪悪神」の侵入を防止するという受動的な意味の強い神であること、第四に、「神にも非ず仏にも非ざる双神の礼拝」を特色として挙げている。(68)

ここで双神信仰に関し、柳田は陰陽道との関連性を指摘している。柳田は日本の民間における陰陽道の移入は仏教以前にさかのぼりうるとする。(69) 陰陽道は安倍晴明の時代より仏教と習合し独立を失ったものの、その「威力の軽視すべからざるは　現代民間の習俗行事に道教の信仰を基礎とするもの甚だ多きを以てトするに足り候」と現代の民間習俗に依然大きな威力をもっていることを示唆する。(70)

そして陰陽道の思想が記紀に反映した例として古事記の「山田のそほど」神に関する記事のなかに登場する少《すく》彦名神《ひこなのかみ》の説話に注目する。少彦名神は小さく神秘的な神で、命により大国主とともに国作りをしたあと常世の国に渡る。柳田はこの神を神代系統と異なる神であるとし、自説として大小二神の協同の国作りというストーリーには、二種の信仰・思想の調和の現実的な必要により、「陰陽道」の思想が記紀の伝説に混入したことが意味されているとした。(71) そして地境の神として男女の神を祀ることが、生殖の神としてではなく防禦の神としてであるという点に日本の特色があるとする。(72) 地境に石を立てて邪神を排斥する信仰に、かつて先住民族と大和民族とが境界を決め土地の譲与を行い調和したという「古代民生の委曲」の一端が表れていると考えたのである。

そして石神の信仰を研究する今日的重要性について二つの点を指摘している。第一点は、国際社会における国民としての心構えに関係する。

「頑迷固陋の言なれども　国と国との親交縦には疎く横には厚き今日とて　蕃客往来の繁きこと前古未だ其例を見ず　従て今迄名も知らざりし色々の悪しき神　之に伴ひて入来るもの定めて多からんと存ぜられ　品はかはれども国の為里の為に昔の人と等しき不安を抱く者　追々は必ず出来るなるべしと存じ候」、「さて新時代の御前神《みさき》を祀りて国土万年の祈禱を掛けんには　其行法は必しも在来のものを株守するにも当らざるべきか　是此書が世に遺すべき小さなる一のモーラルに候」[73]。

先住民と日本人の祖先という二つの異なる文化の接触点であり両者の調和の象徴である石神信仰は、開国後の日本の外国との交際における倫理的課題に寄与するものと考えられていた。「隘勇線」という語句からすれば、柳田が具体的に想定していたのは植民地台湾の先住民族の統治方法という課題であり、石神信仰は異民族が同じ土地に共生する方法を示唆するものである。

第二点は、柳田は石神信仰の研究によって、日本の「神道」の実態が明らかになると考えていた。柳田は外来要素を排斥し純粋で一元的な「日本の神道」を追求する「復古神道」の方法では、かなり古い時代の日本の思想も排除することになると批判し、仏教や道教などの外来の要素を取り入れ歴史的変遷を経た日本の民間信仰の全体像を研究することが「神道」の実態を明らかにする方法だとしている[74]。

このように、いわゆる雑神を含む柳田の「神道」観は、日本における「人身供犠」の実在をめぐる加藤玄智との論争のなかで、より具体的に明らかにされている。柳田は「人身供犠」の実在を否定しつつも「鳥獣殺戮の神事」はあったとする。そして伊勢神宮でも「少くも我々が浸染したる日本の神道とは相容れ」ない神事があったことを指摘し、次のように主張する。

「思ふに式以前の神道あるものは決して平田先生などの唱へられし如く単純一元の信仰に非ざりし也。正史の記事に見えたる牛を殺して漢神を祭るの風を始として色々の神社が雑然として併立せしことは諸国大社の官祭に於てすら既に著しく祭式及供物等の区々なるにても之を察すべし」[75]。

延喜式以前の神道のなかには、平田派の唱道する単純一元の信仰とは異なる内容の神事や祭式が存在していることを明らかにし、複雑で多元的な信仰の総体として把握すべきことを主張している。

柳田は以上のような民間「神道」像を平田派の国学的な神道観と対置し、神社合祀政策を批判する。明治末期の神社合祀政策とは、「神秩序を天皇の下へと再編し、国家意識の宣揚とイデオロギー統合を目指す、大国隆正以降の転回した平田国学思想の実践の一つ」とされている(76)。柳田の神社合祀政策批判の論拠は、その政策の基礎にある一元的な「神道」観そのものにあったと推測される。

そこで次に神社合祀政策を批判した「塚と森の話」を取り上げ、柳田の「氏神」、民間「神道」論を検討する。柳田が明治末年に認識していた「氏神」とは、先祖が開拓した土地の神であり、森は「人民が憚《はばか》つて開き残したる土地の一部」である。そして「我々の祖先」が開拓者として村に住みついたときの信仰とは、「祖先は自ら神となつて、家の末裔《すえ》を守る」ことと、「害敵は界《さかい》に立入らず、疫癘《えきれい》の人を悩ますこともないと信頼して其代りには、夏秋二季の収穫毎に、質素にして敬虔なる祭礼を怠らなかつた」というものである(77)。この土地の開拓および守護神としての氏神信仰は、共同体内部の連帯を深めるという意味をもつ後の氏神信仰論（第六章参照）とは視点を異にしている。

また、村境に築かれた信仰上の塚は「中世の陰陽道の一種の作法」によるもので、塚の築造に関わったのは「一種仏教と神徒との中間に位する」山伏である。その信仰する修験道の「根源は極めて雑駁」ながら、かなり古い歴史をもっている。また平安期の浮浪人や漂泊者を起源とする「半僧半俗の聖」たちは、これらに陰陽道、自然力崇拝を加えて「本筋の修験道や念仏宗の外に、一種えたいの知れない民間信仰を作り上げて仕舞つた」。この「えたいの知れない民間信仰」こそ村民の信仰の本体であり「国民の気風」を形作るものとする(78)。

そして、「日本の神道の本来の面目は、本居、平田程の大きな学者でも、未だ十分に説明し尽して居らなかつた。

此人々の学説に基いて成立して居る所の明治の神祇道も、随つて又大多数の平民の思想を適切に代表して居るものではない」と主張する。(79)

明治末年において、柳田は「神道の本来の面目」を開拓者である祖先の先住民との交渉の痕跡を残し、修験道や念仏宗、原始宗教の自然力崇拝や陰陽道、さらには鳥獣殺戮の神事などの仏教や神道とは無関係の要素を加えて、半僧半俗の山伏や聖人によって作り上げられた雑駁で「えたいの知れない民間信仰」だとする。それは国学の影響を受けて一元化され体系化された「明治の神祇道」や、社会倫理のモデルとされたキリスト教とは対極にある。天皇のもと一元的に神秩序を再編し、「淫祠」を様式の整った行政村氏神に合祀する神社合祀政策は、「神道」の本来的な特徴を消失させるものとして批判されたのである。ただしこのような雑駁性のなかから作られる「国民の気風」とはどのようなものか、この時点では明らかにされていない。柳田にとっては、民間信仰研究が「国民」形成に必要だと確信した点が重要であった。

4 民間「神道」発見におけるキリスト教の役割

本章において述べた柳田におけるキリスト教と民間「神道」との関係は、三つの時期に区分することができる。第一の時期は一八九五年前後から一九〇〇年までの時期である。学生時代の聖書講読からキリスト教への関心をもち、カナダ・メソジスト派の本郷中央会堂に通った。しかし人間関係の悪化、近親者の相次ぐ死と他界観の葛藤から離教する。柳田個人においてキリスト教は魂の救済という役割は果たしえなかった。

第二の時期は一九〇八年の九州旅行を画期とする。柳田は産業組合の思想である「自助的救済」に国民の倫理的基礎を見出し、そのモデルとしてキリスト教教会がヨーロッパ社会にもつ社会倫理形成の力に注目する。とくに教会における伝道や隣保の精神が産業組合にとっても重要な精神だとし、精力的に普及活動を行う。キリスト教会に代わる倫理形成の社会的機能を産業組合に期待したのである。この共同社会の相互扶助による「自助」という思想こそ柳田の政治思想の基礎となるものであり、二〇年代以降「自治」の実現という課題を追求していくこととなる（第四章参照）。そして民間信仰については否定的見解を明らかにしていた。民族の民間信仰「幽冥教」は公益性、明確な主義綱領、人為性のいずれをも欠き、神の性格も、復讐心に富むなど公共道徳とは異なる特徴をもっていた。伝道活動が困難で衰微しつつある民族信仰であり、柳田は国民倫理の形成の要素と見なしていなかった。

第三の時期は、一九〇八年の九州旅行を契機として確信された先住民＝「山人」の実在の「発見」から一九一二年「塚と森の話」に至る時期である。「山人」発見により、「幽冥教」は米作の「大和民族」と先住民「山人」との間の対立や交渉の記憶の痕跡とされることになり、過去の日本人の思想の残存として国民倫理構築に必要な要素とみなされることになった。

そして『石神問答』で、柳田は人類学や考古学などの学問上の課題と格闘しながら上古から伝えられてきた境の神信仰を追求、石神（シャグジ）についての通説的見解への批判を展開する。続く神籠石論争、「十三塚」についての問題提起のなかで柳田の示した説は、石神は先住民との間に築いた境の神であり、神籠石、十三塚はいずれも境の神を祀るための共通の施設であるというものであった。この柳田の説は、人類学や考古学の通説とは異なる。またこの過程で塚や古墳は墓所ではなく信仰の記念碑と認識すべきこと、全国の地名を音読みにして地形を比較検討する方法を示した。新しい学問としての民俗学の方法の提示である。

こうした方法により「塚と森の話」（一九一二年）では、民間の「神道の本来の面目」を神社合祀政策に対抗する形で明らかにする。それは平田派国学の天皇を中心に整序され一元化された宗教ではなく、開拓者である祖先の先住民との交渉の痕跡を残し、修験道や念仏宗に原始宗教の自然力崇拝や陰陽道、さらには鳥獣殺戮の神事などの仏教の要素を加えて、半僧半俗の山伏や聖人によって作り上げられた雑駁で「えたいの知れない民間信仰」であった。「国民の気風」もこの雑駁で多元的な信仰から作り出されるものとしていた。

一九一二年までの柳田におけるキリスト教と民間の「神道」との関係について三点を指摘したい。第一に、柳田にとってキリスト教とは、宗教への関心を導き、産業組合論で展開された日本における国民倫理の形成という思考の枠組みを提供したものと捉えることができる。体系的な一神教の思想は「民間信仰」の発見により退けられるものの、「自助」という国民倫理の形成は柳田のなかに一貫した問題関心となる。

第二に、「山人」の実在への確信、石神信仰の探求のなかで見出されたのは、文献上失われた民族の記憶を残した、多元的で非体系的な日本の民間信仰だった。これを日本民間の「神道」とすることで国民倫理は雑駁な「えたいの知れない民間信仰」のなかから形成されるものと柳田は考えるようになった。キリスト教はそのような「えたいの知れない民間信仰」を発見する媒介としての役割を果たした。

第三に、このような「神道」観は、皇統を中心とし行政村を軸に神社を統合する神社合祀政策に対抗する思想として打ち出される。社会道徳形成の力なしとされた民族宗教「幽冥教」は、「山人」の発見、境の神信仰研究のなかで、隣り合う民族間の対立を治め共存する方法としての可能性が見出された。西欧のキリスト教と同様に国民倫理の形成に重要な要素だとされたのである。

第三章　柳田国男における「固有信仰」と「世界民俗学」

――キリスト教との関連から――

本章では、一九一〇年代から三〇年代初頭にかけての柳田の民間「神道」論（「固有信仰」論）をキリスト教との関係から検討する。そして同時期に表明していた「世界民俗学」という課題を「固有信仰」論と関連させて検討し、柳田の抱いていた構想の具体像を明らかにしたい。

1　「母子神」と聖母マリア

一九一〇年代初頭より三〇年代にかけて、柳田は「真の神道」あるいは「日本神道」という語句を使用し日本の民間信仰＝「固有信仰」について論じている。(1) 一九一八年の「神道私見」は、柳田の考える「真の神道」が表明された講演録である。講演では民間にみられる母子神信仰を聖母マリア信仰と関連させて論じている。また『桃太郎の誕生』においても、「母子神」がキリスト教説話との関係で論じられているなど、柳田が「神道」について論ずる際、キリスト教信仰を引き合いに出し、世界共通性を示唆している点が注目される。

また、柳田は自らの学問の使命を明らかにした『民間伝承論』（一九三四年）で日本「固有」文化の解明のみならず「世界民俗学」の構想を明らかにしている。先行研究ではそうした志向を認めながらも「一国民俗学」に収斂する「新国学」への展開が重視され、「世界民俗学」構想は十分に展開しえなかったとされてきた。(2) こうしたなか、柳田の「世界民俗学」構想の問題を戦時下の東アジアへの展開との関連で論じる研究など、[3]近年ではその具体的な検証が行われるようになっている。また、柳田が日本民俗学の世界的貢献の可能性を論じていることは、鹿野政直の指摘をはじめとしてよく知られている。しかしその論理上の基礎は明らかになっていない。

この問題を明らかにするために、次の二点に留意し検討する。第一にJ・G・フレイザー『金枝篇』をはじめヨーロッパの文化人類学に柳田は刺激を受け、日本の民俗学構築に役立てていた点である。[4]「固有信仰」論形成におけるフレイザーが柳田に与えた影響については、本人も回想において認めるところであり、多くの研究がある。[5]そのなかで「フォークロアとエスノロジーとの結婚」（国内中心の民俗学＋国外中心の民族学）という「比較民俗学」、そして「世界民俗学」の構想を抱いたという指摘に改めて注目し、[6]柳田が『金枝篇』から受容したものは何であったかを検討し、「固有信仰」論にどのような影響を及ぼしたのか、明らかにしたい。

第二に、「固有信仰」の神話とは、「神人通婚」による「小さ子」神誕生であるという点である。[7]この神話は神と結婚した人間の母とその子を中心とする「母子神」の信仰を表現したものである。柳田は「神道私見」のなかで、この「神人通婚」と聖母マリア信仰との共通性を指摘している。そこで「固有信仰」とキリスト教との関係についての柳田の言及に注目し、その「固有信仰」論におけるキリスト教の位置づけについて考察したい。

2　「固有信仰」とJ・G・フレイザー――「母子神」信仰を中心に

「文明」のなかの「野蛮」の発見

柳田が一九一〇年代前半に読み進めたJ・G・フレイザー著『金枝篇』は、その民俗学構築に大きな影響を与えていることが先行研究で指摘されている。[8]『金枝篇』からの影響は、第一に「田の神」「山の神」を同書における

「穀霊」信仰を基礎に理解していたという点、第二に「フォークロアとエスノロジーとの結婚」という「比較民俗学」の構想を抱いていた点が先行研究により挙げられている。

　そこで本節では、まずフレイザーの著作を通じ、柳田が日本とヨーロッパの民間信仰の関係をどのように認識していたのかを検討し、次に柳田が同時代の神社非宗教論に対しどのような意見表明を行ったのかを明らかにする。

　柳田が『金枝篇』を読んだのは南方熊楠の教示によるもので、一九一二年四月から一五年三月までの間とされている。高橋治によれば、植物の精霊信仰について論じた『アドニス・アッティス・オシリス』の巻のみは第二版、それ以外は刊行中の第三版（一九一一〜一五年）を丸善から取り寄せて読んだとされる(9)。また『金枝篇』以外の著作にも関心を抱き、一九一八年刊行のフレイザー著作『旧約聖書のフォークロア』（全三巻）の第一巻を一九一九年八月、第二巻を一九二〇年七月に読了している(10)。

留学時代の柳田国男（1922年，ジュネーヴにて）
（成城大学民俗学研究所蔵）

　『金枝篇』の感想を記した南方熊楠あて書簡から、柳田はヨーロッパと日本の穀霊信仰に共通性のあることを認識したことがわかる。

　「春の二月八日（または十二日）に山の神里に下り田の神となり、十月の八日（十二日）に田の神山に入りて山の神となるという風習全国にひろがり、江戸の初午などまたこれに出づるものなること、小生はよほど詳しく材料をあつめおり候。フレエザーの「スピリット・オブ・コーン」の説を補うに足るべしと思いおり候(11)」。

古代のエジプトやギリシャ、ローマに伝わる穀霊信仰（「スピリット・オブ・コーン」）の風俗と日本の「田の神」「山の神」風習の共通性から、フレイザーの仮説を日本の材料により補完しうる可能性、すなわち穀霊信仰の世界的共通性に言及している。

そして『青年と学問』の「日本の民俗学」（一九二六年）のなかで、フレイザー著作からの影響について論じている。柳田はフレイザー著『旧約聖書のフォークロア』により、キリスト教文明以前に存在していた民間信仰が現代ヨーロッパ社会に残存していることを認識したとし、フレイザーの功績として「所謂文明のなかに残留する野蛮の痕跡」を指示する方法を世界各地に及ぼし「昔今の多くの民族の前代を知得する手段とした」ことを評価、「是れフオクロアとエスノロジーとの婚約」だとする。そして以下のように主張する。

「要するに耶蘇の宗教が一世を席巻した欧羅巴《ヨーロッパ》大陸でも、猶百千年を隔てゝ、豊富なる上代が活き残つて居た。それが容易に平民の日常生活の中から掬《くみ》取られるばかりで無く、新しい社会の動きさへも、暗々裡に之に由つて左右せられる場合が多かつた[12]」。

フレイザーによって「優勢なる新文明が社会を改めて行く力は、存外に表層膚浅のものであつた」ことが明らかにされたのだという。

もっともフレイザー自身は周囲のキリスト教特別視に対する批判から、「文明」のなかの「野蛮」を明らかにしたということが、近年の伝記的研究によって明らかにされている。また前述の『アドニス・アッティス・オシリス』の巻で植物の精霊への儀式とキリスト教祭儀との類似性を指摘し、それがキリスト教独自の主題ではないことを示そうとしたことも明らかにされている[13]。

民間信仰の世界的共通性

柳田の場合は「文明」のなかの「野蛮」の内容が日本の民間信仰と共通していると認識したことで、日本も含めこのような「野蛮」の国際的研究の進展によって人類共通の「上代」の存在を想定しうる可能性を認識した。そして以下のように主張する。

「フォクロアは本来各国独立（ナショナル）の学問ではあるけれども、縷々同一の法則の古今多くの他民族に、共通するものが無かつたか否かを、尋ね究むる必要に出会つたのである[14]」。

自国民による自国の研究でありながら、他民族との「同一の法則」の探求や共通性を解明することが柳田の民俗学の目的の一つとなる。

また前述の「新しい社会の動きさへも、暗々裡に之に由つて左右せられる場合が多かつた」との言にみられる通り、「豊富なる上代」が現代社会に影響力を行使している点を認識したことも、柳田が「上代」研究を重要視する理由である。柳田は東北農村の構成に関わる問題をこの考え方によって明らかにしようとする。岩手県の農村構成が「今も古風なる地頭地主を存し、もしくは其余勢の尚認められる村方が少なくない」ことに注目し、かつては一般的な現象でありながら近世以降みられなくなった「地頭地主」が現存している理由の仮説を次のように立てる。

（朝廷の蝦夷対策が進展し、東国の百姓が東北に移住した際には）「やはり羅馬《ローマ》以来の阿弗利加《アフリカ》移民、さては今日の満鮮移住者のやうに労力だけは出来る限り、先住民を利用して見ようと心がけたに相異ない」、「これには勢力を要し又優越なる知能を必要としたのであつた。中部以西の農村を見た者の眼に、東北の貧富が余りにも顕著な差であり、所謂インテリは多く門閥の出であつて、小農が余りにも従順に是に導かれようとして居るやに感じられるのは、其原因は遠く此大昔の政治に在るのでは無かつたか[15]」。

柳田によれば、大和民族が東北各地に移住する際、先住民である蝦夷を支配し開拓するためにとった方法が「地頭地主」制であり、これが中部以西とは異なる現在の東北農民の貧富の差の大きさを説明し、農村構成が「甚だしく新時代の個人主義の経済と調和を保ち難い旧式のもの」である理由であるとされる[16]。一九二〇年代後半の東北農村の窮乏を考察するにあたって、先住民を「優越なる知能」により支配下に置くという移民方法が現代の農村構成に影響を及ぼしているとするのである。

一九一〇年代後半以降、日本の民間信仰研究に際し柳田は世界的な共通性を追求するようになる。穀霊相続の信仰が日本の「田の神」「山の神」と関連すると知った柳田は、穀霊信仰における穀母と穀童の関係に注目する。これは大地を母体として毎年繰り返される穀物の発芽、発育、死のサイクルを人間の生死、とくに穀母が一年ごとに穀童を産み育てるという母子関係になぞらえ、穀物の豊穣を願う信仰で、ヨーロッパや東南アジアなど世界各地にみられる[17]。この母子関係を基調にする神子信仰、「母子神」を日本の民間「神道」の根幹にすえていくようになる。「巫女」を本格的に論じた「巫女考」（一九一三〜一四年）での柳田の主眼は、巫女が「神の子」あるいは「神の子孫」と主張する家筋の一派であり、巫女を異種民族とする説を退けることにあった[18]。これは『金枝篇』を読了する以前に発表されている。

処女懐胎信仰としての「玉依姫」

その後、柳田は全国的に最も神社数の多い八幡信仰に注目する。柳田によれば宇佐神宮に始まる八幡信仰とは、日本のなかで「神の宣伝が最も有力」で文字以外の資料が全国各地に豊富であり「貴重なる昔の生活の名残」を見出せる信仰である。[19]そして「玉依姫考」（一九一七年）で次のように主張した。

「自分の解する限りでは、八幡三所の中の比売《ひめ》神は女性の中の最も尊とい方で、天つ神の霊を受けて神の御子を生みたまひ、其御子を伴なひて此国に臨み降られ、共に神として祭られたまふ御方である。即ち巫女の開祖である」。[20]

八幡神である応神天皇の妃（女神）は天の神の霊を受けて神子を産む母であり、かつ巫女の開祖である。そして「母と子の御神」として崇拝されたとしている。ここで巫女は神子ではなく神子を産む母として位置づけられている。さらに一九二四年には「神と婚して神子をまうけたまふ御母は、皆此名〔玉依姫―引用者注〕を以て呼ばれたまふのである。玉依は即ち霊託であつた」とし、「人間の少女の最も清く且つ最もさかしい者を選んで、神が其力を現したまふことは、日本神道の一番大切なる信条であつた」と断言する。[21]

柳田が巫女を「神子」を産む母と確定した時期は『金枝篇』読了後であり、時期が下るにつれ「日本神道」の信仰の中心だと表明するようになる。この時の柳田は、「日本神道の一番大切なる信条」とされる「神婚」が、世界的に共通する民間信仰であることを認識していたと考えられる。

なぜならばフレイザーは『金枝篇』「聖なる男女」で、神と人間の女性との間に神の息子と娘が誕生するとの認識が世界的に分布していること、またオーストラリアには処女懐胎信仰が存在することを示しているからである。また、聖母マリアと古代エジプトの穀物の母神イシス崇拝との類似を指摘し、両者の関連を示唆してもいる。[22]

フレイザーの意図は処女懐胎信仰の広範な分布を示し、聖母マリア信仰もそのような民間信仰と関連していることを示すことで、「最も明白にして基本的な自然の真理の一つを、かつては人類の相当数もしくは全体さえもが疑い否定していたこと」を明らかにすること、すなわち聖母マリア信仰の特異性を否定することにあった(23)。

しかし柳田の場合は、「母子神」の信仰が世界の広範囲に存在している事実により、神と人間の結婚による神子誕生という「玉依姫」信仰が世界的に共通性を持つものであることを認識するに至ったのである。

「固有信仰」の世界宗教への可能性

一九一八年、柳田は「真の神道」について「神道私見」という講演で論じる。柳田が「真の神道」解明への意欲をこの時期に新たにした要因としては、一九一五年一一月大正天皇即位の際の大嘗祭で大礼使事務官を務めたことが挙げられる。柳田はこの時「日本が永く日本でなければならぬ実情が発露した」と感激を記し、「我々が居村に於ける秋の祭は、其趣意に於ても形に於ても、この新穀の御祭と著しい類似をもつて居り、唯大小のえらい差等があるばかり」だとした(24)。

皇室祭祀と村の祭が類似するという認識により、民間の「神道」研究は皇室祭祀につながる「真の神道」を明らかにするという意義を持つことになった。それは民間「神道」の宗教としての価値が高まる一方、皇室祭祀は日本の村祭の象徴的な存在となり国民の精神的統合のシンボルとしての意味を持つことになる。

講演で柳田が主張した「真の神道」の特徴は二点ある。第一は、キリスト教の「マリア女の大奇蹟と同じやうな、童貞受胎の物語」を基礎にしているということである。柳田はこの物話について日本にもたくさん例があるとし、先の「玉依姫」の例を出している。それは「半分は人間半分は神様、人間を母とし神を父として出来た其子供が、一番神様の霊徳を人間に宣伝するに適して居ると考へた思想」がかつて存在していたことの証であり、「ミコと云ふ名」や「今日到る処の神社の末社に、王子又は若宮と云ふ小社を遺し、神官の家々には神孫神に仕ふると云ふ旧伝を貴んだ」原因だと推測している。[25]「童貞受胎の神話」は、神の教えを一般に普及するのに適した思想だと柳田は理解していた。そしてなぜこのような神話が起こったかについて以下のように説明している。

「神々の御末は現世には正系の大御門の下に統一し、幽世には祖神を通して日神の御威徳に化せぬ者は無かつたこと、思ひます。祖先崇拝と申すことも此意味でならば言ひ得られると思ひます。而してこの神と人との境が最も解し難い点であつた為に童貞受胎の神話も起り、又後世人の信心を固める為に、毎年の祭に久しく此ミステリイを繰返して居たのでありませう[26]」。

神の子孫が現今の日本人であること、つまり天神と天皇の間を「合理的」に説明するための内容が「神婚」と「童貞受胎の神話」であり、これを信仰することが日本の祖先崇拝の本質だとする。「神婚」説話により、天孫降臨神話の普遍的な基礎を明らかにしたといえよう。

第二に、「真の神道」とは政府の宗教政策の基礎である平田学派の神道と異質なものであると主張する。柳田によれば「平田の神道」の問題点は、「延喜式以前の書物に現れて居る古代の思想のみ」、すなわち「古書其他外部の材料を取つて現実の民間信仰を軽んじた点、村々に於ける神に対する現実の思想を十分に代表しなかつたと云ふ点」に問題があるとする。そして「此事実は著しく基督教のセオロジーと異なつて居る点ではないかと私は思ひます」と続いている。「此事実」とは平田国学が「古書」中心に考証を重ね「民間信仰」を軽んじてきた点を指す。柳田は「平田の神道」が民間信仰を軽んじている点で「真の神道」ではないと考えており、その理由としてキリスト教の教義とは異なっている点を挙げているのである。柳田はキリスト教の教義と民間信仰との関係を次のように考えていた。

「欧羅巴の前代信仰があれ程有力な基督教の支配の下に在つてすら、色々の仮托的説明を以て、所謂異教時代の思想若くは生活様式を今に伝へて居ると云ふことなどは、既に十二分に証拠立てられた事実でありまして、其結論として民間の習俗などはさう容易く消え失せるものでないと云ふことが、先づ一般的に認められたと言つても宜からうと思ひます(27)」。

キリスト教の聖書や教えのなかに残存している民間信仰の痕跡は、フレイザー著作のなかで具体例が豊富に示されている。先の聖母マリア信仰と古代エジプトの穀物の母神との関係の他にも、『旧約聖書のフォークロア』では「創世記第三章の人間の堕罪の話は上述の未開人の神話の縮約版」だとされている(28)。また『金枝篇』では、ミトラ宗教の太陽の誕生日をイエスの誕生日と制定し、イエス復活の日は春分に一致しているという事実を挙げて太陽信仰の祝日という「古代の形」をキリスト教が踏襲したことを明らかにしている(29)。

柳田はこのような痕跡の残存を、系統整然たる教義をもつ世界宗教もその成立にあたり民間信仰を無視することは出来ないという意味に捉え、民間信仰を吸収していない「平田国学」の教義体系は「真の神道」ではないと批判するのである。

こうして、柳田は「童貞受胎の神話」が日本固有の「神道」の根幹にある思想だと主張する。その主張の目的は、内務省神社局の見解である神社非宗教論を否定することにあった。「神道私見」冒頭で、柳田は「神社は単に祖先又は偉人に対する尊敬の表示に過ぎぬ」とし、「神社は必ず人を祭るとするらしい神社局等の解釈」を「普通人民の立場から否定する。そして「如何なる新しい神道でも、結局神を拝めと云ふことを説かぬものはない」とし、明確に宗教であることを主張した(30)。

次に神社には教義や系統がなく、信条も統一していないという考え方に対しては、次のように反論する。

「初から系統整然と出現したと云ふ宗教は、日本には有るかも知れませぬが他の国にはない。是は先づ結集と云ふ事が起つてからの後であります。所が基督教でも仏教でも、結集の際には偉い力を以て反対の見解を打破し去つたので即ち統一の為には多くの古いものを捨てたのであります（中略）即ち後の世の人間の知慧を以て、又宗教以外の或力を用ゐて漸くに得た統一であります。随つて統一がそんなに忝《かたじ》けないものでも又そんなに価値あるものでもないと言ふことになります(31)」。

世界宗教が成立する過程には教義や信条の人為的統一があったとし、日本の神社信仰はまだそのような人為的「結集」が行われていない宗教であるとの認識を示している。柳田はこれを「統一を失つた永続」とも表現している(32)。一方「皇室の御祭は多くは全国の神祭の模範」であることから統一の可能性はあるとしている(33)。そして民間の「神道」の核となる「童貞受胎の神話」ならびに「神婚」の儀式にこそ宗教的統一の可能性があることを主張している。そして神社宗教論の根拠として、世界宗教であるキリスト教の成立過程における民間信仰との関係が挙げられ、聖母マリアとイエスの関係が「母子神」信仰の典型として引き合いに出されている。柳田にとってキリスト教は、民間信仰を取り込んだ普遍宗教の典型であり、宗教を論じる際の基準となっていた。

3　『桃太郎の誕生』とキリスト教

民間信仰の「神話」としての「桃太郎」

一九三三年、柳田は『桃太郎の誕生』を刊行する。これは一九三〇年から三二年までの比較的短期間に執筆された「桃太郎」「瓜子織姫」「田螺の長者」等九編の昔話研究をまとめて刊行したものである。本節では、この昔話研究に民間信仰の「神話」解明が意図されている点に注目し、「童貞受胎の神話」と関連で検討する。

同書の特徴は次の三点である。第一に、ヨーロッパと日本の昔話の共通点を意識している点である。「桃太郎」において柳田は、「説話の英雄が隠れたる約束により、もしくは恩義に報いんとする動物の助勢を受けて、非常な難事業に成功した」という内容を世界的にみられる英雄成功譚であるとする。また異常に小さい者に「一種族の幸福を指導するの力」があると考えられていた点についても同様である。「亜細亜でも欧羅巴でも、現在知られて居る英雄の成功譚には、単に小さくて弱々しい者であつたといふ以上に、非常な貧乏人であり、極度の惰《なま》け者であり、又は少なくとも外見には法外な魯《おろ》か者」であったとしている。(34) 一見英雄に似つかわしくない者こそが英雄となるという英雄成功譚は世界の昔話に共通する特徴とされている。

第二に、日本の昔話研究を通じ世界的な民間信仰の「神話」を明らかにする可能性を論じている点である。柳田によれば、昔話の研究を通じて「西洋の学者たちには、非常な労苦を以てこの根源を突留め、且つ之を証明しようとして居る人も多いやうだが、気の毒ながらあちらにはもう其資料が乏しくなつて居る」。しかし「我々の方では」、「兎に角純乎たる文芸の目途から、之を改作しようとした者の無かつた話し方が今尚凡人大衆の間に伝はつて居るのである。橋はもう無くとも飛石だけは有る。我々はそれを踏んで神話の彼岸まで渡つて行ける」とする。ヨーロッパの昔話研究は「根源」すなわち民間信仰の「神話」解明を目的としながら、そのための資料が乏しくなっているのに対し、資料の豊富な日本ではその目的を達する可能性があるとしている。

続いてイエス・キリストの誕生の物語と「桃太郎」を比較して次のように主張する。

「或る最高の意思もしくは計画の下には、貧しい大工の女房の腹からでもイエス・キリストは生れ得たと同様に、至つて賤しい爺と婆との拾ひ上げた瓜や桃の実の中からでも、鬼を退治するやうな優れた現人神《あらひとがみ》は出現し得るものと、信ずる人ばかりの住んで居た世界に於て、この桃太郎の昔話も誕生したのであつた[35]」。「桃太郎」誕生とイエス・キリストの誕生が、神となるべき存在が貧しい家から出現するという意味で共通の内容をもつことが示唆されている。「桃太郎」説話の普遍性を明らかにするために、キリスト教説話を掲げているのである。

第三に、柳田は同書で「固有信仰」の「神話」の国際比較の可能性を具体的に提示している。柳田によれば日本の「桃太郎」は中古の変遷を経ながら「不変の要点」が三点あるという。「要点の一つは尊き童児が信心ある者の希望に応じて与へられること」、「第二の要点はその尊き童児の事業」、そして「第三には童児が成長の後に最善の結婚をして、類ひ少なき名家の始祖になること」であるとする。そして次のように主張する。

「私は現在のところ、先づこの三点に於て一致して居る説話があるならば、それが外国にあつても同じ系統のものと推定して、伝播かはた又異処偶生かを、考究して見る価値があると思つて居る。さうして個々の民族の孤立した伝承の中には、日本のやうに類例の豊富な国の研究に俟つて、将来必ず若干の啓発を受けるものがあるだらうと信じて居る[36]」。

先行研究でも指摘されているように、小さな尊い子供が神によってこの世の人々に与えられ、偉大な事業を行い、人間と結婚し家の祖となるというのが日本の「固有信仰」の「神話」である。このうちの一部分でも一致すれば外国の昔話と比較検討する必要があり、そのことによって個々の民族に伝承されてきた昔話が「啓発を受ける」、つまり世界共通の民間信仰の「神話」探求が可能になるとしているのである。

ところでこの「固有信仰」の「神話」に照らしてみると、「桃太郎」には妻を求める挿話が省略されていることになる。柳田によればヨーロッパの英雄成功譚には必ず妻求めの挿話が存在しており、英雄が大旅行を「手段としてよき配偶者とよき家を得、更に佳き児を儲けて末永く栄えんとして居る」のが話の目的である。「察するに近代の桃太郎は子供を主人公にしたといふよりも、寧ろ子供にのみ聴かせる話であつた為に、計画を以てこの重要な妻覔《ま》きの一條を省いたのであつた」と推測する(37)。

イエス・キリストと「桃太郎」

この省略は、「桃太郎」より古い時代の痕跡が残存しているとされる「蛇婿入譚」によって補うことができるという。蛇が人間の少女と結婚する異類求婚譚は、柳田によれば「説話の信仰上の基礎が全く崩壊せず、従つて之を支持した伝説は素より、その正式の語りごとが尚幽かながら残つて居たもの」で、「近世に入つて急に成熟し、元の樹の所在は不明になつた」桃太郎や瓜子姫説話よりも神話の原型に近いものであるという(38)。柳田によれば、蛇の妻求めの目的とは「人界に一人の優れたる児を儲けんが為、天の大神を父とし、人間の最も清き女性を母とした一個の神子を、此世に留めようが為であつたらしいのである」とされる(39)。「桃太郎」説話に省略があるとし、その内容を「蛇婿入譚」で補ってまで柳田が明らかにしようとしたのは、昔話から辿っていける母子神すなわち「神人通婚」の信仰、「童貞受胎の神話」が「固有信仰」の「神話」の基本的な要素だということである。

さらに柳田は、同書で「山路の牛飼」という歌物語を取り上げる。これは、ある長者の娘を恋い慕う天子が牛に乗って笛を吹く牛飼となり都からやってきて、祭りの流鏑馬《やぶさめ》に参加した際に神秘を示すことによって周囲に天子であることが判明したという話である。柳田はこの話から、昔は「神から送られた我々の済ひ主は、いつでも変装して居て最初は侮られ、後には必ず奇跡によつて発覚するものと信じられて居たらしい」ことを明らかにする(40)。

また、「桃太郎」と一対をなす物語として「瓜子織姫」を取り上げる。爺と婆の留守に機を織っていた瓜子姫が天邪鬼《あまのじゃく》によって別の場所に隠されるか殺される。娘になりすました天邪鬼は、帰ってきた爺と婆に偽者と気づかれて退治されるという話である。柳田は娘が殺されるという筋をもつ話を取り上げて論じている。瓜子姫は神祭りのため「神の御衣を織り成したる処女」であることが機織により暗示されているとされ(41)、その「殺戮」という結果について、「霊魂の輪廻を完全に信じ得た人々には、死と生との分堺は今の我々の考へて居る如く、明確なものでは無かつた」ゆえだとする。つまり、「死んでも直ぐに又もつと美しく、生れかはつて来ればよいぢゃ無いかといふ思想を、殊に久しい後まで東洋の我々は有つて居た」のであり、その結果「神に仕ふる者のすぐれて清きものは、一般にその一旦の生を去つて後、更により高き地位に登るものと信ぜられて居た。つまりは人を新らしい神にする信仰を、我々は抱いて居たのである」とする(42)。神に仕える尊き者は不慮の死を遂げても復活するという思想を示した物語として捉えている。

このように『桃太郎の誕生』では、「桃太郎」「蛇婿入譚」「山路の牛飼」「瓜子織姫」等日本の代表的な昔話の検討により、神人通婚、劣悪な社会的境遇からの偉人の出現、奇跡による天子の発覚、神に仕える者は死後新しい神として復活するという、イエス・キリストの生涯を示唆するような「神話」の要素が得られることを示している。柳田がイエス・キリストの生涯にまつわる物語を示唆しながら「桃太郎」等の昔話を明らかにしようとした理由は、次に紹介するように、フレイザー『金枝篇』に示されている。

フレイザーは『金枝篇』で、アメリカ先住民やインド、中国、そして古代のヨーロッパ先住民の間で「死に対する軽視」がみられることを挙げている(43)。またキリストの死と復活をめぐる復活祭の儀式は、同時期にシリアで行われていた穀物霊アドニスの死と復活の儀式に接ぎ木されたものだと推察している(44)。柳田は『金枝篇』により、イエス・キリストの誕生からその死と復活までの物語をキリスト教固有の説話というより、キリスト教が宗教として成立する際に取り込んだ民間信仰の痕跡と考えた。そして日本の昔話との共通性を明らかにすることにより、世界的共通性を持つ民間信仰の「神話」へさかのぼりうる可能性を示し、『桃太郎の誕生』によって具体的内容を明らかにしようとしたのである。

4　日本の「固有信仰」の特徴と「世界民俗学」

日本の「固有信仰」の特徴

日本の民間「神道」＝「固有信仰」が母子神を中心に世界共通の神話的基礎に立つことを『桃太郎の誕生』等により明らかにした一九三〇年代初頭までの時期に、柳田は世界宗教との相異についても言及している。その内容は次の三点に分けられる。

第一に、日本の民間「神道」は各時代各地域で多様に展開しているということである。この点は明治末期以来柳田の変わらない主張である（第二章参照）。「人を神に祀る風習」（一九二六年）では、「国民の信仰が国民の中で成長する」という命題のもと、先の「巫女」論で取り上げた八幡信仰史を論じる。その信仰内容に「顕著なる地方と時代との特色」がある理由として、「八幡の信仰には旺盛なる成長力があつた代りに、其根柢が臨時突発の託宣であつた為に、行く先々の変化と不一致を避けることは、最初から六かしかつた」とする。[45]八幡信仰が、時と場所に応じた巫女の「託宣」を基礎にした信仰であるために、それぞれの土地の生活に応じた多様な展開が可能になったとするのである。

第二に、それは「現世幸福」の手段であるという点である。柳田は「妹の力」（一九二五年）において、女性の宗教的役割について世界宗教との比較で以下のように記している。

「世界的の宗教は大規模に持込まれたけれども、我々の生活の不安定、未来に対する疑惑と杞憂とは、仏教と基督教とでは処理し尽すことが出来なかつた。現世幸福の手段としては不十分なる点が見出された。而うして其欠陥を充すべき任務は、太古以来同胞の婦女に属して居たのである」(46)。

巫女を中心とする日本の民間「神道」は、死後を問題とするキリスト教や仏教等の世界宗教とは異なり、現世と未来における幸福の追求という役割を担っていると柳田は考えていた。

第三に、民間信仰の内容には現在は失われた過去の思想が残存しているという点である。この点も明治末期以来の主張である（第二章参照）。『神を助けた話』（一九二〇年）の「猿丸と小野氏」のなかで、小野氏が各地の神社や寺に関連していることから、この一族が神の「取子申子」として祭祀にあずかったのではないかと推測した上で、「神と神主と親子夫婦と云ふことは、現在の神道では容れて貰はれぬが、私の知る限に於ては、昔は常の事であつた」とする(47)。神と婚姻した女性を祖先に持つ一族が神主を務めているという考え方は、過去の民間「神道」では前提となる考え方だったとする。そのような関係を示すことで神主は祭祀者としての権威を保つことができた。そして同書中の「朝日長者」では以下のように記している。

「神は何人を通じて神意を宣べられたかと云へば、王子神子《みこ》又は若と名けて、人間の少女に依つて半御血を分けたまひし者の、後裔末孫に託せらるゝの他は無かつたのである。神子も多くの場合には信じて神の言を宣べた。併し信ずると云ふことを分析して見たら、やはり又其地方で謂ふ話、其時代の学問と知識、境遇の許す限の最高尚なる感情の、結合したものである」(48)。

「童貞受胎の神話」に基づく「神婚」によって生まれたとされる神子の一族のみが神意を伝えるという方法は、それを聞く人々の神意に対する信仰心を高めるための効果的な方法であった。神と人との婚姻という近代の人間には信じがたい「神話」も、「神意」による政治が行われた社会においては、神の存在と神意の実在への「信仰」を支える合理的な理由があり、そうした時代の思想が民間信仰に記憶されているとしたのである。

このように柳田における日本の民間「神道」＝「固有信仰」論の特徴とは、「童貞受胎の神話」という世界的共通性を持ちながらも「結集」すなわち人為的統一を経ていないために時代や土地により多様な展開がみられること、また死後ではなく現世における幸福を課題とするというものである。そして信仰の基礎となる「母子神」や「神人通婚」という考え方は、神意に基づいた政治を行う社会集団において、人々の信仰を駆り立て、その継続を保障する思想と捉えられていた。前節で明らかにしたように、柳田はフレイザー著作に基づき「神人通婚」による「母子神」を世界共通の神話の基本的な要素と認識していた。日本の民間「神道」、「固有信仰」の解明において柳田が目指していたことは、世界的な共通性を「神話」の中心内容としながら、過去の政治社会の特徴を明らかにすることであった。

日本民俗学の世界貢献

このような「固有信仰」の世界的共通性を基礎として、日本は世界の民俗学研究に独自の貢献が可能であると柳田は考えていた。それは次の二点である。第一点は、日本は近代化が急激に起こりかつ中途段階であるために、上代からの豊富な事例を観察できることである。「桃太郎根源記」（一九三〇年）によれば、「今日の西洋の神話学では民間説話中の比較的神話的な部分を取扱つてゐるに過ぎない」とヨーロッパの神話学では取り扱う資料に問題があるとする。一方「我々の間には、神話と伝説と民間説話とが相交錯してゐる」とする。その理由として「日本は近世文明が開けて間がない上に、江戸時代の社会組織そのものが、民間文明をそのまゝに残すに都合のよいやうに出来てゐた」、つまり「一団をなして内外に文明を代表するものは読書人階級であつても、群集の生活はそれとは別に存在してゐた」からだという[49]。近世社会では読書階級である士族と農民や町人の民間社会が分離していたために、民俗社会に書物の影響が入ることがなかったとする。さらに「郷土研究の将来」(一九三一年)で次のように記している。

「我々の社会は、今ちやうど改まつて行かうとする堺目に在つて、古い風は尚豊かに存し、それに新らしいものが稍交つて、寧ろ反映を顕著にして居る。産業革命後の百年を経過し、六七代の児童を引続いて親にした小学校教育の徹底した諸国とは、外貌に於て既に異なる所があるのである[50]」。

近代化が遅れている日本の社会的特徴から生じる民俗事象の残存形態こそが、ヨーロッパを中心とする世界の神話学、民俗学に貢献すべき要素となるのであった。

第二に、柳田は日本人による民俗研究はヨーロッパ・キリスト教文明の価値観から解放されていると考えていた。柳田は『郷土生活の研究法』(一九三五年)のなかで、欧米の学者たちの共通認識を次のように指摘する。「全体に欧米の学者たちには、古風と今風とが恰も淡水と鹹《かん》水とのやうに、二立て別々に存するものと思つて居る人が多いらしい[51]」。つまり「無智で教養の欠けた人たちの間で無ければ、前代の共同社会の痕跡は残らぬものと考へたのは、耶蘇教国の年久しい宗旨かたぎ」であるとする[52]。しかし新旧並存の「合の子文明」の日本人は、ヨーロッパ人の方法を真似さえしなければ「学問の宝島に生れ合せてゐた」ことを認識することができるという。キリスト教を文明とし、前代の民間信仰を野蛮とするヨーロッパ社会の価値観から解放された日本人こそが、前代信仰の痕跡に客観的に向き合えるとする。

このように、日本は「特殊なる国情」とヨーロッパ文明優越の価値観から解放されているという二点によって「フォクロアと土俗誌との提携」[53]に重要な役割を果たすものとされた。両者の提携を試みた先駆的著作であるフレイザーの『旧約聖書のフォークロア』を引き継ぐのは、国民が自ら豊富な「エトノグラフィー」を観察し理解する日本の民俗学なのである。それゆえに「世界民俗学」の実現に貢献する学問であると柳田は考えていた[54]。

柳田が日本の民俗学の世界的貢献の可能性を主張することができたのは、ヨーロッパ近代の諸科学の成果を次のように理解したからである。「人は環境のそれ〴〵に異なる中に生息しつゝも、尚案外に似寄りの方角を向いて、後れ先だつ歩を進めて居た」こと、つまり環境が異なっていても人類の生活や歴史には共通の法則や方向性がある、との理解である。国内の生活慣習を研究する民俗学と異種民族の生活慣習を研究する民族学は、共同提携して人類の共同の過去を明らかにする必要がある。一九三〇年代初頭における「母子神」研究を通じて得られる柳田の学問の目的とは、ヨーロッパより遅れて近代化が始まった日本の状況を逆手に取り、日本の民俗学を「世界民俗学」における最先端に位置づけることであった。

また昔話の元の形である民間信仰の世界共通の神話にさかのぼりうるとし、古今の説話材料が豊富な日本こそが「世界民俗学」に貢献しうる可能性があるとの確信を支えていたのは、母子神信仰を基礎にする民間信仰こそが「真の神道」であり、皇室中心に統合の可能性があるという意味で「固有信仰」が世界宗教として成立する可能性があるとの認識であった。世界的に共通した「母子神」信仰を基底にすることで、日本の世界貢献の可能性が示されたといえよう。

もっとも先行研究で指摘がある通り、柳田は安易なる昔話の国際的一致論を批判している。民間説話に関しても「今日は説話の世界的普遍性が、ほゞ採集によつて確実にせられて来たのである。相似たる説話の伝播は寧ろ自然であつた。それよりも我々はこの隔絶した各国土に於ける、百千年間の存留をこそ不思議とすべきであつた[55]」とし、説話の「世界普遍性」を前提として日本国内における説話の「生成発達の跡」を研究する重要性を強調するようになる。

歴史のなかの日本「文化」

では柳田は「文化」をどのようなものと考えていたのだろうか。「文化運搬の問題」(一九三四年)において、「文化」とは「非常に複雑な総合体」であり、それは「改良」の意であるとし、次のように主張している。

「国なり民族なりが持つて生れた文化なる物は決して有り得ない。如何に古い文化であらうと、文化たる以上人間の作り出したものである。だからそれ以前の生活様式を必ず前提として居る[56]」。

これは「各民族が野蛮から文化人に移る時に神が出現して」文化を与えたという「文化神授説」に対する批判であり、民族や国家に当初から付与された文化的特徴の存在、すなわち日本民族「固有」の文化の存在を否定していることを意味する。そして「古い文化は次ぎ〱に新しい文化に取つて代られる自然の運命を持つて居る」のが常だとしている。ただし日本には「上代から持続して今尚ほ我々の一部を成して居る」「奇瑞」が存在しているとし、この古い文化の残存という点に日本の特徴を見出している[57]。現代から過去にさかのぼるという研究方法により、残存した古い文化が被ってきた歴史的影響力を認識することができるのであり、そのような歴史的過程のなかに日本の文化の特徴があるとしていた。

このように、一九三〇年代初頭、柳田は日本国家や民族に固有の文化の存在を否定し、世界的に共通の上代文化の残存のあり方やその歴史による変遷のなかに日本の特徴を見出そうとしていた。世界共通性の根底に立ちながら、各国内部の成長発達の過程を明らかにした上での歴史的構造を含む文化の全体構造の解明、その構造の比較が、柳田の「比較民俗学」であった。

5　「固有信仰」とキリスト教

一九一二年以降三〇年代前半までの柳田の「固有信仰」（日本の民間「神道」）を中心とする思想の特徴は、次の五点にわたり指摘できる。

第一に、キリスト教文明に席巻されたヨーロッパ社会にも上代の民間信仰が残存しているというフレイザーをはじめとするヨーロッパ諸国の研究成果によって、世界宗教が民間信仰を基礎にして成立していることを認識したことである。このことは、日本民間の「神道」と無関係に成立している国家の宗教政策の基礎学問である「平田神道」批判の論拠となった。

第二に、聖書に吸収された民間の処女懐胎信仰が、日本でも「神人通婚」という形で民間の「神道」に存在していることから、日本の神社「神道」の根底は世界共通の「母子神」であることを明らかにしたことである。柳田はキリスト教を世界的な共通性や普遍性を表現する宗教と捉え、日本の「固有信仰」も世界的な共通性のもとにあることを認識した。この点は明治末期の柳田の認識から新たに得られたものである（第二章参照）。そして内務省が唱道する神社非宗教論を批判する根拠となった。

第三に、日本の民間「神道」＝「固有信仰」は、根底において世界共通の要素をもちつつも、世界宗教成立時にみられる「結集」を経ていないために各地域において多様な内容をもっており、死後ではなく「現世」における幸福を目的とし、かつ古い時代の思想を含んでいるものである。

第四に、柳田はこうした世界的共通性を根拠として、日本の「世界民俗学」への独自の貢献を主張している。ヨーロッパより遅れた近代化の過渡期にある日本こそが、豊富な資料の現存などの条件により「フォクロアとエスノロジーの婚約」という世界的な民俗学構築における最先端となる可能性があるとする。日本の「固有信仰」の世界性を明らかにすることは日本民俗学の国際的価値につながった。

第五に、一九三〇年代初頭において柳田は、日本国家や民族固有の文化を否定し、世界的に共通の上代文化を歴史的過程のなかで残存させてきた様相に日本の文化的特徴を見出そうとしていた。世界共通性の根底に立ちながら、各国内部の成長発達の過程を明らかにした上で文化の全体構造を比較することが、柳田の「比較民俗学」の目的であった。

第Ⅱ部　現実の政治認識と学説

第四章　一九二〇年代の柳田と吉野の政治思想

――「共同団結の自治」と「政治的自由」――

1　「大正デモクラット」の共通点と相違点

本章では、一九二〇年代を中心に柳田と吉野の政治思想を比較検討する。この時期はその前後に比べて柳田の政治に関する論説数が多い。一九一九年一二月に貴族院書記官長を辞任したこと、翌二〇年八月から朝日新聞社客員となり、二四年二月から三〇年一一月まで編集局顧問論説担当だったことがその要因として挙げられる。他方で柳田は、民俗学の談話会を自宅で開催（一九二三年一一月）し、雑誌『民族』を創刊（一九二五年一一月）して民俗学の組織化を進めた。そして『青年と学問』（一九二八年）、『都市と農村』（一九二九年）、『明治大正史世相篇』（一九三一年）などの民俗学の著作を刊行している。柳田民俗学確立に向けての「新たなる出発」の時期とされている。[1] もっとも、民俗学の宣言書とされる『青年と学問』は、柳田の関わった「政治」のなかから生み出されたといわれている。[2] 民俗学確立への新たなる出発と政治論とは密接な関連があるものと推測される。

また、吉野においても、社会主義やアナーキズムとの連携を模索し、「民本主義」の範囲を拡大するなど自らの政治構想を再構築した時期である。そして宗教的理想と政治の理想を一致させた「国家倫理学」の構想を主張した（第一章参照）。一九二〇年代は第一次世界大戦のインパクトを政治構想として形象化する時期である。

そこで本章においては、大戦中から大戦後にかけての一九一〇年代後半から一九二〇年代までの両者における大戦のインパクトと「政治」論との関係を考察し、「政治」についての両者の考え方を分析することにする。

まず、この時期の柳田の「政治」については、以下の二点に留意し検討したい。第一は、植民地問題を含む東アジア認識である。(3) 一九九〇年代前半に村井紀らは、柳田が韓国併合に国家官僚として関与したことを捉え、その構築した民俗学も植民地政策に加担していたとの仮説を提起した。(4) これらは実証性に問題はあるものの、柳田の植民地問題に対する考え方や民俗学と政治の関係について再検討を迫った。これに応じ、その論考の実証的な検討が行われ、柳田は「南洋同祖論」に距離をおき、朝鮮統治に終始批判的だったとされた。(5) ただし柳田の植民地統治に関する言及は断片的で、その政策構想全容を明らかにするためには同時期の議論を網羅的に読む必要がある。

第二に、柳田の国内外を通じた基本的な政治構想は、「大正デモクラット」の特徴を備えていると指摘されている。英・米・中との国際的協調関係の樹立、政治的民主化の徹底、国内市場志向型の産業育成がその内容である。(6) 一方、社会の「孤立貧」を解決するための近世村落の「共同団結の自治力」再生の提唱は、柳田独特の考え方といえる。(7) しかし他のデモクラットとの詳細な比較は行われていない。

以上の点は、吉野の思想を検討する際にもあてはまる。吉野の東アジア論研究においては、植民地に関する議論を中心に、一九六〇年代の帝国主義か反帝国主義かという評価軸から、九〇年代の帝国「改造」か脱帝国主義かという評価軸へと、論点の推移がみられる。しかし柳田の議論と比較するとみえてくる大国主義的な側面、「文明」論の特徴については論究されてこなかった。両者の比較により「文明」観という視点から吉野の東アジア論を改めて検討する。

2　植民地統治政策および移民政策批判

「白人国の領土拡張策」の模倣とキリスト教精神を理解する「文明」力

一九一八年に終結した第一次世界大戦に関し、吉野も柳田も「人道」の拡大において歴史的画期をなすものと捉える点で共通する。クリスチャンである吉野は大戦後の世界がキリスト教の理想である「人道」の実現を目指していることから、権力中心の国家を道徳中心の社会を基礎に変革すべきだと主張した。一方、世界的な転換期にあり、「国民の世界的同感の極めて浅薄なる」ことに危機感を抱いていた(8)。

柳田も、「此の大戦争の終局は、人類の歴史有つて以来曾て見ざりし程の、時代の大区画であるべく思はる、」(9)としていた。そして新しい時代は「手前勝手を常道と心得て居たヨーロッパの外交家たちに、無言の間に若干の約束をさせた」、つまり国際的な「人道」の実現がその特徴だと考えた(10)。そして吉野と同様、日本は「淋しい国際的孤立」を実現しつつあるとした。「今日日本の対外関係はよほど悪い。数十年来尤もよくない時節のやうに思ふ」(11)と日本の国際的立場は悪化しつつあると認識している。対華二十一か条要求による侵略政策の継続は、民族自決主義などの「人道」と相反する方向であり、そうした日本の孤立化への危機感は両者に共通する。

以上の共通認識のなかで、柳田は日本政府がヨーロッパ諸国（「白人国」）のキリスト教文明優位に立った異民族政策を模倣してきたことを批判する。柳田によれば、日本の近代以来の植民地政策は「白人国の領土拡張策」の模倣であった。「多くの白人国の領土拡張策は、之に由つて怨みと争ひとの種を蒔いた割には、予期しただけの効果を収めては居らぬ」、「国民総体の利益として見るときは、存外に投じたる労と費とに償はぬ結果を見た」と、イギリスやフランスによるオセアニア地域やアフリカ地域の統治方法の「非人道」を批判した。その原因は「二千年近くの間も耶蘇教の信仰に包まれて、寒い国ばかりで成長した欧羅巴式の文明」が、「太平洋の中央に散布する此等の島々の人の」文明と共通点をもたないために太平洋文明を「価値の低いもの」としたからである。キリスト教文明が価値序列を伴った権力として太平洋地域の文化を否定したことを批判し、日本はそれに追随しているとした。

そして「過去の白人の植民政策の拙劣と失敗」の結果は、統治地域の原住民の人口減少に表れる。台湾やアイヌの人口減少をかかえる日本もまた、植民地統治の失敗を問われる事態におちいっているとみなしていた。[12] 柳田によれば日本人による朝鮮植民では「白人の植民政策」と同様のことが行われていた。「凡そ人を使つたことの無い此階級〔農夫―引用者注〕の小事業家が母国人たる威力を挟み、或は本国から来た役人の尻押を憑《たの》んで、少しでもうまい事をしようとする態度ほど、無理なるものは無い」と、朝鮮半島に移住した日本人農民が自国の威力によって住民を使役し「うまい事」をする態度を批判する。このような態度は「本国の名声と勢力とを利用して、無理にでも成し遂げようと云ふ人物が、所謂濡手で粟の野心を以て、土人の中に入り込む」ヨーロッパ人の植民と同様であり、「白人三百年間の弊害と不正義とを、今更模倣して繰返さうとするもの」[13]だと批判する。キリスト教は最も進歩した宗教であるという優位意識に立ったキリスト教国の他国の侵略的植民方法に対する厳しい視線である。柳田はキリスト教を植民地の宣教師活動など政治・社会的な機能から判断している。

これに対し吉野の場合は、国際的な社会の原理となる世界精神の構築という目標に照らし、日本政府の「自国中心的な」政策方針を批判する。吉野によれば日本政府が明治以来の国防本位の政策を朝鮮半島に実行していることがその統治の失敗を招いているとする。[14] 大戦後に転換しつつある国際社会の原理が為政者や国民に理解されていないと認識し、新しい国際社会の原理を啓発することに力を注いだ。吉野の場合、植民地統治の方法が「キリスト文明」由来だという認識はもっていない。むしろ吉野はキリスト教精神の「個人の価値の尊重」や「四海同胞」が人類に普遍的な「道徳」であるとし、そのような普遍精神（道徳的価値）に立って植民地問題を論じる。

そして朝鮮統治政策批判として、キリスト教との関連から三つの点を挙げている。第一に、「朝鮮人」が「道徳」的に優れている点を挙げている。たとえば上海「朝鮮人独立政府」代表呂運亨について、「稀に観る尊敬すべき人格」でその行動を重視すべきだとし、「彼の把持する一片の正義を包容し得るにあらずんば、日本の将来の道徳的生命は決して伸びるものでない」と主張している[15]。

第二に、キリスト教は道徳的に人間を開発するものだという点を挙げる。キリスト教徒のうちに排日的分子を多分に含んでいるとの攻撃に反論し、それは「耶蘇教が最も開発せる人間を沢山出して居るからであらう。蓋し朝鮮人も近来耶蘇教に依つて色々の点に於て大いに覚醒せられて居る。其の覚醒せられた頭で以て社会の現状を見ると、茲に幾多の不平と不満とを感ぜざるを得ない」とする[16]。「道徳」的に人間を開発するキリスト教によって覚醒した「学識品格」ある「優良な青年」たちの活動は、「一個の正義の理想」によるものとする。また、同年開催の日曜学校万国大会への中国・朝鮮半島代表不参加の動きに対し、「国境を超越して其真理と愛とを舒《の》べんとする」キリスト教精神から「非常に遺憾に思ふ」とする[17]。キリスト教は国境を越える普遍的な精神ゆえに、クリスチャン同士で国際問題解決が可能だと吉野は期待していたのである。吉野にとってキリスト教は、政治の不道徳を批判し、国際問題の解決に資する普遍的精神であった。

第三に、「朝鮮人」はキリスト教を理解する高い「文明」を有している民族だという認識があった。「対外的良心の発揮」（一九一九年）で次のように主張している。

「我々が従来動物に近しと迄蔑すんで居つた台湾の生蕃さへ、所謂一寸の虫にも五分の魂に洩れず、一部邦人の心無き所業に対して深き怨念を抱いて居るとやら。況んや朝鮮人は兎も角も長き歴史を背景として独特の文明を有する民族ではないか[18]」。

朝鮮の民族が歴史的に高い「文明」をもっているために、三・一運動の解決は国際社会において重要な課題だとしている。キリスト教精神を理解する「文明」をもちながら虐げられている朝鮮の問題は、何よりもまず解決すべき課題なのであり、そのような「文明」をもたないとされる民族の問題はあまり論じられることがない。「粗暴な文明力」を否定する柳田が、樺太や沖縄、離島、南洋群島などの所謂辺境地域に強い関心を表明するのとは対照的である。「文明」精神の受容を基準として民族を判断する傾向がみられるのである。

次に、日本の植民地統治政策の失敗の遠因については、両者の認識は共通し、幕藩体制下の「鎖国」政策で醸成された国民の対外観や国際道徳の欠如を挙げていた。吉野の場合は、その要因として、維新以来のヨーロッパ文明の根幹であるキリスト教精神、国際的な精神に対する国民の受容の希薄さを主要な問題にした。吉野は「維新前後の排外思想」を「今日我々の対外思想の形成に多大の影響を及して居る」ものとした。「昔の人が西洋の源流に遡らず、宜い加減な所で、かの諸国を野蛮呼ばはり」し、キリスト教は「邪法」、宣教を「人の国を取る目的」の存在と考えたことが発端となり、「排外思想」の内容が「攘夷」、「神国」思想を経て「我国は世界の最上国」との認識に至る過程を論じている。[19] ヨーロッパの「文明」意識を反転させた「神国」意識によりキリスト教を「野蛮」とする国学的発想が、維新以来継続していることを吉野は批判的に論じている。国際社会を支配する原理の転換と新しい原理の受容はキリスト教への理解力と関係しているとの考えが基調にあった。キリスト教は国内外における国民の道徳理解の知力を測る基準であった。

吉野が維新以来の国民意識を問題にするのに対し、柳田の場合は、日本国家の歴史的な文化の特徴＝「国柄」および「国民の気風」を問題にする。「日本は善きにつけ悪きにつけ誠に一種独特の国柄で、従つて我を以て他の国民、社会又は国家を率することは出来ぬ」と、日本の「国柄」が植民地統治には向かないことを主張する。[20] それは自主的な結合力の弱さという特徴である。中国を「内に向つて国として結合力の弛《ゆる》き如く、外に対しても国境のはきとせぬ」国とし、「これは支那一国に限らぬこと也」として前述の言が続いているからである。

次に、「窮屈な差別心」に基づく「国の為に役に立つ前に先づ国の力に依らむとする気風」(21)を挙げる。国家権力を利用して植民地の人々に差別的な態度で臨むという日本人の朝鮮半島に対する態度は、幕藩体制を通じて培われてきた日本人の「気風」と認識されていた。こうした権力依存の「国柄」や「気風」は列島の歴史のなかで培われてきた日本人の対外認識となり政府の政策を支えているとしていた。国家政策の基礎は社会全体の意向や意識にあるとしている。

さらにこの「気風」を形成した要素を二点挙げる。第一に、「大昔の割拠以来、一度も改革を受けなかつた村生活の癖」によるものだとする。「我々の道徳は曾て外部の交渉を離れて、内には優美の極致まで発達しながら、尚異なる利害と接触すれば、縷々其作用を停止するの必要を見ることがあつた」。共同体内において道徳が完成している一方、その外で道徳は停止されてしまうという。

「四海同胞の理想に徹底せぬ者が、出で、異種族の間に移住するの困難なると同様に、国の統一地方の結合の為に、都市の繁栄して行くことを希望しつゝ、尚弘い新たな道徳の力を承認しなかつたならば、都市が人情の砂漠となり、旅の恥を掻棄《かきす》てる場所となり、人を見たら泥棒と思ふ土地となるのも止むを得ず、又それでは本当の建設とは言はれぬのである」(22)。

「四海同胞」といった国際的な道徳が国民の間に形成されていないという認識は吉野と共通ながら、村落共同体内において道徳は完成されており、範囲を拡大して国外に適用すれば問題は解決するとしている点が異なっている。

第二に、これと関連して「田舎の世間通」ともいうべき交流方法の特徴を挙げている。「日本のやうに他《ひと》の国の生活の台所や寝間までを、詳しく知らうとして居る国民は先づ無いかと思ふが、それで居て又是ほどの誤解と、い丶加減な当て推量を甘んじて受けて居るものも珍らしい」と皮肉っている。そして「この己を空しうした一方的の興味は、自由な都市式の対等の往来よりも、寧ろ暗処に居て独り視ようとしたやうな、余計の警戒ぶりが癖になつてしまつたのである」とする。自国より上位の他国に多大な興味関心を示す一方、その他国から誤解を受けても反論しない非対等の一方的な交流方法は、ヨーロッパ諸国と対等な関係を築けない一方で、植民地における日本人の威圧的な態度を決定しているのである(23)。

両者の植民地対策の方向性は異なっている。吉野の場合は、国内における世界的精神の啓発と、朝鮮半島統治において両民族の共通の原理による提携を提案する。吉野は「国家を超越する所の最高の正義は、国法以上に尊敬すべき者である」とし、「正義」や「最高善」が国家を指導することを政治の理想とする(24)。「正義」の具体的内容とは、「祖国の恢復を図ると云ふ事」、すなわち民族自決主義の実現とする。そして次のように主張する。

「祖国の恢復を図ると云ふ事は、日本人たると朝鮮人たると支那人たるとを問わず、普遍的に是認せらる可き道徳的立場である。此処に共通な或る最高の原理を見ると云ふ事が即ち日鮮両民族の本当に一致提携すべき新境地を発見する事だらうと云ふのが僕の立場である(25)」。

遠い将来において、道徳原理を基礎とする無政府状態を理想としていたこの時期の吉野の思想（第一章参照）と関連させれば、「祖国の恢復」を共通原理とした提携とは、将来支配・被支配の関係を否定する方向であり、朝鮮半島の独立が想定されていたといえよう。そうした意味で、吉野の構想は帝国「改造」を超えるものだった。

柳田の場合は、今後の植民地政策の参考として前近代の中国王朝が実施してきた冊封体制を挙げる。柳田はこれを一種の「イムペリアリズム」（帝国主義）とし、形式的な帰服と朝貢の関係を結びながら異民族の風俗習性を尊重する政策であることを紹介している。

「他民族の異なつたる風俗、異なつたる習性を寛容しまして、余計な同化政策などを強ひず、常に異人種をして各其処を得せしめようと力めて居ましたのは一つの手柄であります」[26]。

そしてイギリス・フランスの植民地のなかには、形式的な支配を行いつつ「異人種」の学問を保存・成長させようとする例があるとする。カナダ・オーストラリアなどのイギリスの自治領支配を指すとみられる。そして「是から後は正しく且つ深い学問に由つて、完全なる人道の法則を以て、智識腕力のみを誇りとする者を説諭」するのが日本の任務だとした。柳田の場合は、帝国主義下の支配関係を形式化し、植民地における民族の慣習や制度など文化を尊重する統治を行うことを、今後の「人道」的な統治方法として提唱した。原理的に植民地統治を否定する方向を示した吉野と比べると、柳田は異民族の文化を尊重する政策への転換、すなわち多文化主義による帝国の「改造」を意図していたといえよう。

国際連盟の委任統治方式に対する賛否

吉野も柳田も大戦後に成立した国際連盟の役割を高く評価していた。しかしその評価の内容は異なる。吉野の場合は、連盟を超国家的な「国際生活の秩序」を形成するという意味で評価している。「移民権の自由平等を認める、国際生活の秩序的発達の為めに、国際間に或る種の干渉をも認むる、斯くて茲に一個の世界的精神を造り上げるといふのが、国際連盟の精神」だとしていた[27]。「世界精神」とは、時には国家への干渉も辞さずに国家を指導し国家間を支配する秩序原理の新しい考え方であり、その内容は普遍的に通用する「道徳」であった。

一九二〇年、ドイツの旧植民地に対し、連盟により委託された国が統治する委任統治方式が採用されることになった。日本はこの方式により旧ドイツ領南洋群島の委任統治を行うことになった。この「委任統治の原則を採用した点」に関して、吉野は「此主義〔民族自決―引用者注〕の適用は今度の戦争に関連して問題となつた植民地に限ると云へ、此限られたる範囲内に於いても、大いに関係諸国の利己的要求を顧慮するところがあつた」とする。民族自決主義の適用という点からすれば、戦勝各国の利益を考慮した妥協の産物にすぎないとする。(28) 吉野は委任統治方式を国際新秩序形成の点から批判的に論じていた。

これに対して柳田の場合は、連盟を「平和」事業遂行機関として評価した。「我々は更に根本的に一体戦争をしてもい丶ものかどうかを考ふべき」であり、平和を欲するならそのための機関である連盟を「助くべきである」と表明していた。(29) そして委任統治方式を国際社会の現実的選択として高く評価していた。連盟は「彼等〔原住民のこと―引用者注〕の福祉を増進させるやうな統治をする役目を委託されて居る」のであり、「列国の共同監視」による「土人の幸福を本位とする植民地の経営法」を実施する連盟の委任統治こそが今後の理想的な方法だとする。(30) さらに柳田は、旧ドイツ領南洋群島の日本による委任統治支配を歓迎した。その理由として、日本と南洋との文化的共通性を強調する。日本人は「共通の人種多きを知り且つ自由に白人のなすところを批評し得る地位に立つから其〔「太平洋の島々」―引用者注〕経営の任に当るは適当」であるとし、米作を行えば「我人口増加の調節策」ともなると説いた。(31)

そしてこの委任統治を成功させるために、オランダの東インド統治の研究を行うべきだと考えていた。柳田によればオランダは「何れの方面から見ても研究すべき国」で、それは「此国の将来が二十世紀の未来史と最も深い関係のある点」で日本と似ているからだという。(32) オランダの植民政庁方針は、「土人には其共同生存に害無き限、彼等のadat即ち慣例を尊重」し「支那人に対しても力めて其固有の制度を認めてやる」ものであった。[33]また「耶蘇教の伝道」、「土人の教育」、「人類一般の為の学問」に尽力したという点を植民政庁方針としていた。[34]このように連盟の委任統治方式は柳田の論によれば原住民の慣習制度を尊重しての「共同生存」の統治であり、多文化主義に基づく帝国「改造」の現実化といえる。もっとも、どのような国家であろうとも「粗暴なる文明力」、すなわち原住民の生活文化を否定し強制同化政策を実施することは、「必ず抑制しなければならぬこと」だとした。[35]

軍備制限論と「自他共に活きる」移民

一九二〇年代には、アメリカで排日移民法が成立し、日本人の移民活動が国際的な問題となった。この問題につき、吉野も柳田も日本人の側に問題があると考えている点で共通する。吉野の場合、この問題を人種差別問題とする国内の一般的な議論に対し、その本質は「人種的差別に固有のものではなく、極く外面的の儀礼風習の差といふやうなもの」にすぎず、そのような枝葉の風習を保存することがアメリカの共同生活と合致しないなら移民しない方がいいとする。そしてアメリカのピューリタン系統の人々の「聖日厳守」の社会風習を挙げ、日本人の日曜勤務は「彼等の社会的平安を妨害するもの」として排斥されることを当然視し、「我から彼の共同生活に調和することを勉めなければならない[36]」と説く。つまりアメリカの生活慣習を理解せず、自らの慣習に固執する日本人移民の閉鎖性に問題があるとするのである。そして日本人移民は、儀礼慣習という形式をアメリカに合わせるべきだとしていた。

また吉野は、アメリカの日本人移民排斥のもう一つの原因として、日露戦後、アメリカでは日本の大陸政策の理想を「侵略」とみなし、軍国主義国からの「危険な」移民を排斥するという意向が増大してきたことを挙げている。そして日本の「今日までの対東洋政策に誤つた点があるならば、極力之を改める」こと、国民の大陸政策への要求は「経済的社会的発展」であることを説明する必要があるとする。[37] 日本政府の東アジアへの侵略政策が移民排斥の根本問題だとしている。さらに満蒙地域への移民政策の目的は、競争力のない日本の「幼稚なる工業を保護する為めの専属的勢力範囲の必要」によるものだとし、それ以外に日本人の海外移住の正当な口実はないと喝破している。[38] 日本が侵略的な東洋政策を改めない限り、アメリカの排日移民法の問題の解決もないとしている。

一方、柳田の場合は、日本社会にその原因があるとする。日本人には「独り地理的知識のみならず、凡そ移民として外から迎へられるに足るやうな資格が、実はまだ何一つとして具はつて居らぬ」とした。[39] その原因は、四囲を海で囲まれるという地理環境や、「西洋人よりも濃厚で、孤独の練習の機会に乏し」い社会生活など、「従来の社会組織、教育方法乃至は国民の世界観とも名くべきもの」に基づくとした。[40]

そして今後は「戦争や侵略とは全然没交渉の、自他共に活きると云ふ移民は、是から其方法を打ち建てる」[41] べきだとする。連盟の成立を画期として、「自他共に活きる」すなわち「共同生存」のための移民への転換が唱えられていた。この点は吉野と共通し、移民先の他国文化を理解し共に生存することの必要を論じているのである。

また柳田は、日本人移民が他国文化を理解しない理由を二点挙げる。一つ目は、国内で行われてきた農村から都市への「半代出稼ぎ」を海外へ適用する日本人の移民方法にあるとする。故郷への送金を中心にし、いずれ戻って家を建てることを目的とする移民は、土地に根づかない移民の原因となっているとするのである。[42]

二つ目は、移民にふさわしいのは余剰都市民ではなく、農民だと主張する。柳田によれば余剰都市民の成功者の多くが「理髪洗濯写真師歯科医の類、今一段と進んでは雑貨小売ブローカー売女等の、何れも同胞の集団の苦しい繁栄に寄生し、しかも広い天地を狭くして住まうといふ人々である現状」は、むしろ「移住の障碍」だとする。[43] そして「村の静思に養はれた堅実なる社会法の承認、天然の豊富によつて刺激せられたる生産興味、それとは独立した精緻なる感覚と敏活なる同化性」[44] をもつ農民こそふさわしいとする。つまり日本人移民に寄生する都市民ではなく、農業により安定した生活を営む者が移民となることで、他国の文化を理解し実践することが可能になるという。日本人の海外移民問題の源泉を歴史的な都市と農村との関係から導き出す発想は、柳田に特徴的なものである。

次に、当時海外移民問題は、国内の増大する人口問題の解決と関連させて論じられていた。これに対し、吉野も柳田も移民問題によって人口問題の解決手段とすることは出来ないとし、問題の解決のためには国内生産事業の拡張こそが必要と考えていたことは共通する。

吉野の場合は、日本は「農本」ではなく「工業立国」となることが解決策であるとする[45]。しかし現状の日本には「富を作る機会」が少ない。その原因は「軍国的経営」への投資による「民間経済に対する財政的圧迫」にあるとする。そして問題の解決策としては、「軍国的施設経営」を立国の必要上やむを得ぬとするか、「大英断を広義の財政計画に加へ、民間の産業を振興さすことに依て新に百年の大計を確立するか」の二者択一だとする。「大英断」とは、国家予算における軍事費の削減により民間産業振興費を増額するとの意味であろう[46]。吉野が後者を主張していることは文意から明らかである。大戦後のヨーロッパ諸国の軍縮の方向性に沿った対策の提示である。

柳田は、「個人も国家も共に、第一には先づ生産事業の拡張を図り、成るべく多くの人が方面を分ちて、それぞゝの有効なる勤労に服するやうにせねばならぬ」とし、「分配と消費との改良」により「新しい経済組織を経営」することが重要とした[47]。そして具体的には沿岸や遠洋の漁業など海洋事業の振興に注目していた。「新たなる国民の作業場として、海より以上に自由なる未開地は無いにも拘らず、人口の充溢《みちあふ》れたる中部以西の海岸を見ても、利用せられざる浜入江はまだ多い」とし[48]、台湾、ボルネオなど「南海への遠洋漁業は屢々永久の移住たる因縁ともなりかけてゐる」、「此世界最大の漁場の一を健全なる自主的出稼の為に広く開くならば、農村の社会問題を解決するもの」になるとしていた[49]。柳田は南洋群島の日本による委任統治を前提として、南洋漁業に日本の産業振興に対する期待をかけていた。

さらに今後の移民のあり方は「自発的の計画」による海外移住が理想と考えていた。「各自の境遇に由る判断で、個々の決心を以て思ひ立つた」移民である(50)。それは歴史的に行われてきた国内の移住方法とも合致している。「日本は殊に出て働くべき国是の国であつた。村の功績の前代に録せられ、尚今後も大に期待せられる者は多くの新しい天地を開く人、新しい事業を創始する人を、外に向つて供給したことである(51)」。国内の農村や産業問題の解決のために個人の意志による移住が必要であると認識していた。

両者の植民地政策と移民論の特徴

ここで両者の植民地政策と移民論の特徴をまとめておきたい。吉野の場合、各国の権力および利害の闘争の場としての国際関係が、大戦後は「人道」を中心とした新たな原理によって構築される機会が到来したと認識し、日本の国防本位の外交政策を批判する。そして日本の今後の植民地政策においては、国家を超えた正義の実現である民族自決主義の確立を主張した。南洋群島の委任統治方式に対しても、原則的に批判の姿勢を貫いた。その思想は将来において帝国主義を否認する方向にあった。ただしそこには「文明」という視点があり、キリスト教を理解する「文明」国である中国・朝鮮半島中心に議論する傾向があった。

また、人口、移民問題については、慣習の相違を外面的儀礼の問題とし、むしろピューリタンの聖日厳守の慣習を日本人が理解すべきで、移民先の共同生活に合わせられない移民は不可だとした。そしてその究極的解決は日本政府の侵略的な大陸政策の修正と「軍国的経営」予算の削減による民間産業振興にあるとした。

柳田もまた、今後の国際社会が「人道」を基調にするとの認識をもった。日本政府が明治以来、ヨーロッパ列強のキリスト教を主体とした文明優位の侵略的な植民方法を踏襲している点を植民地統治失敗の原因とする。対策として異民族の文化を尊重する「共同生存」政策への転換を主張し、列国の共同監視による南洋諸島の委任統治を肯定し、多文化主義による帝国「改造」の思想を明らかにする。

また海外移民問題では、歴史的に形成された日本社会の文化的特徴が移民問題の源泉にあるとし、解決策として永住を目的とした農民層の移民を奨励する。柳田は農村問題解決のための自主的な海外移民事業は必要と考え、国内生産事業拡張の案として南洋漁業の拡大を提唱していた。南洋群島の委任統治がその前提となっていた。

以上をキリスト教文明との関係によってまとめてみると次のようになる。

大戦後を世界的な変革期とした吉野は、キリスト教文明を普遍化した新たな国際社会の原理構築の観点から、旧来の日本政府政策や移民事業に厳しい視線を注ぎ、将来的な帝国主義否認や軍備制限論を打ち出した。普遍的精神は国民内部に存在するというよりは、外来の思想として理性的に理解する必要があるものとされ、それには一定の知力（文明）が前提されていた。一方柳田は、キリスト教文明の権威を後ろ楯とした模倣政策に厳しい視線を向け、多文化主義による帝国「改造」、委任統治を利用した産業振興、農民の自主的移民の必要を、歴史的に形成されてきた日本社会の特徴から導き出している。また、共同体内で完成された道徳を拡大させることで国際道徳の実現は可能であり、それを阻む社会的慣習を明らかにすることに力を注いだ。

3　「国民総体の幸福」と「国民の自由」

「自力救済」と「政治的自由」

本節では、吉野と柳田の国内政策の捉え方を比較検討する。一九二〇年代の国内問題としてまず挙げられるのは普通選挙制度論である。吉野も柳田もこの問題について重大な関心を抱いていた。

吉野は欧米留学からの帰国直後より普通選挙制度（以下、普選と略す）の実施を唱え、普選運動の高揚期にはその理論的根拠を示した『普通選挙論』（一九一九年）を刊行するなど、一〇年代初頭から普選論者であることを公言していた。そして国民の政治監督の手段として普選を捉えていた。政治の目的は国民の利益幸福を実現させることであり、また国民による政治の監督の必要を主張し、両者を合わせて「民本主義」とした。その内容は第五章にみられるように紆余曲折するものの、普選論は堅持し続けた。吉野の場合、国民は代議士の「人格」の良否の判断を中心に行い具体的専門的な政策の実行は代議士に任すという、民衆を基礎とする貴族政治を理想と考えていた。普選を政治の道徳化のための手段として期待していた。

そして普選の実施に向けて、無産政党の社会民衆党の結成に協力し、『社会民衆新聞』で中国政策を主張した。ただし自身も、また国民に対しても政党員となることには否定的で、各政党の政策を公平に判断する立場を確保することの重要性を説いていた。

吉野にとって普選とは、「近代政治の理想たる民主々義の政治学上の体系」のうち「分量的意義の政治的自由」の要求に応ずるものであった[52]。政治の究極の目的は「自由」の実現である。そして自身の信ずる人間観として「近代民主主義的人間観」を表明した。それは「凡そ人間は、適当な教養の機会さへ提供さるれば無限に其の能力を発達するものであり、又之に不当の拘束を加へざれば結局必ず正しき判断に到達するものである」という人間観である[53]。吉野にとって民主主義的な制度や法の改革整備は人間に内在する能力を自由に発揮するための基礎政策なのであり、この点こそが日本の政治の重要な課題だと考えていた。

一方柳田の場合、公に普選について表明したのは一九二四年の朝日新聞社論説委員就任披露の講演会が初めてである。その際の発言は「外を観ても内を観ても、一日も早く多数が擁護する堂々たる内閣を作らせ、少くとも問題の数と種類とを明白にして、次では此が対策の提示を其為政者に迫らねばならぬ」と、普選実現を確信した上でその早期実現を待望するものだった[54]。

柳田は普選の実現を、国民利益追求の政策構築のための方法と考えていた。この点は小作人問題を論ずる際に明瞭に表れている。小作人の地位向上問題につき、「選挙権の新なる拡張に伴うて、多分は追々に合法的の対抗策が講ぜられ得る様に改まつて行くこと、思ふ」と普選実現による問題解決を期待している(55)。そして普選を国民の自力救済の方法だと考え、国民の自治に資する点を強調していた。昭和初年の「農村衰微」の状況のなかで、「村には熱烈に救はれんと欲する人はあつても、自分等の力が自ら救ひ得ることを、心付いて居る者が至つて乏しい」と柳田は農村の人々に苦言を呈する。「しかも結合が一つの新しい勢力であることは既に之を体験し、普通選挙が政治の潮流を転換せしめんとして居ることも、もう彼等には明かになつて居る」と、産業組合によって共同体による自力救済の可能性が体験的に示されているではないかとし、さらに普選によって政治の転換が表れつつあると、農民の団結による自力救済の方法が有効になりつつあると主張した(56)。

柳田によれば、国の経済および国防文教「政策の目的はつまり唯一つで、即ち之に因つて国が栄えるやうに、一国を形づくれる国民総体の幸福が、之に由つて維持し且つ増進するやうに」することなのであった(57)。「国民総体の幸福」を追求するためには、政策対象である国民の歴史や現状を調査研究することが必要である。政治には「自己の全部の価値を知つて之に応ずる考へ方をするだけの勇気」が必要であり、この「意識に眼覚めた国家の最初の問題はやがて平民の生活問題」である。しかし、「従来は此問題の主たる対象たるべき国民の多数者の生活は閑却されてきたとする。

そこで普選の実現しつつある今日、「国民の多数は或程度の参政権を有つて此国の統治を御輔《たす》け申すのでありますが、此人々が果してどんな顔をして鏡の裡に出て来るかは、是から先の政治に大関係がある」。つまり普選による国民の政治参加の実現が近づきつつある状況のなかで、「名こそ永久に知られぬが、社会の大きな流に参加して大小色々の波を立てゝ過ぎ去つた多数者の歴史」を今こそ明らかにする必要があるのだという(58)。柳田にとって無名の民である国民の歴史や生活を明らかにすることは、国民の幸福を実現する政策の基礎である。こうして柳田は過去を含む国民生活の解明、「民俗学」研究の政治上の必要を訴えたのである。

普遍的道徳を具えた個人と「公共に奉仕」する「国民」

次に両者の公と私についての認識を検討する。普選において国民に求める判断は、吉野も柳田も共に道徳的な判断であった。吉野は道徳の基準は全ての人が共通に持っている普遍的なものであるために、民主主義的な制度・機構の確立により個人の判断を全体としてより良き判断へと構築する方法を確立すれば、理想的な社会が実現すると考えていた。吉野の場合、公共の精神は個人の道徳に内在するものとし、それを伸長させる教育や啓発が必要であるとした。

柳田の場合、個人のうちに公と私が区別して存在していると認識していた。普選施行によって柳田が国民に期待していたのは、「義の道徳」をもち「自主」の判断をすることであった。普選実施後、柳田は「民論が政治を行はんとして居る」と感じ、国民には「自分の判断をもつて疑ふべきものを疑ひ、怪しむべきものを怪しみ、更にまた大いに賤しむべきものを賤しみ退けんことである」とし、「古来この国に盛んであつた義の道徳」の衰弱を憂いながらも「たゞ必要なる一大要件は自主である。欺かれざる同感である」[59]と主張する。柳田によれば、「数十年来持つべき選挙権を持たなかつた一千万人は、決して世界流行語の無産階級でも何でも無い」、「余力あれば国に尽し、公共に奉仕したい志しがあつて、既成政党の便宜上、国務を少数者間の談合を以て、片付けてしまはうとしたのを悪《にく》んだ」[60]人々だとし、新たな選挙権者が選挙権をもたない女性や植民地の住人を代表し、公に奉仕する精神で政治判断することを望んだ。

中央集権体制の相対化か、島国における必然的体制か

柳田が地域の研究を強調した理由は、日本の社会が多様であるとの認識をもっていたからである。柳田によれば、「日本は世界にも珍しい国であつて、是ほど民族の閲歴が単一無事であつたにも拘らず、国民の生活、国の姿といふものを通観し概説しようとする場合」、「短かい文句で之を叙述することが出来ぬ」。民族的には単一ながら多様な生活形態が存する日本を「一箇の生活標準によつて外部から彼等を引纏めようとして居る」「新国家主義の中央統一」、すなわち明治以来の中央集権的な統一政策を持続させることは現状では問題があると考えていた(61)。明治初期の新政府にとって「強力なる中央集権」は、「久しい間何百の大名の支配の下に、分れて対立していたこの数多い島国を、一つに纏めて仲好く栄えんが為に」は入用なものであった。しかし「大都を中央に一つだけ持つて居て、それで生活の出来る時代は夙くに過ぎ(62)」ている、とする。日本は今後中央集権的な統治から、多様な生活形態を基礎とする分権的な統治へと変更すべきであるとしている。

吉野もまた、中央集権的な国家主義による一元的な価値の強制について、その弊害を認識していた。吉野は東西のアナーキズムを受容することで国家に対する「社会の発見」に至る。そして将来的な理想社会像において一元的な国家権力を否定しようと試み、遠い将来の目標として「人道主義的無政府主義」を主張した。理想社会の中心に道徳的な原理をおくことで、国家権力を一つの強制権力として相対化し、漸進的な改革への道筋を示そうとしたのである。ただし吉野は、日本社会には多様な生活形態や文化があるという具体相についてはふれていない。その主張の力点は国家権力の相対化にあった。また中央集権体制を理想的政治体制に向かう過渡的なものとしたが、日本に特徴な国家形態とは考えていない。

これに対し柳田は、中央集権体制を島国に特徴的な体制としている。「人が島内に充ち溢れて争奪が起つたとき、先づ外国と交通を開いて其後援を得た者が、能く統一の大業を完成し、島の平和を維持し、所謂武器を知らぬ王国

を作り上げてしまつた」という沖縄本島の歴史を挙げ、「日本の如き大なる島でも、やはりこの傾向は免れなかつたこと、思ふ」と、日本の政治体制を沖縄の相似形とした。[63] ヨーロッパ文明を唯一の価値として中央集権的な国家統一を果たした日本の方法は、外来文明と結びその後援によって統一事業を行う島国国家の特徴とみなされ、日本は「稍大規模なる世界の沖縄島であつた」のだとする。[64] なお、沖縄を日本の「模型」とするような、小さな地域の事例を参考に、より大きな地域の問題を考察するのは、柳田に特徴的にみられる方法である。

次に近代天皇制に関する認識について、両者の共通点と相違点について検討する。第一章で明らかにしたように、吉野の場合は、極端な国家主義に傾きつつある日本の思潮に対し、普遍的な基礎に基づく天皇や国家のありようを模索していた。それは天皇の存在を否定するということではなく、神話に基づき「万邦無比」という非合理的な伝統的「国体論」に対し、より合理的で科学的かつ普遍的な君主制の一つとして天皇を位置づけるものである。そして政治権力ではなく国民の「愛慕」の中心、道徳的な求心力をもつ君主を育成すべきだとした。

柳田の場合もまた、「君主政体」を肯定する点は同様である。「几上南洋談」（一九一九年）では、大戦後の日本は今後、ヨーロッパの「真似」である領土侵略とは異なる「重要な任務」があるとする。国の永続、同胞の全部を幸福にすることとならび「君主政体が最も完全なる国家組織であることを、世界の前に立証するの全責任」があると主張していた。[65] 政治における共同体の「自治」を構想し、自発的な国家結合や「固有の文化」形成の方策を求めながら、その結合の中心に天皇という君主の存在があることを肯定的に考えていた。

吉野の場合は道徳的権威の中心として天皇を位置づけるという明快さがあるが、一九二〇年代の柳田の場合は、君主制の肯定と「自治」との間に明確な関係をみつけることは難しい。柳田が天皇を中心とする「君主政体」を「完全なる国家組織」として肯定していたという指摘に留めておきたい。

最後に、日本「固有」の文化像について検討する。吉野の場合は、記紀を古代日本の政治的な産物とし、日本に固有な文化は古来よりなかったと考えていた。そして一国の文化とは、国際社会の政治的な要請により開発されるものだという、政治優位の認識をもっていた（第一章参照）。

これに対し柳田は、ヨーロッパ文明の模倣政策により植民地のみならず、その危機を逃れたはずの日本の「固有」文化も危機にあるとしていた。維新以来、ヨーロッパ文明の威力が歴史上「更に幾倍かの濃厚さを以て、都市人の趣味を刺戟し、且つ之を支援せんとして居る」結果、「今日の如く国の自信が強く、あらゆる固有思想の悉く目を覚まさうとする時代に、独り学問文芸が少なくとも其外観に於て、日増しに国民的色調を失はんとして居る」としていた(66)。

その危機の原因は「数十年間の外国模倣」によるものである。「多数の国民は、何故に此の如き新しい生活をせねばならぬかを、よくも考へて見ること無く、隣の人もさうするからと言ふ理由のみで、ふらふらと附いて来」たために自主性や批判精神が鈍ってしまったのだという(67)。中央集権に伴うヨーロッパ文明の模倣により、国内の自主的な思考の衰退という重大な文化的喪失が生じているとしたのである。

「平和の百姓一揆」＝「共同団結の自治」の再生

柳田は失われつつある国民の自主的思考を再生するために、過去の共同体の結合様式に注目する。近世の農村における「結合」には二つの様式があった。一つは「親方制度」ともいうべき結合である。その根源は「人類の勇智差等、力ある者に服従して其保護に寄らんとしたもの」であり、「常に一糸紊れざる統制を為し遂げ、たま〳〵是と争はんと欲する者は必ず粉砕せられざるは無かつた」という閉鎖的で上下関係の存在を前提とした結合様式であり、「古い社会の経済組織」である「被管制度又は名子制度と云ふ旧慣」の残存によるものであった。

これは近代社会になっても「恩と義理、親分と子分と云ふ眼に見えぬ網の目となつて、田舎も町も隈なく行渡つて居る」という弊害をもたらし、そのため「私法的」機能をもった「道徳律」が横行し義理や金銭による買収選挙の温床となっていた。このため「国の為に政治の為に、真に普選の効果を挙げる折はありません」[68]といわざるを得なかった。

これに対し、近世の中部以西の農村には「平和の百姓一揆」という団結様式が存在していたとする。これは「相互の関係も、対立平等のもの」があり、現在の「組合の思想」に連なる「多数民庶の横列対等の交通」であった[69]。この「平和の百姓一揆」こそ「共同の幸福」実現の基礎をなす結合様式だと柳田は考えていた。柳田は「何人とも闘はずして国の富の最も主要なるものを生産するといふ意識が、嘗ては彼等をして自由なる外部文化の批判者たり、選択者たらしめた時代さへあつたのである。この自得は一方には彼等の道義心を鞏固にし、他の一面には技芸の興味を豊富ならしめた」という。そして「村限りの問題は、悉く自分の力を以て解決して居る」。さらにこの「驚くに絶えたる調和心は、夙に各利害団のそれ〴〵の自立を承認して、出来るだけは比較の不利益な側面の接触を避けて、固有の長所を以て相助け相牽制しようと努めて居た」のだという[70]。

国の経済を支えているという農村の生産者意識が村の道徳や文化を支え、外部文化の批判や選択、さらには自力での問題解決という共同の自治心を養っていたと柳田は考えていた。しかも他の利害集団とは相互に自立を認め助け合う関係にあったのだという。こうした農村の伝統は、「永い年代の実習を積んだ自治訓練」として古老によって伝えられてきたのだとする[71]。

しかし柳田によれば、こうした「共同の幸福」を目的とする「共同団結の自治力」について、士族出身の官吏を中心とする明治政府は深い理解を欠いていた。各組合創設にあたり「政府が指図して細かに定規まで作つてやつたと云ふ事は、他面組合の依頼心を徒らに増長させる事となつて、いやが上にも曾つて組合が具へてゐた共同団結の自治力を、薄弱にしてしまつた」。旧慣を無視した政府の中央集権的な組合の育成方法こそは、「自治力」の衰退と

「依頼心」の増大の原因だと柳田はみていたのである。[72]

以上のような認識のもとで「共同団結の自治力」の再生を柳田は近代の組合活動に期待する。もともと柳田は農商務省入省以来、産業組合の結成を農民の救済の方策として主張してきた。一九二〇年代後半においては「我々は当然親方制度に代るべき仕事を労働組合に期待してゐる」[73]とした。

このように柳田は普選実施にあたり、かつて農村に存在した共同の自治力が、産業組合や労働組合において再生されることを望んだ。柳田の政策立案の基礎は過去の日本社会に存在していた原理復活にある。国民は、新聞報道などから情報を得ることによって、為政者たる政治家の公平さを判断しその意志を投票行動で実現することが期待されていた。[74]

個人主義と「辺境」研究

吉野の場合は、国家と民族の範囲を同一視し、国家主義と個人主義がバランスよく調和することを理想とし、現状では個人主義の確立を重要視していた。この場合の個人主義は、国家の強制に対して個人の価値や利益を尊重することである。一方、柳田は民族内部の文化的相違を重視し、中央集権的な国家統一により国民の伝統的な固有文化や自主的な文化建設の気運を喪失しつつあり、自発的な結合力が弱くなっていると考えていた。

柳田はこの「一国の結合」という問題を一九一〇年代より追求している。二〇年代においては、国の「自然の中心」を整えるための方策が必要だとしている。「国を一団としなければならぬやうな大きな聯合には、政府は出来る限り公平なる援助の手を伸べようとするのであるが、現在はまだ其中から、自然の中心を作り出すまでの支度が整うて居らぬ」と政府の各種団体への援助政策の効果は薄いとする。[75]そして「地方は互ひに他郷を諒解すると共に、最も明確に自分たちの生活を知り、且つ之を他に説き示す必要を持つて居る。それが出来なかつたら大きな団結は六つかしいのである」と、中央集権によって断絶された地方間の自覚的な結合に基づく交流こそが「大きな団結」への方法だと考えていた(76)。

そして地方相互の了解のためには各々の地域研究、すなわち民俗学の研究が必要であるとする。そのような地域研究において、国家の今後の政策の基礎のためにいわゆる「辺境の地」を研究する必要を主張する。柳田は沖縄の問題を取り上げる際、「日本の偏卑な土地の一様ならざる事情を闡明《せんめい》して、国の今後の政策の基礎と為すべきを主張」する。「其生存の何れの部分までが、全国土に分散する日本人と共通のものなるかを」認識した上での社会事業および政治運動こそ生活幸福の不当な「不権衡」という「過失」を免れうる唯一の道だとするのである(77)。

国内政治論における両者の特徴

一九二〇年代の吉野と柳田の国内政治論の特徴は、次のようにまとめられる。

吉野の場合は国家に対する「社会」を発見することによって、一元的な国家権力を相対化する視点を獲得した。その結果、遠い将来の目標として個人から国際社会まで通用する道徳原理が支配する社会を理想とし、「人道主義的無政府主義」を主張した。また、普選の必要については、国民の政治参加により政治的自由を獲得することに意義を見出していた。全ての人間には公的で道徳的な理想が内在しており、教育の機会や環境を整えることで、それが自主的に成長するとし、政治的にも社会的にも自由な環境を獲得することを社会変革の基礎においた。そして一国の文化とはそもそも国際情勢によって政治的に開発されるものとし、その「固有」性を否定した。天皇に関しても、一般的な君主制のなかに位置づけ、将来的にはその政治的権威を無化し、国民の道徳的権威となるべく育成することを構想していた。

一方柳田の場合は、維新当初の中央集権体制は外来文明に依拠して国内統一をする島国に必要な方法だとしながら、それが一九二〇年代になっても強固に維持されているために、国民の「固有」な文化を見失わせ、自主性や批判精神を奪っていると考えた。「固有」な文化の回復には、地方相互の自主的な交流が必要であり、また辺境の地にある人々の生活文化を研究し、全ての国民の幸福に資する政策を構築すべきだとした。

また普選は産業組合と同様、各人が自主的に団結して自力救済する方法とし、その実現によって国民のための政策立案が可能になるとする。また、国民の自主的思考や文化を実現するためには、近世農村の一部で実現されていた平等な成員による公の結合である「共同団結の自治」の精神を復活することが必要だとしていた。そして政治の目的は国民総体の幸福であるとし、そのための国民の歴史や辺境を含む生活の調査が柳田のいう「地方学」＝民俗学であり、総体的な国民利益を追求するための政策の基礎と考えられていた。

4　両者における「政治」

吉野と柳田の「政治」に関する共通点と相違点についてまとめてみたい。第一に、吉野も柳田も、第一次世界大戦にインパクトを受け、戦後社会は変貌しなければならないと認識していた。吉野の場合キリスト教の精神である個人の価値の尊重や人類同胞の信念をより普遍的な道徳とし、新たな国際社会の原理とすべきだとした。そして植民地統治においては国際的な正義の実現（民族自決）を原則とし、将来的に帝国主義を否認する方向性を主張する。また、移民・人口問題においては移民先の共同生活の慣習への理解の必要、国内産業育成のための軍備縮小、究極的には日本の侵略的なアジア政策の停止を課題とした。

柳田の場合は、キリスト教文明を文化優位意識に基づき他の文化を暴力的に圧迫するものと捉え、多文化主義に基づく帝国「改造」を主張し、国際連盟の委任統治方式を肯定する。移民・人口問題では古来の「半代出稼ぎ」方式を転換し、農民による永住目的の移民を奨励、国内産業の奨励のための南洋群島の活用を提唱した。

第二に、吉野も柳田も、国内における中央集権による国家統一政策の変更の必要を認識していた。吉野の場合、一元的な国家権力を相対化し、個人から国際社会へと通じる道徳原理が支配する社会を理想とし、将来的に支配・被支配関係を無化するアナーキズムを主張、天皇についても政治的権威を否定し道徳的中心へと転換することを提唱する。そして機会や環境を整えれば全ての人間に内在する「理想」＝普遍的な精神（キリスト教精神）が自主的に成長するとし、「自由」を獲得するための政治的社会的な制度や政策を実施することが「政治」であった。国家を相対化する共同社会は「神の国」とイメージされているように、社会は国家と二重写しに存在するものであった。柳田の場合は、近世農村にみられた「共同団結の自治」を再生することで、中央集権体制によって抑圧された国民の自主的な思考と「固有」文化を復活することを展望し、普選をそのための政策としている。柳田は、小さな地域の事例、「辺境」の事情、歴史上存在していた事例を普遍化して今後の政策の基礎とした。

このように柳田における政治や政策を考える場合、各地方の慣習制度、国民の歴史や文化を解明することは、その政策構築の発想と方法から必然的なものであった。柳田によればそうした歴史や文化の研究の蓄積を通じて得られる「全体の組織綜合の学問」とは、「「政治」といふ漠然たる語で、暗示せられて居る一つの学問」なのであり、政治という「学問が結局此世の苦みを救ふ」[78]のだと主張する。暴力的で抑圧的な外来の「文明」に対し植民地や日本「固有」の文化を守るための方策を練ることが一九二〇年代の柳田の「政治」であり学問であった。

第五章 「デモクラシー」と「生存権」

——吉野作造と福田徳三との思想的交錯——

1 「経済的デモクラシー」をめぐって

本章では、一九一八年一二月に結成された知識人団体黎明会の両雄、吉野作造と福田徳三における「生存権」と「デモクラシー」を中心とする思想的交錯のありようを明らかにする。国民の生存や生活を保障する政策という観点、および国家や社会の成員全てがもつべき権利という二つの観点から吉野と福田の思想を検討し、黎明会前後における考え方の共通点と相異点を検討する。

この課題を設定した理由は二点ある。第一に、一九一〇年代から二〇年代における日本の政治思想を「福祉国家」と「シティズンシップ」という視点から考察することによって「大正デモクラシー」期における政治思想の新たなる可能性を見出したいからである。第二に、これまでの先行研究では対立が強調されてきた吉野と福田における、黎明会での交流を通じての思想的成果を明らかにすることを目的とするからである。

第一の点に関し、当該時期の日本において「福祉国家」も「シティズンシップ」もほとんど使用されていない言葉であることを断っておかなくてはならない。そこで「福祉国家」を国民の生存や生活を保障する政策という観点として、「シティズンシップ」を国家や社会の成員全てがもつべき権利という観点としてそれぞれ捉えることにする。

福田は「生存権の社会政策」を掲げた「福祉国家」論の先駆者としての評価が先行研究により定着しており、近年は黎明会前後の言論活動の研究から「大正自由主義」の経済思想と評価されている。(1)一方吉野における経済的デモクラシー、「社会主義」や「生存権」の問題についてはこれまで充分に検討されてきたとはいいがたく、福田との比較研究においてもこの点はほとんどふれられていない。(2)吉野は国民の経済的な生活の保障あるいは権利といった問題をどのように考えていたのか、福田との比較を通じて明らかにしたい。

第二の点に関し、これまでの両者の関係についての先行研究では、わずか一年半あまりで解散した黎明会の活動を反映し、その対立点が強調されてきた。まず国際政治観においては、第一次世界大戦におけるイギリスとアメリカの評価をめぐり、両者が正反対の立場にあったことが明らかにされている。(3)またデモクラシー観については、「生存権の社会政策」を掲げ「国民生活の保障」を中心とする福田の「経済的デモクラシー」に対し、普通選挙権など「政治的デモクラシー」を主張する吉野との対立を前提として、福田の「経済的デモクラシー」の吉野における受容は「社会政策レベル」という限定的なものだったとされ、吉野は政治の道徳的改革の主張にとどまるとされる一方、人間の「欲望」を理論の根底においた福田の思想の現代性が評価されている。(4)

しかし、第一次世界大戦観の対立は黎明会結成前のことであり、結成後吉野は「生存権」という言葉を使用し「デモクラシー」の内容を発展させていく。福田もまた黎明会結成後に普通選挙権の意義を認める発言をし、日本政府観や東アジアに対する過去の認識を改めるのである。(5)

そこで本章では、両者の関係を黎明会以前、黎明会活動期、解散後と三期に区分することにより黎明会の活動によって両者がお互いにどのような形で思想を交錯させ、その後どのような方向性を目指していくのかを明らかにする。(6)

2　黎明会以前

吉野における「社会主義」と「民本主義」

吉野が社会主義を本格的に研究したのは、一九一〇年一月より一三年七月までのヨーロッパ留学時代である。帰国直後に東京帝国大学で講じた「政治史」は、ヨーロッパにおける社会主義運動の詳細な現況報告であった。講義ノートの「第一節現代政治的進化の概観」には吉野の社会主義観が記されている。まず「現代の政治的特質を民主主義の語を以て表はすはやや精密を欠くが故に、予は平等もしくは解放 liberation:emancipation を以て一九世紀の特質となす」とし、「経済界に於ける不平等の取扱に対する不平の声は社会主義 Socialism と総称する一種の運動によりて発表せらる」とした(7)。留学時代の研究成果の一つ「白耳義ニ於ケル選挙法問題」においても「最近欧米諸国ニ起ル所ノ内政上ノ諸問題」の中心的思想は「弱者カ強者ノ物質的並ニ精神的桎梏ヲ脱セントノ努力」すなわち「解放（Emancipation）」とし、その政治上の表現を「民本主義」とした(8)。留学後の吉野は「社会主義」と「民本主義」を共に「平等」あるいは弱者の「解放」という社会的思潮の具体的表現と考えており、両者は表裏一体の関係にあると認識していた。

しかし、帰国後の吉野がみたのは、労働者保護のための工場法案が国会ではほとんど論議されず、「工場主の為すがまゝに放任して置」くという政治のあり様だった(9)。このような「人民の要求を抑へてをる国に於て、真に政府が人民のためになる政治」は「断じて行はれない」、「現在の社会に於てはどうしても社会に種々な階級が分れて、其階級間の利害は却々《なかなか》一致しない。従て一般平民の階級をして、政治上有効に其主張を述ぶる機会を与へなければ、上の方の階級は常に自分の利益をのみ考へて、下の階級の利益を蹂躙する」と吉野は論じた(10)。

ここで、吉野が『中央公論』（一九一六年一月号）に発表した論説「憲政の本義を説いて其有終の美を済すの途を論ず」（以下「憲政の本義」論説と略す）における「民本主義」の二つの内容を改めて検討する。一つ目は、政治の目的としての「民本主義」すなわち「人民一般の利福を以て「政治の終局の目的」」とすることの主張である。それは、「一部少数のもの、利害の為めに一般の利福を犠牲にするは、現代の政治に於て断じて許すことは出来ない」からである。[11] 二つ目は、「政権運用の終局の決定を一般民衆の意向に置くべき」という普通選挙権の主張である。その理由は、「少数者の政治は啻《ただ》に適当に多数の要求を按配することが出来ないのみならず、往々にして自家階級の利益の擁護に急なるの余り、其地位を濫用して不当なる政治をなすの弊があるからである」[12]とする。

このように「民本主義」の二つの内容は、共に少数の権力者ならびに資本家の利益が優先される日本の現状に対し、経済上の平等あるいは弱者の解放を実現するための方策という意味をもっていた。それは吉野が理解したヨーロッパの社会主義運動の中心思想を日本において実現することを目的としていた。

吉野はまた、同時期の論説で国民の義務についても言及している。「すべての階級に於て、吾国では、直接に国家の恩恵にあつ（ママ）かるものと、国家の恩恵にあづかつて居ない者との二つの階級を生じて居る」。そこで「公共的犠牲の公平なる分配と社会的機会均等の確立を計るを以て、時弊を救済するに最も根本的な最も有効な方法である」とし、国家が課する国民の義務の平等な負担を主張している。[13]「民本主義」主張の際、吉野は国民の利益および義務の平等の実現を、経済上においても目指すべき方向だとしていた。

吉野の論説は論壇で大きな反響があった。そして二年後『中央公論』に発表した「民本主義の意義を説いて再び憲政有終の美を済すの途を論ず」（以下「民本主義再論」と略す）では、「人民一般の利福」という政治の目的としての「民本主義」を相対的原則とし、普通選挙権の主張のみを絶対的原則として強調する。この「民本主義再論」で注目されるのは、「民本主義」を「階級戦争其物を以て第一義とする社会主義者と異る」ものだとし、社会主義との区別を明確にしている点である。[14] 経済的な平等の実現という点で「社会主義」との共通点が含意されていた「憲政の本義」論説に対し、「民本主義再論」では階級闘争による資本家階級の打倒という労働者階級の利益実現の方法に対する批判が明らかにされている。このときの吉野は、労働者階級の利益実現は普通選挙権獲得によって可能だと考えていた。「初め階級的思想に立脚した参政権要求の声は、やがて渾然たる全体の利害休戚を主とするといふ正当穏健なる根拠に立つことにならざるを得ない」という「諸国の社会党」の状況をふまえ、[15] 普通選挙権を行使し政党内閣制のもとで議会を通じ労働者の要望を主張することにより、階級利益は次第に国民全体の利益実現へと方向づけられるものだと考えていたのである。吉野が「社会主義」と距離をおいた原因は、普選を前提とする政党内閣制に基づく議会活動のほうが、階級利益から国民全体の利益実現への道筋が示されているからであった。吉野が政治において追求しようとしたのは、「社会的正義」ともいうべき国民全体の利益であった。

それはこの時期の吉野が二大政党制を主張する点にも表れている。吉野によれば一国の政治上の意見は「過去を重んずる」現状維持か、「将来の目標に照らして国家を改造する」現状打破かに分かれるものである。二つの方針を交互に実現することによって、双方の意向を踏まえた国民全体の「真理」に到達するというのが二大政党制の根拠であった。[16]

福田における「生存権」と「新しいデモクラシー」

「憲政の本義」論説とほぼ時を同じくして、福田は「生存権の社会政策」（一九一六年一一月）を発表した。これは一一年五月の社会政策学会第二回地方講演会での講演「生存権の理論」をもとに、アントン・メンガーの社会権の主張を援用し論文へ結実させたものとされている。[17] 福田によれば、現今の社会政策の根底となっているのは私有財産制を前提とした権力関係維持のための哲学であり、それは社会政策独自の哲学ではないとする。なぜなら社会政

福田徳三
（一橋大学附属図書館蔵）

策とは「改良の哲学」たるべきであり、その内容は「生存権の認承」であるからである。すなわち「人の要する所は生存なり、労働も其産物も此生存を維持する手段に過ぎず。若し社会権が社会政策の基礎たる可きならば其は生存権ならざる可からず」と、生存権が社会政策の根底となることを主張する。しかも「生存権の認承は社会の権力関係の如何なる物たるを問はず、其成立と共に一部分は存せり」と、その普遍性をも論じている(18)。

福田はこの社会政策の哲学を「社会主義」の哲学とは区別する。福田によれば、「社会主義」とは「社会を作り直し得可しとなし又作り直さゞる可らず」と主張する「革命の哲学」である。一方「社会政策」は、社会に「幾多の欠点を認めて改良の必要なるを主張し之を実現せんとするもの」である。また、「社会一切の発展は一方に特恵階級の維持の要求と、他方に社会の凡ての人の生存の要求と相交錯」するとし、社会政策においては「社会の全体より起る力」を重視する。しかし「唯物史観」は、後者の「一方の力のみ」を見る点が問題とされるのである(19)。福田が「社会主義」と「生存権」の「社会政策」を区別するポイントは、それが革命ではなく改良の哲学であること、一階級の利益あるいは力ではなく、社会全体の利益と力を認めようとする点にあった。

福田はこの「生存権の社会政策」をもとに「新らしい意味のデモクラシー」を主張する。福田によれば、有産者のための政治改革である「旧いデモクラシー」に対する「新しい真のデモクラシー」とは「国民全体」、「殊に財産なく労働にのみ衣食する大多数人民のクラシー」であり、「経済上の安固、生活の保障即ち予の常に主張する生存権の認承」を与えることである(20)。そして政党に関しては複数政党制を主張する。福田はイギリスの二大政党制は「利害を異にする権力階級の対立で、大多数の国民とは全く没交渉」であるとし、現実の利害対立のありようから二大政党制を問題視する。福田は「国民の大多数を占むる労働階級を代表」する第三党が必要だとし「真理は中間に在り」と主張、ドイツのような複数政党制ならば「国民は冷静に判断を下して其中最も自己の利害に近いもの」に投票することができるという理由で複数政党制を主張するのである(21)。

このように福田の「生存権の社会政策」とは、階級利益を実現する社会主義の「革命の哲学」とは異なり、社会全体の利益を実現するための最低限度の要求を基礎づける「改良の哲学」である。吉野の「民本主義」との共通点は、国家あるいは社会全体の利益の実現を目的にしている点にある。吉野の場合は普選の実現による「階級闘争」の解消を期待し、福田は「生存権」を社会主義革命回避の手段として主張する。両者はその専門分野の相違から、政治改革か経済政策かに分かれている。また、総合的な「真理」実現の論理的帰結としての二大政党制主張か、現実の政党制の問題点を克服するための複数政党制かで認識が異なっている。

さらに米騒動の認識においても、両者は異なっていた。一八年八月、米価の暴騰に対し全国各地で米騒動が起こる。福田は、米騒動とは「必竟ずるに極窮権（ライト・ヲブ・エキストリーム・ニード）Right of extreme need の実行に外ならぬ」、すなわち「政治とは必竟民の生存を保障し安全にするを第一とすることを全然忘却したに対する人民自衛権の発現」とした上で、経済政策の実施すなわち「国民生活の安全保障を政治の第一義」とすべきだと主張する(22)。

一方、吉野は福田と同様の「生活の圧迫」という問題と「貧富懸隔の社会的事実に対する懐疑的批判」という「一様の社会問題」が米騒動に含まれていると考えていた。吉野は社会主義における「社会的富の分配に於ける劣等なる地位の自覚」による「社会的正義」の実現という、ヨーロッパの社会主義運動から看取した問題が日本の米騒動にも表れていると考え、問題の解決には経済政策だけでなく政治的な解決が必要だと考えており、普選の実現などの政治改革を優先的に考えていた(23)。

3　第一次世界大戦観および「ソーシャル・デモクラシー」をめぐる論争

第一次世界大戦観をめぐる対立

一九一七年後半から翌年初頭にかけて、吉野と福田は第一次世界大戦観をめぐり論争する。発端は姉崎正治の論説「戦後の世界がどうなるか／をどうするか」（『中央公論』一九一七年一〇月号に掲載）である。姉崎は論説のなかで、「戦乱の現在にも、世界の新局面は、其の面影を見はしつゝある」とし、「新局面」とは「国際協同、人道正義の理想」であるとした。戦争は今後「一国の利害だけでなく、世界の将来を、如何なる主義の支配に帰しやうかといふ生死の競争となつて来た」とする。そして「利害か正義かといふ去就」について、正義に対する「日本の覚醒」を迫った(24)。

この論説に対し、福田は「戦後の世界と姉崎博士」（一九一七年一一月）と題する講演、および「ホッブスとグローシアスとを論じて姉崎博士の空想的世界観を排す」（『中外』一九一八年三月号）を発表し批判する。一方、吉野は「姉崎博士に対する福田博士の批評について」「戦争の目的に関する我国論の二種」（『中央公論』一九一八年四月号）を発表し、アメリカにいる姉崎に代わって福田の批判に応答した。

吉野、福田両者の論点の相違点は次の三点である。第一に、先行研究の指摘にある通り、両者は英米の「デモクラシー」についての認識が異なっていた。福田は、アメリカ合衆国の「ウィルソンは民主々義の名の下に大なるオートクラシーを行ひつゝあるもの」とし、その政治は「口に自由と道徳とを唱へつゝあるも、実は最も憎む可き金権政治」だと主張する(25)。アメリカの主張する「自由と道徳」は軍国主義化への口実に過ぎないとする。戦後の世界が「デモクラチック」になることは認めつつ、その体現者は英米ではなく革命ロシアやドイツの「社会民主主義」革命にあるとする。[26] もっとも福田によれば、「社会民主主義」は英米の「資本的侵略主義」の反動に過ぎず、戦後の世界の方向性を示すものと考えられてはいない。「社会民主主義」は「貧民政治、第四階級のクラシー」であり国民全体を対象としない点で「新しいデモクラシー」とは異なると認識していた。

一方、吉野は「オートクラシー」か「デモクラシー」かの判断は「国民の監督」が現実的に行われているかどうかによるとし、アメリカ大統領が「一見オートクラットの如く見えるのは之れ絶大なるデモクラシイを背景とするが故である」とし、アメリカの「デモクラシー」実現を肯定的にみた。[27] そしてウィルソンの十四か条宣言を「国家個々の利害を離れ抽象的の主義を以て戦争を終結し、且将来永久に之に依て平和を保障せんとする思想」であり、国際社会において「真に国家の実際利益」を主張するものだと評価する。また、アメリカに「正義公道」に反する行為があるように、「日本の義正《ママ》も亦糾明せらるべきものたる事」を指摘し、日本は古来より「非侵略主義」を貫いてきているとの福田の主張の非現実性を指摘した。[28]

第二に、戦争の本質的な要因は何かという点についてである。福田の場合、戦争は「国の生存権」、国家の経済的な利害に根ざすものであると考えており、大戦はそれぞれの国の「資本的侵略主義」を本質とする英米とドイツとの「オートクラシー」同士の戦いであった。[29]

一方、吉野は戦争が政治体制をめぐる戦いである点を重視する。「オートクラシーを打破して広く政権を一般国民の手に帰せしむる新たなる世界を作らんとする事が戦争の目的の一つ」と考えるのである。「永久の平和」を目的にする「正義」の戦争という認識を「偽善」と一蹴する福田に対し、吉野はその実効性を主張する。吉野の場合、各国政治家が国家的利害を超えて平和の実現という「主義原則」にのっとり、戦争を終結に導く方向性の現実性を認識していた。[30]

第三に、国際社会における戦争状態は将来的に終結するかどうかという点である。福田は大戦後英米の「資本的侵略主義」が国際間ならびに国内の「平和を攪乱」し、「反対毒」の「社会民主主義」が「階級戦争」をもたらすとし、戦争状態の継続を予想する。[31]一方、吉野の場合は大戦を契機に「将来永久の平和の保障たらしめ得べき主義原則の確立」が可能であるとし、将来的には戦争は終結する、あるいはすべきものと考え、大戦後は「恒久平和」に向けて歩を進めるものと予想していた。

以上のように吉野と福田は「デモクラシー」認識、戦争の原因、戦争状態の継続性に関し異なる見解をもっていた。両者の認識の基底には、国際社会を支配する原理についての異なる認識がある。福田は各国家の「生存権」確保という経済的利害が国際社会の基底にあり、各国間の権力闘争が支配原理の中心となる点は大戦後も変わらないと考えていた。一方、吉野は大戦を専制主義に対する民主主義の戦いとし、政治体制の思想を国際社会の基底においた。そして各国共同の利害を超えた「正義」実現を新しい国際社会の原理だと認識し、戦後は「恒久平和」に向け国際的な社会を統制する原則が確立するとした。この国際社会観の相違について、福田も吉野も互いに譲歩することはなかった。

吉野の福田への歩み寄り

そうしたなかでも、吉野が福田との一致を見出そうとした点がある。福田が「真理に背いては所謂国家の利益の為めにするのでも全然之を是認するを得ずとするが如き見解」をもつ点に着目し、道徳上の「真理」と「国家の利益」の一致を目的とするという意味で、本質的には福田との考え方は「大した相違のあるものではない」とした。[32]

両者は論争後の一八年一二月、黎明会を結成する。結成前後に両者の間で「ソーシャル・デモクラシー」の内容をめぐり応酬があった。福田は、大戦は「オートクラシーに対するデモクラシーの戦」で「勝ったものはデモクラシー」という吉野の持論を認めた。ただしその意味は、吉野の主張する「ポリチカル・デモクラシー」ではなく

「ソーシャル・デモクラシー」だとする。そして「社会民主主義」は労働者階級による「貧民政治、第四階級のクラシー」の実現のみを目的としている点を批判し、「社会政策」のみが「社会全体に幸福の及ぶやうにする」ものだという主張をくり返した[33]。福田は黎明会第一回講演会でも、「私は若し国民が人間として生存を十分に保証せらる、ことが出来れば選挙権などは無くても宜いと申さんとするのであります」と述べた[34]。

一方吉野は黎明会第二回講演会で、福田との間にある「デモクラシーに関する意見の相違」を認めながらも、「資本家の勢力壟断に反対して、国民全部に公平に政治的恩恵の普及せんことを要求」すること、「労働者の利己的主張」ではなく「正義を社会に敷く」という意味において福田とは「全然同一の立場」だと表明する。

さらに、「社会的正義」を実行し「労働者の利己的主張」に反対する点でも、福田と根本的には同一の立場にあるとしている。そして福田の主張する国民の生活を保障するデモクラシーとは「デモクラシー」の二つの要求のうちの「社会的要求」に合致するものだとした[35]。吉野の福田の立場への呼応は一時的な妥協ではなく、「政治上のデモクラシー」（『新人』一九年四月）でも「デモクラシー」には二つの要求、「国民各自をして国家と云ふ団体の一員たるの任務を充分に尽すに足る地位を保障せよ」という「社会的要求」と「国民各自をして国家の運命の最高の決定に参照せしむる」「政治的要求」から成り立つものだと主張した。しかしこのときの主張は松本三之介が指摘する通り、「社会的要求」の内容は社会政策レベルに留まり、「社会的要求は其純政治的要求を充たした上でなければ達せられない」としていた[36]。

福田は吉野のこうした同調を意に介さず、黎明会第三回講演会では「社会民主主義」の内容につき自説の主張をくり返した。

4　吉野・福田の思想的交錯

吉野における「生存権」思想の受容

一九二〇年になると吉野は「生存権」の意義を認識し、福田の「経済的デモクラシー」にさらに接近する。吉野は現状の「社会問題」は「貧乏の根絶」、「分配の不公平」という「経済的正義」という動機から一転し、「苟《いやし》くも人間として生れた以上は何かの方法を講じて各々の生活を保障して遣らねばならぬ」という「生存権の保障」へと変化してきたのだとの認識を明らかにするようになる(37)。これは社会運動における「唯物主義の根柢から理想主義の根柢への移り変りを前提」とする。すなわち、「凡そ人は生活にさへ苦しまねば銘々の与へられた天分を十分に発揮して社会文化の機運に貢献する」という「理想主義的人生観」が社会主義と提携する必要が、「生存権の保障」によって導き出されたのだと理解したのである(38)。吉野は、全ての人間内部には「理想」あるいは「神性」が存在しており、機会さえあれば無限に発達するというキリスト教信仰を普遍化した「理想主義的人生観」をもっていた。福田の「生存権の保障」を目的とする「デモクラシー」を、人間の文化的能力を発揮する基礎と捉えることによって、社会運動における理想主義の必要性を認識する考え方とし、自身の思想に取り入れたのである。

さらに労働運動の目的についても、これまでの時短や賃上げなどの境遇の改善から、昨今は「人らしい生活を保障する」権利の要求が「社会の一員として何人もの主張し得べき要求」へと進展してきたとの認識を明らかにする。そして今後展開すべき「新しい労働運動の新しい理論」は、「経済上に於ける自由独立の確立」と「経済界に於ける立憲主義の輸入」だと主張した。「生存権」の受容によって現実の労働運動も「人格の自由独立を主張する運動の一」として「他の多くの文化運動」と連携することが可能になったとする(39)。

また、「産業界に於ける今日の劇烈なる競争の下」、「少しでも資本家側の現在の利益を犠牲にする底の解決策」は労資協調政策では不可能であるとする。そこで「国家の力」で「制度の形に具体化」することが必要であり、資本家に対し「権利問題として争ひ得る地位を主張」するものとして「労働組合権」「同盟罷業権」を得ることが必要だと主張した。この権利こそ、労働者の資本家に対する「自由独立」確立の一環をなすものであった。(40)

そして労働者の「自由独立」の実現は、「憲政の本義」論説と同様、議会制民主主義によると考えていた。「普通選挙の実施」と「労働者が結束して鞏固なる政党を作る」（無産政党の結成）という二つの条件さえ満たせば、「結局労働者が議会の過半数を占めて彼等の希望するが如き、改革どんな根本的の改革でも実行することが出来得る」ようになる。議会制度を活用して労働者の利益を実現しようとする「穏健な社会主義」（社会民主主義）であれば、「現在の政治組織」を利用するという点において「民本主義」と連携が可能だと吉野は考えていた。(41)

福田における「創意」発揮の「社会改造」と「小島国的侵略主義」

一方、「社会民主主義」の解釈に関して吉野に譲ることがなかった福田も、吉野の主張の「根柢は大に正しいと確信」していた。(42)一九一九年五月の黎明会講演会では、これまでの主張である「生存権」保障は「社会改造」の第一歩に過ぎない、終局の理想は「生存を楽しむ」ことだと主張するようになった。福田によれば「一番宜い組織」とは「社会の各員が子供に至るまで年寄に至るまで不具廃疾の者に至るまで、何ものをか其天分に応じ其境遇に応じて日々に時々刻々に何ものかを造り出しつつあり得る」という「創造的世界」である。人間には目的を自覚する「欲望」と目的に無自覚な「衝動」があり、後者をより重要なものだと福田は考える。経済上においては「物を造らんとする衝動」と「物を得んとする衝動」の二つがあり、前者を拡大することが「本当の幸福」につながると考える。このような社会を実現するためには、「生活に於ける創造、即ち労働と云ふ事を今の賃銀奴隷制度から解放して之を人生の楽しみとするやうにしなければならぬ」のだという。[43]
そしてイギリス・アメリカで唱えられつつある「コントロール・オブ・インダストリー」（産業の共同管理）がその具体的表現であるとした。他者（資本家）から強制される労働から人間内部にある「創造」力を発揮するために労働者も産業経営に参画する社会こそが生存を楽しむ社会であり、社会改造の理想だとするのである。

同じ講演のなかで、福田は普通選挙制について触れ、「所有の有無或は多寡と云ふ事と政治権の行使と云ふ事を分離すると云ふ事に於て普通選挙は非常な意味を持つて居る」と、その意義を認めたことは注目される。[44]「生存権」さえ保障されれば選挙権など不要だと断言していた先の黎明会講演会発言からすれば、この発言は普選運動の高まりに対する対応であり、黎明会における吉野との交流の一つの成果でもある。

一九一九年三月、朝鮮半島で三・一運動が起こった。黎明会ではこの問題を取り上げ、そのなかで福田はこれまでの日本観を転換させた主張を行っている。前述したように、黎明会結成前の福田は「日本と云ふ国は未だ曾て他国を虐げたと云ふ例は一つもないのである。軍事的にないのみならず、経済的にも全くないのである」と断言してはばからなかった。[45]ところが三・一運動を主題とする黎明会講演会では、吉野の話を受け「日本人が朝鮮に於て右様な非道い事をして居るとは日本国民として知らなかつた」と述べ、「独立運動」は「朝鮮人の地位に身を置けば、実に無理ならぬ所があると思ふ」とした。[46]そして問題は朝鮮が「軍人の私有物であると云ふ考」に基づく「武人政治」にあるとし、「日本人」としての平等実現の必要から、言論自由を実現するための憲法と国会開設を主張した。一方、福田は朝鮮半島の独立に対しては明確に否定し、「日本人」としての同化を肯定する。そうした保守性ゆえに、同じ講演会での吉野の発言よりも、具体的に国会開設や憲法の実行を主張することができたともいえよう。

また、福田は対中国借款問題をはじめとする大戦後の日本外交に「一部資本家の私利を背景として立つ」「利己的小島国的侵略主義の色彩」があるとしている。しかしそのような「小島国的な利己的な傾向は、現下の日支関係に於て甚しき害をなして居る」する。「甚しき害」とは五・四運動に発する排日運動である。日本を「非侵略国」としてきたそれまでの評価は、五・四運動を契機に「小島国的侵略主義」に転じた。中国人留学生のような「日本に学びしもの」、「日本を最も好く知れるもの」のなかにこそ「排日論者の多いといふ一事は、特に日本人の考慮を要する点である」と問題視する。そして対中国借款問題や山東問題、対独賠償請求などにおける日本の外交政策は「一部資本家の私利」を背景にしている点が問題だとし、「国民が覚醒して、政府の行動〔に〕対して常に厳正なる批評を加へ、之を監督する事」が必要だと主張した(47)。

福田は日本の「小島国的侵略主義」への危機感を募らせるなかで、「財力侵略主義」（「資本的侵略主義」）を「武力侵略主義」（軍事的侵略主義）よりも危険だとする。また、自国の「武力侵略主義」化を防止するために、ワシントン会議における「軍備制限」に日本は「真面目に国是として」向かい合うべきだと主張する(48)。そしてカリフォルニア州の日本人移民排斥問題について、福田は「日本移民が米国内に増加して行く事は、米国の社会政策の国是に対する一の危険を意味して居る」がために「米国人の立場としては寧ろ当然」だとした。「道理」はアメリカ側にあり、日本の「利権獲得主義」は否定されるべきだとする論理は、吉野の移民論と共通する（第四章参照）。そして問題を拡大すると日米戦争になる危険性が高まるとしていた(49)。このように、大戦後の福田の議論には自国の「侵略主義」への批判的態度をみることができる。

吉野もまた、国家予算を占める軍備費の削減の必要を、国内経済の自立という課題から導き出している（第四章参照）。日本の満蒙地域への移民政策論議は日本の「幼稚なる工業」の「専属的勢力範囲の必要」にすぎないとし、人口問題解決のための海外移民は「多くの場合侵略的帝国主義の方策を導き入る、ことになる」とし、その解決策は「国内に於ける殖産工業の振興の外にはない」と断言、軍備が「国民経済に対する過常なる財政的圧迫」となっている点に問題があるとし、軍備制限を主張するのである(50)。

「産業経営」要求と「工場委員会制度」への期待

一九二〇年代初頭の労働運動における「産業経営」要求について、吉野も福田もそれぞれの立場から支持していた。吉野の場合、「産業経営」要求とは「労働者を奴隷的地位から解放して経済的貴族たる資本家と相並んで産業経営に与らしめよ」という点にあると理解し、この要求こそ労働運動が「人格の自由独立を主張する」文化運動の一つであることを明らかにするものだとする。吉野にとって大戦後の労働運動は経済界における自由民権運動であり、「産業経営」とは「労働者が自ら其の事業の経営に対する方法と手段」であった。そして労働者が「工場経営の一半を担任」することへの懐疑論については、「何人でも相当の才能さへあれば何事も遂行し得る」という人間の可能性に対する信頼から肯定した[51]。吉野における「産業経営」とは、労働者が資本家と対等な立場で経営に参加することを最終の目標とするものであった。労働者の資本家に対する自主独立が、労働運動の目指すべき社会的正義であると考えていたのである。

福田の場合は、連盟の国際労働法制に日本が加入し「労働非商品主義」を公認したことで労働問題は新しい世界に入ったとする[52]。すなわち「労働の人間性」が認められることによって作業の「人間化」が必要になった。それは労働者に「創意の余地」を与えること、「労働者をして経営上に参政権を得せしめねばならぬ」ことだという。この経営上の「参政権」の内容は吉野に比べると限定的である。福田は労働者を「企業の方面に干与せしめることは、今日の処実行の望甚だ乏しい、何となれば事実不可能である」とする。ただし「技術上経営上殊に実際具体的の作業」ならば可能だとした。鐘紡で実施されている職工の意見を積極的に取り入れるなどの現業参加制度や、製糸工場の女工の最低限の「人間性」の確保が福田にとって「産業経営」参加の具体的な内容である[53]。一方、吉野はこうした現実的方策を資本と労働との関係を正しいものに改変させようとするという「労働問題の本質」面から批判していた[54]。

一九二一年には神戸の三菱・川崎造船所争議を契機に、限定的ながら工場委員会制度を設け、労働者代表の意見表明の場を設ける企業が現れてきた。ダンロップや住友の工場委員会制度について、吉野は「不徹底」で「労働者が僅かに局部的の自由発言権を与へられたに過ぎない」としつつも、運用次第では「多大の利益」があるだろうと期待する。(55)「労働運動の結局の目標」である「労働者の自主独立」に照らし工場委員会を「労働問題発展の第一歩」と評価した。(56)

福田の場合は、工場委員会制度を労働者の「現業参加」と捉え、福田の年来の主張からして「理の当然」とみなし、むしろ日本の雇用主が「誠心誠意に制度を運用するか」に疑問を呈していた。(57)労働行為における創意の発揮が目指すべき社会改造であるために、日本の現実において実現可能な現業参加を肯定し、工場委員会制度もその意味で評価した。吉野のように労働者の自主独立の第一段階という評価ではなく、労働者の「創意」発揮を実際に可能にするかどうかが評価の基準であった。

このように、両者は会の活動を通じ歩み寄りをみせた。両者ともに、社会の全ての成員の内部における天分を発揮する社会を、今後の社会改造の理想とする点で一致した。吉野の場合は「生存権」を受容することにより、社会主義と理想主義の協同提携の必要を認め、労働者が議会制度を通じ政党として要求を実現する社会民主主義を提唱する。福田の場合は生存だけではなく「生きる楽しみ」という人間の文化的な欲求充足の課題を「生存権」に含め、普通選挙実現の意義を認めるようになった。また両者はともに日本の中国に対する経済的侵略主義の危険性を認識していた。そして両者は労働運動の新傾向である「産業経営」の要求を経済上の参政権実現だと評価し、「工場委員会」への期待を表明した。

5　黎明会解散後

吉野による文化デモクラシーの提唱

結成以来普通選挙の要求、中国・朝鮮政策批判などで多くの聴衆を集めた黎明会も、ＩＬＯ労働代表選出問題において吉野と福田の考え方の相違が表面化する。一九一九年九月政府は友愛会に諮ることなく高野岩三郎（東京帝国大学教授、友愛会評議員）を選出し、高野もいったんは受諾した。しかし選出方法に問題ありとする福田は辞意を迫り、逆に吉野は代表に留まるよう説得工作を行った。結局高野は代表を辞退した。会はこの内部対立を一つの契機として停滞し、翌年四月で講演集は終刊して同年夏に解散した。

解散後の吉野は、「生存権」の次に主張すべき権利として「生活権」を掲げるようになる。これは解散前の一九二〇年五月、森本厚吉・有島武郎と「文化生活研究会」を結成したことに関係する。この研究会は、科学的で合理的な生活とは何かを研究し、通信教育を通じて大学教育を一般女性に普及し、理想的な「文化生活」のモデルを提示するのがその目的である。主唱者の森本は「国家といふものは国民全体が拵へた有機体であります以上は、其個人々の生活権が十分に尊重されて茲に始めて本当の力強い国家が成立つ」という国家主義的観点から、「国民全体が協力して造つた文化」を享受する「生活権」こそ「国民全体が有つべきところの権利」だと主張していた。(58)

吉野は「単に生存するのみならず、更に進んで、『如何にして我々は有意義なる人生を送ることが出来るか。』これが解決されねば真の解決とならない」と表明し、「人間本来の生活」とは働いて賃金を得るだけでなく「何事かの趣味性を満足させる丈の手段と方法とを取り得るやうな生活状態の下に生存して行く事」だとした。(59)そして「本来与へられるべき生活は」、「人格の完成」を「生活の理想」とし、その実現可能な「文化生活」だと明言するようになった[60]。吉野の「生活権」は森本に比べ国民の権利の伸張という意味が大きい。以後吉野は論説で「生活権」を使用する。一九二六年には農村における小作問題を論じるなかで、「我国の小作人が生活権確立の旗幟の下に、小作料の低減を叫ぶのは当然」だと主張してもいる[61]。人間本来の「生活」の実現こそが「生存」確保の次に目指すべきものとみなしていた。

同時に吉野は、「人格」の自由のためのデモクラシーを主張する。それは「人の人たる所以の道を十分に体認し、境遇や因襲や其他あらゆる偏頗から解放されて真実の精神的自由」を得るということであり、そのためには「形式的」な「政治的自由」と「人格としての本質的自由」が必要である。前者は「政治的デモクラシー」である普通選挙権の獲得である。後者は二つに分かれる。一つ目は、従来から主張している「不十分なる物質生活」に対する「生活の保障」、すなわち「経済的デモクラシー」であり、二つ目は、「広義の教育」である「文化問題」である[62]。「生活権」を取り入れることにより「政治的デモクラシー」は「形式的自由」として相対的に重要度が低くなる一方で、新たに「文化」政策として「教育」が掲げられることになった[63]。この教育とは、「人類を其最も根本的な精神生活の方面に於て、短刀直入開発を図ること」である[64]。その内容は「社会を組織する各人をして一様に其能力を発展せしめ得る様な教育法を制定」することで、「学生の費用なぞも国家又は社会が負担して、高等教育まで自由に受けさせる様に」することなどを提唱した。そして、「人間は誰でも神の心を有つて居るから、其を充分に養ひ育て、其人の霊的発展をなさしめ神より授かつた能力を充分に発揮する様に教育する機会を平等に与へる様にしたい[65]」と主張した。各人の内部にある文化的能力を開発する条件を整える教育法の制定が、新しい教育制度の指針だとする。

さらに普通選挙法の成立に伴う課題として、政治教育の重要性について言及している。「団体公共の事務を托する為には、常に真に優良な人を挙げ、其選に当つた人は多数隣人の期待に背かず誠実に其任務をつくすといふ、共同生活に於ける極めて平凡なる習性を政治関係にも活用する様民衆を訓練すること」が必要だという。それは政治知識を養うのではなく「共同生活」における「誠実なる習性」の訓練、「公民としての必要なる心持」の涵養であり、本来その役割は母親にまかされるものである。当面の策として小学校教員による共同生活の基礎訓練を吉野は主張する(66)。「政治教育」は中学校以上で行うべきものとの当時の一般的見解に対し、「人格」形成期における基礎訓練と位置づけているのが吉野の見解の特徴である。

このように普通選挙法実施が目前となった一九二〇年代前半には、「生活権」を根拠とする「社会改造」の主張として、吉野の「デモクラシー」は政治的および経済的デモクラシーに加え、広義の文化的デモクラシーを次なる課題としてかかげるようになった。

また無産政党問題を論じるなかで、複数政党制を一定程度肯定するようになる。吉野によれば「抽象的の議論としては、二大政党の対立となるが自然」であるが、そのためには相互の「人格的信認」という訓練が必要である。「我国の政界はまだこの程度に達して居ないから」「小党分立」を放任することが「政界の健全を保つ所以」だとするのである(67)。「小党分立」を国民の複数の利害の反映としてではなく、政治の道徳化と関連させている点は変わりがない。そして一般民衆に対しては無産政党に「超然たる態度」を維持することが「政党を潔め政界の健全なる発達を期する唯一の良法」だとし、労働組合の政党化も「健全なる発達」という観点から否定する(68)。判定者となる民衆に政治教育を行い、その判断によって各政党が政権交代し、国民全体の利益を実現していく議会制民主主義の基礎をつくることが普通選挙制度到来時代に際しての吉野の課題であった。

福田による「人格」解放の社会運動を基礎とする社会政策

一方福田は、森本が主唱し吉野の賛同する「生活権」に対し「生存権の確立とは斯くの如き容易なる事項ではない、未だ〳〵永い〳〵奮闘を犠牲にすることを要する重大案件」だと反論する。福田は「生存権」は価格経済という今日の「流通生活」を根本的に一変しなければ獲得できないと考え、社会運動も「厚生闘争」となる必要があると主張し、森本や吉野のようにすぐさま「生活権」を主張することは「大胆勇敢な企」だと皮肉った。また「生存権」に「生きる喜び」という意味を含めていた福田には、「生活権」はそもそも不要な言葉でもあった(69)。

『社会運動と労銀制度』（一九二二年）において、福田は労働における「人格」解放の社会運動を基礎とする社会政策を樹立すべきだという考えを明らかにした。福田によれば国家の真の充実は国民の「人格」の充実を基礎としており、「人格」の本質とは「自決的」であることと他から支配を受けないことである。また、それは「何処までも伸びて行かうとする無限発展の要求」をもっている(70)。そして「社会運動」とは、「人格を支配する階級」（ブルジョアジー）と「他人によつて自分の人格を支配される階級」（プロレタリア）との間の「階級運動」であり、国家の社会政策はこの当事者の自覚化された「社会運動」を基礎にする必要がある(71)。「労働争議」が今後増大すると予想する福田は、社会政策の最も大切な任務は争議を「道理に適ふやうに『合理化』して」争議ごとに「一般社会の安寧が進み、一般社会の幸福が進むやうに此れを善導する」ことなのである(72)。そして迎えるべきは闘争の可能性を保持した「産業の平和」なのであった。

　このように、黎明会解散後の吉野と福田は、共に「人格」解放のための社会運動を推進しようとした点で共通する。吉野の場合「人格」を人間の精神に内在する「理想」とし、その自由な展開のために「政治的自由」と「本質的自由」（経済的自由）に加え精神生活を「開発」する「広義の教育」が主張されていること、「政治的自由」獲得は相対的に価値が低くなっているという二点が解散後の特徴として挙げられる。

　一方福田の場合、「人格」とは「自決」的要素、労働における「創意」の発揮であり、増大する労働争議に対応するために、国家の任務として「生存権」保障と、他の「人格」による支配からの解放運動を基礎とする労働保護の社会政策を樹立する必要があった。これにより労働争議を「善導」し国家に包摂することがその目的であった。

6 「自由」と「自決」のデモクラシー

吉野、福田両者の思想をまとめてみると以下のようになる。黎明会以前において両者に共通する点は、両者ともに国民全体の利益幸福を追求するための政策を樹立することを目的とし、社会主義の階級闘争史観に対し批判的だったことである。「憲政の本義」論説で吉野は「社会主義」も「民本主義」も共に経済上ならびに政治上弱者の強者からの「解放」の思想という点で根底は同じだとした。しかし二年後の「民本主義再論」では社会主義が階級利益の実現を目指している点を問題視し、全国民の利福を目的にする「民本主義」と切り離すべく議論を展開する。福田は一九一六年に全国民の最小限度の生活保障を実現する「生存権」を「改良の哲学」として提唱し、社会主義の「革命の哲学」を吉野と同じ理由で否定した。「民本主義」も「生存権」も、共に国民全体の利益幸福を実現するための国家政策として主張されたのである。福田と同様吉野においてもこの時点における国家の果たす役割への期待は大きかった。

次に黎明会の交流のなかで、両者はともに社会の成員全ての内部にあるものの発揮が大戦後の「社会改造」の基本であるという共通した認識をもった。吉野の場合、人間内部における発揮すべきものの具体的内容は「理想」や「神性」であり、それらを自由に発揮させるための方策として国家に対し政治的経済的「自由」、すなわち「デモクラシー」を主張する。それは福田の経済的なデモクラシー論を受容した結果である。一九二〇年になると「生存権」を人間の文化的向上のための基礎的思想として受け入れ、「社会主義」と「理想主義」は提携しうるとし、労働問題や小作問題を積極的に論じるようになる。一方福田の場合、吉野の影響からそれまでの国家認識を改め、日本の「小島国的侵略主義」を批判し、朝鮮独立には否定的ながら日本人としての同等の政治的権利を与えるよう主張した。また、福田において人間内部にあり発揮すべきものとは労働における「創意」や「創造」の「衝動」であり、「産業の共同経営」の実現がその発揮のために必要であるとした。

そして、大戦後の労働運動における「産業経営」要求と企業側の対策である「工場委員会制度」について、両者は共に評価する点で一致している。ただし評価の内容は異なる。福田の場合、労働者の企業経営への参加は現状では不可能とし、その内容はあくまで「現業参加」にとどまっていた。しかし吉野の場合は、「社会的正義」の実現という観点から将来的には企業経営への参加を展望し、工場委員会制度についても、資本家と労働者が将来対等に企業経営に参加するための第一歩と位置づけていた。

また国際社会における「経済的侵略主義」の危険性を両者は認識しており、日本人の他国への移民や植民に批判的であった。また共に大戦後の軍備制限に肯定的で、吉野の場合は国家予算に占める比重の大きさが国内経済の発展を阻害しているとし軍事費削減の必要を主張する。福田の場合は「資本的侵略主義」よりも「武力侵略主義」のほうが防止しやすいという判断から軍備制限の可能性を主張した。

最後に黎明会解散後の両者は、「人格」解放のための社会運動が今後の社会構築に重要な意義をもつという認識において共通している。「人格」の内容は吉野の場合人間に内在する「理想」、福田の場合は他からの支配を受けない「自決」的要素である。両者の社会構築の方向性は異なる。吉野の場合「人格」の「自由」を実現するための方策として、国家に対し普通選挙制度、社会政策に加え「人格」の開発や教育を行う文化政策を要求することを新たに掲げると同時に、「形式的自由」の政治的改革よりも経済的改革を「本質的自由」として重視するようになった。また福田の場合は増大する「人格」解放運動を基礎として社会政策を樹立するべきことを主張し、運動を国家内部に包摂することを政策の目的とした。

最後に吉野と福田の見解の根本的な相違点について指摘しておきたい。第一に、両者は階級対立や戦争状態の将来的な見通しについて見解が異なっていた。福田は階級対立や戦争などの現状は永続するとみなし、吉野は逆に両者ともに将来的には終結するとの展望から現状を漸進的に改革させようと考えていた。「現状」を恒常的なものとするか、あるいは「社会的正義」という「理想」に照らして相対化するかが両者の対立点であり、それは国際社会の新しい方向性への認識の違いや、労働者の「企業経営」への評価の違いとなって表れている。

第二に、社会を構築する原理について、福田は「欲望」や「衝動」という人間の本能的なものを基本とし、「自決」を重要視している。人間の内部に本能として備わっている「創造の衝動」は外部からの抑圧がなくなれば発揮できる。そのため「賃銀奴隷制度」などの抑圧的制度の変革が必要である。これに対し吉野は人間の内部にある「理想」や「神性」を社会的な原理の基本とした。それらは自由の確保だけでなく、教育開発することによって本来の力を発揮するものとされた。福田は国民教育の問題についてほとんど言及しないのに対し、吉野は一九二〇年以降教育制度の改革や「人格」形成期における教育訓練の重要性を説くのである。

第三に、国家と社会運動の関係について両者の考え方は異なっている。福田の場合、増大する社会問題を「社会政策」の基礎とすることで問題を解決する必要を主張し、「社会政策」の樹立により社会運動を国家に包摂することを目的としていた。それは大戦後増大し激化する小作争議や労働争議に対し、国家の政策的対応の必要を主張し、究極的には国家の富強を実現しようとするものであった。一方吉野の場合、「デモクラシー」という政治的、経済的、そして文化上の「自由」を拡大する運動を議会制民主主義の制度を通じて実現することを目的にしていた。個人の「人格」を自由に開展することを基礎とした、新しい国家の形成を構想していたのである。

第六章　「共同団結の自治」実現への模索
——「民俗」の価値および神道政策への提言——

1　「民俗」と民主国家及び戦争

戦時下の「共同団結の自治」

本章では、柳田の「共同団結の自治」の構想（第四章参照）が、一九四五年敗戦までの期間どのように展開したのかを検討する。この時期の政治状況と民俗学の関係から、次の二点を課題としたい。

第一に、「共同団結の自治」を中心とする民主的な国家建設と「民俗」慣行との関係である。室井康成は、普選確立後の選挙活動において、「親方制度」が不正の横行に寄与していることを柳田が批判している点に注目し、「民俗」とは民主的な国家建設のために乗り越えるべき政策課題だったとしている。[1]室井の議論は、普選導入以後「親方制度」という「民俗」が社会的に悪影響を及ぼしていると柳田が論じていたことを明らかにした点が注目される。しかし、柳田が「民俗」すべてを乗り越えるべき課題としたとは考えにくい。「年の餅」という正月に個人に分配される風習を個人意識の発生との関係で論じるなど、「評価」している「民俗」もあるからである。室井によって「民俗」の内容次第で柳田の価値評価が異なっている可能性が示されたともいえる。そこで柳田の「民俗」に対する価値観について、「親方制度」や「年の餅」の風習、「標準語」と方言を取り上げ、一九三〇年代の文章を中心に検討したい。

第二に、「戦争と民俗学」の関係である。柳田がアジア・太平洋戦争で戦争協力をしたかどうかという問題は、戦時下の民俗学隆盛や、「八紘一宇」などの柳田の使用語句と結び付ける議論がある一方、柳田個人の見解と民俗学の大勢とを切り離す議論もある。[(3)] 本章では、大政翼賛会や神祇院の神社制度調査会での氏神信仰論と柳田の議論を比較し、その共通点と相違点について検討する。大政翼賛会は「高度国防国家」建設のため「日本国民文化再創造」を掲げ、翼賛文化運動を一九四一年から展開する。明治維新以来の欧米文化の「機械的移植」を否定し、日本文化の「伝統個性」を世界的に指導する地位に高めるため、地方の文化・社会的伝統に注目し、その均衡的発展を目的とした。[(4)] 運動推進のための調査委員会では氏神信仰や神社整理に関する課題が論じられている。柳田は一九四三年の六月から八月の三回、「氏子委員会」[(5)]、同年一一月に第五委員会で家制度について意見を述べた。柳田の「家」に関する意見は委員会の意向に反するものであったことが明らかにされている。[(6)]

また、一九四〇年に設立された神祇院では、無格社整理に関する調査の実施が事業の柱の一つであった。[(7)] それに伴い神社制度調査会では、無格社整理問題が本格的に審議された。柳田は四三年から四四年に神祇院で三回講演し、神社整理、氏神信仰の問題について意見を表明している。大政翼賛会ならびに神社制度調査会における氏神信仰、無格社整理の議論と、柳田の「固有信仰」＝氏神信仰論との関係について検討することで、柳田の「固有信仰」論の同時代における政治的位置について明らかにする。

普選・国語・氏神

以上の二つの課題につき、次の三点に注目して検討したい。第一に、普選や産業組合制度がもたらした「民俗」社会への影響の問題である。とりわけ「共同団結の自治」実現に資すると歓迎していた普選導入後の社会状況について、どのように認識していたかを検討する。

第二に、国語論における同時代の農村青年像である。国語の教育改革により「ことばの民主主義」[8]を目指したとされる柳田は、未来社会の担い手である農村青年の現状を言語状況を通じ把握した。当該時期の農村青年について、大門正克は「自らの言葉で主張する」新しいタイプの農村青年が出現したとし、三〇年代における農村世界の変容を戦後社会へ連続するものと指摘している[9]。しかし鹿野政直は、「大正デモクラシー」を担い地域の改革を実践した農村青年が、憤怒の大きさゆえに議会政治不信に陥り、自力更生運動の担い手としてファシズムを支えていく過程を描いている[10]。そして加藤千香子は、社会主義運動や「革命」を論じた農村青年が、その後「模範青年」となり兵士として国民国家を支える側面を論じている[11]。農村青年像を中心に、同時期の柳田の農村社会の状況認識を明らかにしたい。

第三に、大政翼賛会や神社制度調査会など一九四〇年代に政府部内で展開された氏神信仰や無格社整理問題の議論の内容と柳田の議論との関係である。大政翼賛会と柳田に関しては、黒川徳男が「家」対策についての柳田論を「家」の法的強化反対の立場として整理している。しかし、同会の議論における柳田民俗学の位置づけや、無格社整理問題に関する検討は行われていない。そこで大政翼賛会の委員会議事録ならびに神社制度調査会議事録の検討をふまえ、柳田が大政翼賛会の委員会で論じた内容や神祇院での講演記録との比較検討を行う。なお林淳は、戦後の柳田の「固有信仰」論を「国家神道消滅後の、国民道徳論に代わる代案」であったとし、戦前の状況とは異なる政治的意図を含んでいたとしている[12]。そこで本章では、戦時下において発表した柳田の論考に限定して検討することにしたい。

2　普選と産業組合における「親方制度」の影響

普選下における「親方制度」

国民による「自力救済」を可能にし、「共同団結の自治」を実現するものと普選に期待していた柳田は、一九二八年の普選法体制下の選挙で「新有権者」に対し、政党や政治家からの誘導に惑わされることなく「自分の判断」を行使することを要求した。(13) 柳田が目指したのは、国民がそれぞれ「公民」としての判断を集結させ、その意向を実現する政治である。そして選挙権を持つ「公民」は、選挙権をもたない女性や植民地の人々などの「国民」の利益も勘案する必要があり、「自分たちの仲間の利害」のみを標準とするなら「一千万人の寡頭政治」だとした。(14)「公民」とは国民全体の利益を「自分の心」の判断基準とするもので、「普通教育」とは、「どの国民を連れて来ても日本の国の為に政治が出来るやうに」するものだとしていた。(15) 柳田の場合、代議政治ではなく、「公民」による直接政治を理想としている面がある。

一九三六年、柳田は普選実施後の社会をふり返り、「最近過去八年程の間に、民衆の生き方、生活の仕方といふものは、まるで変つて終つた」と指摘する。なかでも古来の社会的慣習である「親分子分」関係が変容したことを指摘する。柳田によれば、本来は「親子の関係の様に両方共に正しい関係を歩かうといふ前提の下に進んでゐた」社会関係が、制度実施以降「子分に対する義理でもつて、選挙の時などには意のまゝの投票もさせようとする」ように機能が変化したという。そして「子分」である有権者は、「世間から、人情が無い、義理知らずと云はれる事のみを恐れて、僅かのものの為に、為すべからざる事の為に、意を枉げて投票してさうしてその結果は刑事上の罪人を作る」事態に陥ったとする。(16)

古来の日本の民俗慣習である「親分子分」とは、他人の関係でありながら情誼ある関係性をもつことで「一つの共同労働団」、経済的結合の原理としての機能があった。しかし、普選下では地縁・血縁関係を利用した選挙不正の温床になり、各個人の内なる判断を阻害する機能へと変容してしまったとするのである。

この親分子分関係とは、「家の分裂」の結果生まれたものである。柳田によれば「各自が自立して行かれる多くの条件が具はつて、人はたゞ経済以外の目途の為だけに、主として今までの団結感の、ある部分だけを保存しようとしたかと思はれる」ものだとする。本来は経済的統合原理であった疑似親子関係が、不要になった後も「団結感」の「ある部分」のみの保持のため社会的慣習として残存したとする。そしてこの関係の今後について柳田は次のように述べている。

「だから是〔親分子分関係―引用者注〕がもし社会上の地位を築き、政治の力を養うに便だとわかると、次に更に如何様の種類の親方制度を発明するか知れたものでない。日本がまだ純乎たる個人主義の国に、なり切つて居ないといふことは是で明かになつた(17)」。

柳田によれば親分子分関係という「民俗」はいまや政治不正に利用され、今後もその可能性がある。また、このことは日本社会において「個人主義」が完全に成立していないことの証左であるとする。逆にいえば「個人主義」が確立していればこのような「民俗」慣行が不正に使用されることがなかったと考えていたといえよう。

次に、産業組合についてこの時期の柳田はどう考えていたか検討する。一九三三年に柳田は次のように論じている。

「理論から云ふと、産業組合と云ふものは元来個人主義の産物なんである。良い意味に於ける個々の個人主義の産物であつて、一人々々の組合員が皆、自分で自分の人格を尊重し、外からも自分を一人の人間として認め、銘々がお互に立派に相手を認めるところに於て組合と云ふものは成り立つ(18)」。

各々の人格が共に尊重され互いに対等な人間関係の成立を基礎とする結合を、本来の組合のあり方と想定するのは、柳田が近世の中部以西の農村にみられる「共同団結の自治」を理想としているからである（第四章参照）。それは「歴史として深く省みられずに過ぎた」団結でもある(19)。現実には「親方組織」の結合が多く、そのため小作争議などの政治活動においても弊害が目につく結果になっている。

「農民が平時の教練を積まず、且つ古風の統一に馴れ過ぎて居た結果は、此の如く容易にその多数の力を他に利用せられることになるのであつた。此弊は尚今日の平和な政治一揆にも及んで居る。人は多数の勝利を歓呼する際に、屢々当初の目的の移り変つて居ることをさへ忘れて居た。盲従雷同を統制と解して、往々にして少数幹部の私を遂げしむる例さへあつた(20)」。

農民は「親方組織」の服従保護に基づく上下関係の結合に慣れているため、小作争議等の政治的団結においても、少数幹部の利益獲得に利用される結果となっている。農民の長期にわたる慣習＝「親方組織」が「共同団結」の原理実現を阻む要因となり、組合活動に弊害を及ぼしていると認識していた。

さらに諸組合が国家の保護を受けている点を問題視している。農村における青年団、小作人組合等数々の組合の成立に関し、明治政府が封建時代の自治への理解を欠き上意下達式の組合を育成したことにより、「組合が具へてゐた共同団結の自治力を、薄弱にしてしまつた」[21]。「共同団結」による「自力救済」を実現するはずの農村の組合は、古来の民俗慣行「親方」制度に慣れた人々の心性と、組合の伝統を顧慮しない国家による強制的な組織化によって、本来発揮すべき力を実現できていないとしていた。

そこで組合が理論上の力を発揮する方法について、柳田は「現在は寧ろ多くの無意味なる団結を抑制して、個人を一旦は自由なものにする」政策を提唱している[22]。同じく自由実現を論じていた吉野と比較すると、柳田の場合は「団結」のための自由を提唱している点が特徴である。

民俗慣行における個人意識

このような個人解放の提唱と並行して、柳田は民俗慣行における個人意識の発達の痕跡を探ろうとしていた。「食物と心臓」（一九三二年一月）では、「日本人の個人意識が発育して、やつと此頃の程度まで来るだけにも、既に莫大の難行苦行があつた」と、日本における「個人意識」発達には困難があったとしながら、次のように指摘している。

「それが理論だけにもせよ、個々の霊魂の平等の価値を認め、その思ひ〳〵の展開を当然と解する様になつたのは、必ずしも外部文化の接触といふ如き一朝の変化では無かつた。内に萌す所は既に久しかつたのである」[23]。

日本人のなかにすでに個人を尊重する意識が芽生えていたために、ヨーロッパ由来の個人の価値の尊重や個性を承認するという個人主義の思想を受け入れることができたとする。そして「其根源を遡つて究めることはまだ難いが、少なくとも其過程は、「餅」といふ僅か一種の食物に於ても、之を跡付けることが出来るのである」と、正月の餅に関する風習を例に挙げる。そして正月に餅を一人ずつ配り、家内の設備にもめいめい供える「身の上餅」や「年の餅」と称される風習を、次のように解釈する。

「単なる祝の日の共同の食物としてゞなく、是が神様先祖様は申すに及ばず、二親舅親契約親を初め、特に敬意を捧ぐべき人々の前に据ゑられ、正月になると囲炉裏の鉤、臼鉈苧桶鍬鎌その他の農具から、牛馬犬猫鼠にまでそれ〴〵の餅を供へ、大小精粗の差こそはあれ、門に来て立つ物もらひにまで、与ふべき餅が用意せられてあつたといふことは、大げさな語で言へば人格の承認、即ち彼等も亦活き且つ養はれなければならぬといふ法則の徹底だとも言ひ得る(24)」。

各人に分配された餅は各人で自由に処分できるという点を捉え、この風習の根源には各人の「人格の承認」があるとした。この風習が個人意識の萌芽をしめすものとしたのは柳田独自の見解である。現在の民俗学では家族の絆の強化、あるいは儀礼の社会化という機能から捉えられている(25)。ここには柳田の「民俗」に対する価値観が表れている。「共同団結の自治」の基礎となる個人意識の発達を民俗慣行に見出すことで、それが日本社会に内在していることを証明しようとする意図があるのではないか。なお、戦後になるとこの風習を「個人所有権の始め」と明示していることを付け加えておきたい(26)。

以上をまとめてみると、普選の実現ならびに産業組合は、個人の主体的な判断に基づく団結という、国家に対して自立的な共同体の確立を促進するものとされていた。しかし現実には未熟な個人主義に起因する「親方制度」が社会慣習として根付いているために、「共同団結の自治」は実現されていなかった。そこで柳田は社会における個人の自由の実現を提唱し、「年の餅」の風習を例に挙げて個人主義の萌芽が日本社会内部に存在していることを明らかにしようと試みていたのであった。

3　口語教育による「民主主義」育成

国語教育と社会不安

本節では、柳田が国語論を通じ、農村青年の現状や社会状況をどのように認識していたのかを明らかにする。また農村青年の新傾向に対する柳田の認識を検討し、一九三〇年代の農村社会に対する柳田の課題を明らかにする。

柳田は国語教育と社会との関係について、次の三点にわたり論じている。第一に、一九三〇年代の「社会不安」の増大と国語教育の失敗を関連づけている。「今日の郷土研究」（一九三四年五月）において、次のように論じる。

「根本に於て言語教育国語教育の理想を、理解解釈のみに置いて、満足なる表現といふことに置かなかつたならば、その表現の圧へられ閉塞せられたものが、何処かに爆発せずには居られなくなるのである。意外な断定のやうに思はれるかも知れぬが、今日の社会不安の基礎には国語教育の失敗が横つて居るといへるのである[27]」。

いわゆる標準語を基準に、その理解と解釈を国民に強制し方言による表現を駆逐する中央集権的な国語教育は、地域の人々の表現活動を圧迫する。そして閉塞させられた表現が別の方法で「爆発」する危険性がある。それが現状の「社会不安」の基礎だとする。「社会不安」の具体的な内容を柳田は明示していないが、当時、農村では深刻な小作争議が頻発し、一九三二年には農村青年が参加したテロ事件（五・一五事件）が起こっている。農村青年たちが自らの意思や判断を言論で表現することなく、社会に対する実力行使によって達成しようとする傾向を、国語教育の失敗に起因するとみていたと推察される。

第二に、国語教育の失敗により、農村青年は二つの「階級」に分かれていることを指摘している。標準語＝「よそ行きにしか使はぬ語」を強制した結果、新語を模倣し「心にも無いことを口にする者」と、標準語を否定し「土語」を守る「素朴正直なる人々」との二階級である。そして「平等なる日本人の間に口の利ける者と利けない者との二階級を作つて、実際の政治は今もなほ寡頭政治である」とした(28)。

柳田によれば、新語を模倣するいわゆる「口真似」階級とは、マルクス主義思想を奉じる青年、他者を威圧するために言論を駆使する村会議員を指している。前者に関しては、階級闘争史観などのマルクス主義の思想は日本社会には適合しないとの柳田の認識が背景にある。柳田によれば、日本では富者と貧者の関係は歴史上変転しているために、「一つの民族の大きな団りとして、内輪では喧嘩しつゝも、共々に成長して行くの他に無い」としていた(29)。民族の分裂を招く階級闘争は、社会改革の方法として日本に合わないとし、「口真似」階級を今後の社会の担い手とすることに否定的だった。

柳田が農村の多数派と見ていたのは「土語」を守る階級である。彼らは自らに正直でありながら公の場では寡黙になる傾向があった(30)。自身の考えや思いとは切り離された内容を表現する階級と、自身を認識していながら公の場で寡黙な階級、いずれも公の場で自らの正直な意思を表明することがなく、農村の真の意見が政治に反映しない。結局は少数者中心の「寡頭政治」の横行を招いているとする。なぜなら多数の公的な判断や意見が集約され政治に反映されることが、柳田いうところの「民主主義」政治だからである(31)。「標準語」教授を中心とする国語教育により、各人の発する思いや考えを集積する「民主主義」が妨げられていると認識していた。

また、柳田の分類に従えば、農村社会に一九二〇年代以降出現したとされる「自らの言葉で主張する力をもった新しいタイプの農村青年(32)」とは「口真似」青年となり、戦後の民主的社会の形成には遠い存在ということになる。

柳田からみると農村青年の将来は危機的状況にあった。

第三に、農村で伝統的に使用されてきた暗記中心の「晴言葉」と「標準語」の間には共通点があり、「晴言葉」を媒介として「標準語」を受容したことの問題点を指摘している。農村の「晴言葉」について次のように論じる。

「村では以前から口上には因習で定まつたものがあり、それも若い頃に何度か親主人より口写しに教へられて、暗記を詮として居た故に、其惰性が今も残つて居る。殊に演説などゝいふものが新たに行はれて、人の是を視ること説教軍談の如くであつた結果は、晴の物言ひは音響が大事で、いふことは必ずしも自分の常の心の中で無くてもよいといふ考へが、可なり今は蔓《はびこ》つて居るらしい。しかうして標準語の普及運動は、不幸にもちやうど是と時を同じうしたのである(33)」。

もともと暗記中心の「口上」という風習に加え、維新以来説教や軍談などの「演説」が各地に行われるようになったことで、公の場で表明する「晴言葉」は心の内の考えとは無関係との認識が広まったとする。「晴言葉」に対すると同じ態度で「標準語」を受け入れたとするのである。その結果「今日の地方青年」が「自分たちのいはんとするものなるか否かを二の次にし、強ひて内外の不一致を指摘すれば、片意地に自己の表情を前言に殉じようとする者が出来たのは、実はこの代用の不精確に基づいて居る」とする。自身の内面と無関係な主義主張に自分を合わせようとする青年の現状は、伝統的な暗記中心の「晴言葉」と「標準語」が合致したためにもたらされたとするのである。

以上のように、柳田は「晴言葉」としての「標準語」受容により、「民主主義」の形成が妨げられているとしていた。柳田における「民主主義」とは、各人の心の内を表明し集積することで政治の方向を決定する政治であり、

「共同団結の自治」の延長上に存在する。「民主主義」が実現しないためにテロや小作争議などの「社会不安」が増大しているとみていた。そして農村青年のマルクス主義受容や活発にみえる言論もこの延長上にあるとし、その将来に深刻な危機感をもっていたといえよう。

口語教育の重視

こうした農村青年の言論の危機的状況のなかで、柳田は内面に正直で寡黙な多数の農村青年たちに期待をよせ、その内面を言論として公にするための方法を国語教育の目標におく。それは方言を含む口頭表現を重視する教育の提唱である。

「言葉と云ふのは即ち物云ふ言葉であつて、文章は其の言葉の影であり、演説も同様其の写影《うつし》である。従つて国語教育の骨子は、物言ひにおくべきである。そして其の物言ひには地方的の差があるから、其の差を認めなければならない。是が方言であつて、言語の此の地方的事実にもつと目を著けるならば、国語教育は確かに改良されると思ふ(34)」。

柳田は「物言ひ」である口頭言語を国語教育の中心とし、その地方的な差異すなわち方言を重視すべきだという。そして「口真似」をするだけの農村の青年にならぬよう「言語を大切にし、自分の心に有るものを忠実に表はす様にさせる事を国語教育の第一要諦としなければならない」としている(35)。国語教育の骨子は、心の内を表現する口頭言語に置くべきだとしている。

一方、方言とは、「通弁を要する知らぬ語」でそれぞれが独立した言語であるとする。そして「新語の需要は本来は内に在つた。人の本性に在り、もしくは社会の進みの中に在つた」とするように、方言には人間の心の内から発せられる「新語」が含まれている点が重要である[36]。方言は地域社会に生きる人々の内面的需要により成立する言語であるために、「民主主義」育成を目指す柳田にとって重視すべきものだった。

次に柳田は国語教育の具体的な方法において、口頭言語における「晴言葉」という伝統を断ち切るための提言を五点にわたり行っている。第一に「わからぬことをわからぬと言ひ切る勇気」を養うこと、第二に言葉には「単に聴いてだけ置くものと、自分でもそれを口にするものと二通りあること」を知らせること、第三に「毎日の言葉」を「すなほに言ふこと」を教えること、第四に「用語は自分でよく選ぶべきものだといふこと」を教え「取捨の能力」を与えること、第五に「めい〳〵で入用な言葉を造る風」を盛んにすることである。この方法を実践することで、各地方の言語が自主的に取捨選択を繰り返しながら統一され、共通言語としての日本の「標準語」が完成するとした[37]。

以上のように柳田が提唱する国語教育とは、「民主主義」形成を妨げている「晴言葉」等の口頭言語の伝統を断ち切り、方言を中心に心の内を表現する青年を増加させることで現状の「社会不安」を言語化し「民主主義」政治を実現する方策であった。その観点からすると、受け継ぐべき「民俗」とは各地方の方言であり、断ち切るべきは「晴言葉」となる。「共同団結の自治」の延長上にある「民主主義」実現の意図がその価値観を支えていたと推測されよう。

4　大政翼賛会と柳田民俗学

大政翼賛会と民間伝承の会

本節では、大政翼賛会の各委員会での議論や報告書の内容と柳田民俗学との関係を明らかにする。一九四一年に発足した大政翼賛会は委員会ごとに検討テーマがあり、「国体の根本義」「国民士気昂揚」等の検討を行った第一委員会、「銃後国民生活の刷新及び安定」について検討した第四委員会で、民俗学に関わる農村文化振興の問題が取り上げられた。

第一委員会の会議では、神社や郷土文化復活の問題が取り上げられている。同年七月の第一回会議で田中万逸（衆議院議員）は一八九七年の神社併合以来地方における敬神崇祖の念は非常に薄くなったとし、その復旧の必要を述べている。また、日中戦争後信仰は復活するものの、旧神社の跡地に参集しているという大阪府の事例を挙げている(38)。これに対し神祇院の高田事務官（第二回会議）は、合祀が不適当な地域は実情調査し復旧する方針だと回答している(39)。

会議では、柳田と交流のある慶應義塾大学教授の松本信広（民族学者）が、「国民ノ集団的娯楽（郷土舞踊、民謡、祭ノ行事、村芝居、各種競技等）ヲ歴史的、民俗的ニ調査」する件について、柳田への協力要請の必要性を次のように発言した。

「民族学《ママ》ノ専門ニハ柳田国男サンアタリガ随分調べテ居ラレマスガ、ア、云フ郷土研究ナドト連絡ヲ致シマシテ、郷土的ノ娯楽ノ復活ト云フコトハ、余程考フベキコトデハナイカト思ヒマス」(40)。

国民の集団的娯楽を柳田らが調査していることを踏まえ、連絡を取って郷土的娯楽を復活すべきことを提言している。さらに「生活、食物」の調査を柳田に依頼することが決まると、「翼賛会デ調査ナドニツイテ御援助下サルコトモヨイト思ヒマス」と資金援助の要請を発言した。また、松本は日本の神社の祭りは日本的な感情を養成するものだとし、その復活を主張した(41)。

この松本の提案は実施されている。柳田主宰の民間伝承の会会誌『民間伝承』（一九四一年九月号）には、「大政翼賛会の委託により食習調査開始」との記事が同年八月三一日付で掲載された。記事によれば「本会はかねて大政翼賛会の希望のもとに、昨冬以来これの調査準備に着手し、先般食習採集手帖を刊行して既に同志の調査事業への参加を望んで来たのであります」とある(42)。『民間伝承』をさかのぼると、大政翼賛会発足後の一九四〇年一一月、木曜会で「新体制と民俗学の使命」について談話したとの記載がある(43)。翌月の木曜会にも「大政翼賛会の深水正策氏など参加」により「時局下に於ける民俗学の役割をめぐる種々の問題につき懇談」の記載がある(44)。四一年一月には「大政翼賛会の山室文子氏来会、婦人国民服について意見交換あり」との記事、二月には「磐城民俗研究会」で「食制、両墓制、氏神の調査」実施、「食制だけにしても、この時局柄更にもつと明かにしたい」との感想が記されている(45)。このように大政翼賛会発足当初から民間伝承の会は民俗調査で協力しており、そのことが委員会での松本の発言に表れ、食習調査の実施にいたったといえよう。

木曜会メンバー（成城大学民俗学研究所蔵）
前列右端が柳田。

また、第四委員会報告「十一、国民生活に関する中枢行政機構整備に関する件」（一九四二年七月）に、氏神信仰に関わる以下の記述がある。

「九　農村文化の振興／（例）（イ）農村倶楽部及び簡易図書館の設置／（ロ）農村行事の共同化（一）氏神の祭礼を厳修すること。／（二）新穀祭を氏神に於いて行ふこと。／（三）雛祭、節句等従来家庭内に於ける子供の行事はこれを部落祭として婦人会の手に依つて行ふこと。／（四）農具祭を振興し農具尊重の精神を普及すること。／（五）盆会其の他の法要は部落会之を主催し、展墓はこれを各家庭に於いて厳行すること」[46]。

第四委員会の会議速記録では、氏神信仰を論じてはいないものの、広瀬久忠（前厚生大臣、第一小委員長代理）が農村における娯楽の必要性や「農村精神ノ昂揚」を食糧増産政策のための課題として挙げていた[47]。

また、大政翼賛会は翌年九月に改組され、新たに調査会等が結成された。第八委員会の「協同生活ノ範囲ト其実行方策ニ関スル報告書」には、「氏神ト氏子」という項目がある。それによれば、氏神や産土神への信仰を中心に氏子が「互ニ親睦、団結、協力シテ以テ郷土ニ力ヲ尽シ、国家ニ奉仕スル」美風の重要性を述べ、都市民の協同生活にも「氏神中心ノ教化指導」を行うべきことを主張している[48]。

さらに「翼賛文化体制の建設」を掲げた第五委員会の政府への報告書「戦時生活文化に関する報告書」（一九四三年八月）には、「生活増強上農村ニ対シテ実施スベキ文化上ノ措置施設」として新聞、ラジオ、映画等の「近代的文化ノ利用」に加え、「農村古来ノ芸能ノ復活」、「農村ノ祭事、行事等ノ奨励」が掲げられていた。とくに祭事については、「農事ニ関スル祭事、祝事ヲ初メ、農民ノ情操ヲ豊カニ培フ伝統的年中行事」の奨励が挙げられている[49]。

以上のように、大政翼賛会各委員会において戦時下の農村の生産力を増強する方策として、氏神を中心とする共同体の機能の強化と古来の民俗行事の復活奨励が掲げられていた。

民間伝承の会はこれに呼応し、一九四一年一〇月二五日の木曜会で「橋浦〔泰雄〕・今井〔善一郎〕・瀬川〔清子〕・関〔敬吾〕・宮本〔常一〕・和歌森〔太郎〕諸氏から産土様・氏神・鎮守様に就いて諸報告あり先生〔柳田〕の論考があり此問題を今後共同課題として報告を集め究明することを申し合わせた〔カッコ内は引用者注〕」。(50)『民間伝承』「編集後記」（一九四二年三月号）には、「現下の社会状勢に於て日本民俗学の活動を期待するの声が益々高くなつて来ました〔。〕民俗学研究がこれまでなした業績を十分に発揮すべき秋であることを、痛感します」とある。(51)同年五月号には「現在特に報告を得たきもの」として衣食住、民間療法、氏神信仰が掲げられている。「日本民俗学研究は大なる躍進を遂げようとしてゐる」で始まる関敬吾の巻頭言は、「信仰現象」に関する研究の必要を指摘している。同会の氏神信仰研究は、大政翼賛会からの要請に応じる側面があった。(52)

柳田の「家」・氏神信仰意見

では柳田はどのような意見をもってこの要請に対応していたのだろうか。まず、柳田が大政翼賛会で表明した内容について検討する。一九四三年九月に改組された第五委員会第一小委員会では、「家」の解体危機への対策を検討し、柳田等を招き意見聴取を行っている。委員会では明治民法が規定した「家」（強い戸主権、妻に対する夫の優越、長男単独相続の原則）解体の危機に対し、末弘厳太郎や穂積重遠、難波田春夫など各分野の専門家から意見を聴取した。(53)柳田は第一小委員会第五回会議で次のように発言している。

「「氏」（家）ヲ破壊シタル主タル系因ニ人間ノ移住シ延イテハ婚姻制度ノ変遷ニ在ル歴史的事実ニ関シ詳細ナル説明アリ。現在ノ「家」ヲ日本古来ノ「家」（氏）ノ形態ニ復古スルコトノ可、不可ヲ軽々ニ論ズルコトハ甚ダ危険ナコトデアリ、現在ノ「家」ノ形態ニ変ツテ来タノニハ社会的必然性モアリ、時代ノ大キナ流レモ影響シテヰルコトデアルカラ「氏」（家）ノ変遷ノ歴史ヲ精査スルコトガ、現在ノ「家」ヲ反省シ、将来ノ「家」ヲ確立シ得ル基本デアルト考ヘル」[54]。

柳田は「家」が破壊された原因は人の移動と婚姻制度変化などの社会的必然性に基づくとし、その歴史的変遷を精査する必要を述べ、「家」の強制的な復古に対し他の論者とともに否定的な立場をとっている。

一方、同年八月に公表された報告「「家」に関する調査報告書」では、家を中心とする祭祀行事の復活が掲げられ、祖先祭祀の励行、冠婚葬祭行事の励行、子女中心の行事の復活などにより「「家」本来ノ精神的内面的価値ヲ昂揚スル」ことがその目的とされていた[55]。柳田らの意見は報告書に反映していない。

また、柳田は同年六月から八月にかけて三回「氏子委員会」に出席した。この委員会の資料は不明ながら、自身の発言を「敬神と祈願」で語っている。それによれば、委員会は「神社信仰の振作に関する委員会」だった。柳田は神道政策として「今少し信仰の自然の展開を期すべきであり、それには小さな端々の多数神社の実状が、無視せられ過ぎる」ことが言いたかったとし、次の二点を挙げたという。

「その一つは祭の奉仕者を、現実に神を信じて居る者の中から選ばしめること、十社十五社兼摂といふ類の社司社掌しか得られぬやうな場合には、寧ろ氏子をして自らを祭らしめるやうな便法を供与することを主張したが、之に対しては、それでは官祭の趣旨が立たなくなるから、少なくとも町村に一人づゝの任命司祭者は置くべきだと、いつたやうな制限説が出た。第二には露地で祭を行ふ祭式を制定して、資力の乏しい最小の神社でも、信仰さへ強ければ祈願の続けられるやうな、新らしい便宜を与へること、たゞ建築物を目安にして祭の式を定めたのは、古い思想にも反するのみか、土地の要望にも合はぬといふことを主張したのだが、是には賛成をした人は誰も無かつた」[56]。

柳田が提案したのは、祭の奉仕者を官職の神官ではなく氏子のなかから選ばせることと、建築資金の必要な建物を不要とし祭式を簡素化することであり、それは古来の民俗慣習上妥当だということである。無格社以下の神社存続のための運営の方策を論じた柳田に対し、委員会内は条件付き賛成か、反対という反応であった。

以上の二例によれば、大政翼賛会の委員会で「家」や氏神信仰に関し表明した柳田の意見は、「家」の強制的な復活や無格社以下を切り捨てようとする政府側の意向と反するものであり、委員会に採択されることはなかった。

一九四〇年代の「氏神信仰」論

次に柳田が一九四〇年代に論じた「氏神信仰」論について検討する。まず柳田自身の氏神信仰の研究動機について検討する。座談会「民族信仰の問題」（『日本評論』一九四三年一月号）で柳田は、「今度の戦争には大多数の者が氏神様のお守りがあるといつた気持ちを以て戦つてをります。兎に角いよ〳〵出征する時に、氏神様にお詣りしない人は殆どないでせうからね。」と指摘し、戦時下氏神信仰が都市部で高まっていることを「可成り大きい問題」とした[57]。戦場における神の加護を期待し、都市部でも氏神信仰の問題が浮上してきたことに注目している。都市部における無格社の隆盛や氏子思想の変化など、氏神信仰が変容するなかで、兵士の大部分の供給場所であり、かつ「元の信仰」を保持している農村信仰を調査することが重要だとする。そして農村部については、「神様に対する信仰は戦争はじまつて以来めざめて来てゐると思ふ。生きてゐると見てよい」と指摘する。そして次のように述べている。

「この信仰が生きてゐるならば日本には軍神に続いていくらでも喜んで死んで行く人が出て来るであらう。今は不安の時期である。この吾々の底知れない不安を幾分なりとも慰めるためにもなるであらう。この仕事は実に弾丸作り、弾丸みがきと同じく銃後後援の仕事である。その考へ方生き方は新らしく展開すると考へねばならぬ。その展開をする為には、新たなる道をひらいてやらねばならぬが指導者は少い(58)」。

文章の前半部分では、氏神調査を兵士が信仰を後ろ盾に「喜んで」戦死するための銃後後援としている。それは疎開児童を「勇士烈士」とするよう地元女性に協力をもとめた「特攻精神をはぐくむ者」（一九四五年三月）と同じ論理である(59)。しかし、その次の部分では、そうした考え方や生き方に「新たなる道」をひらく必要があり、そのための指導者が必要であるとする。柳田の氏神信仰研究には、戦闘中の加護を期待しての信仰の高揚という氏神信仰の変容に対し、農村における本来的な信仰を解明し、戦時下の軍神信仰とは異なる新たな生き方を示すことが含意されていた。

では、柳田が解明しようとした氏神信仰の本来的なありようや新たな生き方とはいかなるものか。一九四〇年前後から敗戦にかけて展開される柳田の「氏神信仰」像の特徴は五点ある。一点目は、それが本来「家」の神であったとしていることである。「おしら神と執り物(60)」では、かつて論じた民間のおしら神信仰の問題を再び取り上げ、おしら神信仰の各地域における多様な展開を踏まえつつ、東北に古来の信仰の痕跡が残されていると指摘する。その古来の信仰の形態とは次のようなものである。「私は、家が神を祭る主体であつた時代が、曾ては有つたものと思つて居るのである」。次に「今日の所謂年中行事は、たとへ人間だけの為のものに今はなつて居ても、本来は家の神の祭の為に定められたもの」だとする。そして「家の祭であるからには祭主は多分主婦であつたらう」としている(61)。各地で多様に展開する民間信仰の原型とは「家」中心の信仰であり、年中行事はそのために存在すること、祭主は主婦だったとしている。また「日本の母性」（一九四二年）では、そうした「家」を守り歴史をつなげる「主婦」の活動が「西洋はおろかのこと、支那にもあまり例をみない特色」だとする。[62]

二点目は、「家」の神の信仰は世界宗教と相似していることが指摘されていることである。柳田は氏神について「吾々の神様は吾々に対して深い愛情をもつてゐて下さるのである」とし、「この点から言へばキリストの愛に似てゐる。キリストの場合は四方八方からすがるのであるが日本のは各人の信じる神である」と指摘している。[63] 神と人とが愛によってつながる関係はキリスト教と同じながら、日本の場合は各自の神を信仰しているとする。

三点目は、信仰そのものは「家」ごとに単一ながら地域によって様々な形式をもっており、「国教化」は不可としている点である。柳田はその理由として信仰の土台が各地域で異なることを挙げ、「今では国の制度として、自分の神様を祀らせるといふ制度を認めることは出来ますが、それは国教といふことと違ふ。皇室から万民が同じに祀る、信仰するといふことは、それは出来ないことです」と発言している。[64] つまり、一つの共同体における神は単一であるとの共通性をもつが、それらは各地域において様々な形をもっており皇室神道を中心に一元化することはできないとしている。

四点目に、「祖神」とは時代を経ても単一性を保持している神である。死後魂は一定の期間を経て代々の祖霊と「融合」する。それは子孫の願いが「我神を大きく力強く荘厳にすること」であり、また始祖となる一人の人物だけでなく家の代々の主の「集合協力を認めることが、殊に其恩沢慈愛を心強く感ぜしめた」ためであるという。[65] そして「如何ほど土地人民と因みの薄い外の神が入つてござつても、其為に前からあつた氏神としての機能は、少しでも縮小しては居りません」、つまり「中央の大神の御分霊」となっても「氏神」への信仰は存続する。これは「日本の神様に限つての」考え方だとする。[66] 個体名を捨てて融合することにより、時代を経れば祀るべき祖先の数は多くなっていくにもかかわらず、神の単一性が確保され、神社が合併されても人々の信仰対象に変化はないとするのである。

そのため「八百万の神」という概念は、国家の神観念であるとする。「氏神様と教育者」では、「八十万又は八百万とさへ唱へた神の数は国家のもので、個々の人民から見れば祭る神は定まつて居り、従つて郷社とか神の森とか、神主とかいふものは、各自に一定したものが有つたのではないか」と、多神教のイメージは国家祭祀としての特徴で「固有信仰」とは異なるとしている(67)。『日本の祭』（一九四三年）では、「我々日本人の固有信仰は、昔から今に一貫して、他には似たる例を見出さぬほど、単純で潔白で又私の無いものであつた」とする。神の名前は多様であっても村の神は単一で郷土の信仰の中心だったのであり、国家の神観念とは異なるとしていた(68)。

五点目に、氏神信仰の公共的な性格についての指摘である。『日本の祭』で柳田は、氏神の祭を「群の公共の祈願」を行事として形象化した祭であるとしている。「我々の祭が、常に公共の福祉を目的とした、純一無私のものであつたればこそ、総国敬神の念は期せずして是に集注したのだとも言へるのである」と、祭が私心なき「公共」への奉仕に基づいていると主張している(69)。

このように柳田は一九四〇年代以降、民間の氏神信仰における神とは、本来単一の「家」の神であるとし、主婦が中心的役割を担うものとした。この信仰は日本固有のものであるとする一方、氏神と氏子の関係は、キリスト教の神と人間との関係と同じく普遍性をもつとした。その形式には地域的多様性があり国家による統一は不可能であること、「八百万の神」という国家の神観念とは異なること、祈願の内容は個人的なものではなく「公共の祈願」が本旨であるとした。氏神信仰が本来は「家」の祭祀であり、公共性をもつことは、家の解体危機や農村の協同作業に対応する氏神信仰である点で時局の要請に応える側面があったといえる。ただし、主婦を祭主としている点で家長中心の「家」復活を否定している。また、国家による統一を不可とし、また国家の神観念と異なる点を論じている点は、川田稔が指摘しているように国家神道に対する異質性を指摘したものである。

大政翼賛会に呼応し食習調査や氏神信仰研究を実施することによって、柳田主宰の民間伝承の会は隆盛期を迎えることに成功した。ただし柳田自身の意見表明や解明した氏神信仰の内容はそうした要請に必ずしも沿う内容ではなかった。そして解明された氏神信仰の内容は、従来から一貫している地域多様性や核となる母子神の普遍性に加え、各々にとっての神の単一性と、祈願の公共的性格を明らかにすることで、「八百万の神」観念や戦時下の私的祈願中心の信仰隆盛の傾向に対峙するものであった。

5　無格社整理問題に対する筧克彦意見と柳田

無格社整理への反対意見

一九四〇年設置された神祇院では、無格社をどのように整理するかが取り組むべき課題の一つであった。無格社とは政府の公認神社のうち府県社、郷村社などの社格のついていない神社のことで、公認神社総数の過半数を占めた。この無格社をどのように整理するかは、神社をどのようなものと認識するかに関わる。藤本頼生は、神社制度調査会の審議の過程で河野省三（国学院大学長）や高山昇（神社制度調査会特別委員）らの意見が重視され、「国家ノ宗祀」の基準に合わない無格社を統廃合する要綱が作成される過程を明らかにしている。ただ戦局の悪化等の要因で実施されることはなかったとされる(70)。

本節で注目したいのは、神社制度調査会の議事録にある無格社整理に対する反対意見である。無格社問題が本格的に審議された第八二回特別委員会（一九四一年九月三〇日）から第八九回（一九四二年七月一六日）までの間、無格社整理について反対し続けたのは元東京帝国大学法学部教授筧克彦だった(71)。

そこでまず筧克彦の反対論を、次の二つの観点から検討する。一つ目は無格社の祭神について、二つ目は無格社の信仰の性質についてである。

まず一つ目の祭神について、第八三回特別委員会（一九四一年一〇月二一日）の宮村才一郎幹事の調査報告によれば、無格社の祭神には龍蛇信仰、仏教、外来信仰、俗信仰、逆臣、外国人などがある。行政側はこれらを「穏便ノ方法」により「漸次直シテ参リタイ」としていた。「国家ノ宗祀」にふさわしいのは、「古典ノ中ニ見エテ居ル神様、天神、地祇、国家ニ御功労功績ノアツタ神様、普通ノ御祭神」と認識していたからである。(72)

これに対し筧は、「帝国ノ神祇」とは特異な祭神も「実ハ我々ノ系統ノ中ニ入ツテシマフデハナイカ」とし、「サウ云フ御祭神ノコトニハ余リ行政上カラシテ手ヲ御著ケニナラヌ方ガ無格社ニ付イテモ好イデハナイカト云フヤウナマア考ガ致シマス」と述べている。つまり「帝国ノ神祇」には、国家に功績ある神だけでなく特異な祭神を含んでいるとし、行政が祭神の変更をする必要はないとしている。「無格社ト云フモノハ是ガ一番大事ナモノト私ハ始終思ツテ居ル」とし、その理由は「人民ノ信仰ノ中カラ出テ来タ」神社だからである。(73)そして無格社の信仰を整理せずに成長させていく方策を取るべきだと主張した。「帝国ノ神祇」とは人民の信仰を基礎にすえるべきものであり、その自発的かつ私的な信仰を含む無格社を温存し、国家の宗教へと高めていくことを提唱していた。

そして二つ目に、無格社の信仰は公の性格をもつことを主張した。「人民ガ親身ニ神様ヲ御拝ミシテ居ル、銘々ガ神様ヲ御祭リシテ居ルノデ、互ニ手ヲ打ツテ拝ム、サウ云フコトガ公デナイト仰セニナルノデスカ」と述べる。(74)いわゆる「私祭神祠」とされる神社の祭も公祭の性格をもっているとし、その取締りに反対した。筧は無格社整理要綱が決定した「第十三回総会」でも「無格社デアレバ、イカナル無格社デアツテモ公ノモノデアリマス」と主張していた。(75)

筧の意見に賛同を示したのは東京帝国大学教授で神道史学者の宮地直一である。宮地は「私ノ考デハ数多クノ無格社ガ聴《やが》テ敬神観念ノ基礎デアリマスカラ、之ヲ無クシテシマフト云フコトハ敬神観念ノ動揺ニナルト思ヒマスノデ面白クナイト思フ」と「敬神観念」の基礎となるべき無格社の整理に反対した。宮地は為政者が神社合併をしても民間の信仰は元に戻るという歴史的事情も指摘している。[76]また、「私祭神祠」の整理が問題になった際に、「私ハ国民崇拝ノ実況ニ徴シ神社ノ起リハ是ハ私祭神祠ダト思ツテ居ル」とし、取締りでなく助長培養の方針が必要だと主張した。[77]宮地は筧と異なり、神社が最初「私祭」から始まり、「公祭」に至るとしていたが、強制的な合併や整理は無効という点では一致していた。

これに対し会議を先導した高山昇は、「信仰ヲ人民ガ勝手ニヤルト飛ンデモナイ間違ガ起ツテ来ルト云フコトヲヒシト私ハ感ジタモノデアルノデアリマス」と反対し、大東亜共栄圏に神社を拡大するために形式を整える必要があるとした。[78]会議は高山のいう「国家ノ宗祀」に合わない無格社を行政指導により整理する方向に進んでいき、宮地も最終的に賛同した。最後まで反対したのは筧一人である。

最終的に決定した「無格社整備ニ関スル要綱」では、無格社をなくし、全ての神社を村社以上とすること、「帝国ノ神祇」に不適当な祭神の変更、氏子数、祭祀の執行者不在など一定の規模を満たさない無格社を整理すること、「私祭神祠」等と神社の「混淆」を防ぐためその取締規定を設けることが方針となった。[79]

筧が無格社整理問題のなかで論じたのは、神道とは人民の自発的かつ地域に根差した信仰を基礎とし、それを統一するのが国家神道という認識であった。また、無格社の信仰は私的祭祀ではなく本来公的なものであるとした。

この主張は、明治憲法との抵触を避けるために神社は宗教ではないとする内務省および神祇院の建前論と対立するものである。また、国民の自発的な信仰を積み上げて国家神道を形成すべきだという議論が神社関係者のなかで少数派だったことを示している。

神祇政策への柳田意見

次に柳田の場合国家の神祇政策をどのように論じていたのかを、日本の祭祀について論じている『日本の祭』（一九四三年）、「祭と司祭者」（一九四三年六月）および「敬神と祈願」（一九四四年一〇月）により検討する。『日本の祭』においては、歴史的な変遷のなかで「固有信仰」が本来持っていた「公共」的性格や地域の連帯が失われつつあるとした上で、政府の神社参拝強要の影響について述べている。「たとへ触穢があり鳥居をくゞることの許されぬやうな者でも、立ち止つて帽を取り拝をして行かぬと、彼奴非礼」ということになった結果「信心と敬神」の混同が行われたとしている(80)。本来はその神社の氏子だけが行うべき参拝を、それ以外の者が行うことで、神への信仰と他神への尊敬が混同してしまったとする。先の「民族信仰の問題」座談会でも、神社参拝強制に対し「これでは多神教にしてしまふ虞《おそれ》がある」と率直に危惧を表明していた(81)。国家の神社政策により、郷土の連帯を中心とする氏神信仰が崩壊の危機にあるとしていた。

「祭と司祭者」は、神祇院より依頼された明治神宮社務所の神職講習会講演の内容である。柳田が日本の神祇政策として問題としているのは次の点である。

「国固有の神道が、制度として統一せられて居ると言へるのは、単に無格社以上の神社の祭だけであつて、人の信仰の現在の如く複雑し、又抵触しやすい状態に在る国は、他ではまだ私は知る所が無い(82)」。

政府公認神社のうち無格社を国民の信仰の基礎とする筧に対し、柳田の場合は政府に公認されていない無格社以外の信仰、「私祭神祠」を問題にする。そして神職たちが「自ら整理」しなければ「なほいつ迄も他の宗教の伝道者たちと、力くらべをして中々勝てない時代が続くであらう。早くさういふ現状を脱出しようといふのが、この非

常時局に当つての、政府の方針であらう」とする。(83)

柳田によれば、国家神道をキリスト教や仏教などの世界宗教と並び立つ国民精神統一の宗教とするのが「政府の方針」であり、そのために「私祭神祠」を整理する必要があるとする。しかし前述したように政府の方針は神社と宗教を切り離し、信教の自由を標榜しつつ国家への尊敬の念を高めるため神社の形式的な整備を行うものである。柳田は自身の神道に対する見解を政府の方針とあえて重ねて論じ、実際には政府と異なる方針と対策を主張する。

その主張の第一は、「私祭神祠」が「よかれ悪しかれそれは日本の信仰である」ということである。(84)神祭りにおいて神事を主宰した家筋である頭屋の制度を取り上げ、「御宮の建築」という「外形に顕はれたもの以上に、神に御仕へ申す精神は別にあつて、それは住民の協力と心からの奉仕」によって成立するもので、「公共団体の生活と並行するものであるとした。

第二に、明治末期の神社整理は「信仰の衰微」を招いたとしている。神社合併により「若干のやゝ祭に冷淡なる住民の数を、増加した」こと、次に神社財産の造成により「信仰を一種の消費行為」としたことを挙げ、各地の「信仰の衰微」を結果したとしている。(85)国民の自発的な信仰を国家神道の基礎とするがゆえの神社整理批判は、筧と通じるものがある。筧の場合は「無格社」を問題にするのに対し、柳田はそれより下位に位置する「私祭神祠」を問題とし、また筧のように批判という形を取らずに自身の見解を述べている。

最後に神祇院の要請により「陳述」した講演録である「敬神と祈願」を検討する。柳田は神道の基本概念である「敬神」政策について論じた。柳田自身は講演内容を「会心の出来」としたが、聴衆にはそれほど響かなかったようだ。(86)「敬神」とは神社の崇敬を通じ皇室に対し忠義を尽くすこと、というのが当時の一般的解釈である。(87)

柳田によれば、「敬神は言はゞ国民それぐ\の信仰の承認」であるという。「如何なる匹夫匹婦の祈願と雖も、各々その心からなる信仰に発する限り、之を軽んじ又は抑圧すること無く、完成せしめることを趣意とせられ、たゞ徐々たる指導と垂範とによつて、国家存立の大目的に合致せしめようとなされたもの」だとする[88]。つまり「敬神」とは皇室への忠義につながるものではなく、国家が国民の自発的な信仰を尊重、承認しその完成に導く政策であるという解釈である。『日本の祭』にも「世界に比類なき神国のマツリゴトの、最も重要なる原則は「承認」であつたと思ふ[89]」とあるように、国家のマツリゴト（宗教政策）の原則は国民の信仰の承認にあるとしている。そして神社合祀をはじめとする国家による信仰介入について、次のように断言している。

「如何なる力を以てするも、信仰無き者に神を祷らしめることは難く、殊に必ず御助け下さるであらうと、神の威徳に頼らしめることはなほ更出来ない。国の必要に応じて或時は祈願せしめ、又或時はたゞ敬神に止めて置かせるといふやうなことは出来ない話で、全く国民の心のおのづからなる動きに待つべきものである[90]」。

国家による信仰や敬神の強制や介入は不可能であるとし、国民の自発的な信仰の働きに任せるほかはないとする。そして政府の試みるべきは、「一つの定まつた型の中へ、はめ込まうといふ是までの方針では無く、寧ろ其反対に信仰が自由に発露する余地を、開き与へることに在る」とする。そして「この千古に絶する一大国難に際会して、もしも神祇院の指導の下に、総国協同の祈願を捧げしめんとならば、その御社は必ず国民各自の氏神でなければならぬ」と断言した[91]。国家の宗教政策の要点は信仰の自由の拡大にあるとし、無格社整理で統廃合の対象となり衰微の危機にある「氏神」信仰こそが、国家神道の基礎であるとした。

以上により、柳田の国家神道ならびに神道政策に対する立場は次の三点となる。第一に、無格社と政府非公認神社という相異はあるものの、国家神道は国民各自の自発的な氏神信仰を基礎にするものであるという認識において、筧克彦の意見と柳田は一致する。第二に、国家の神道政策について、国民の自発的な信仰ならびにその公共的性格が失われる点を批判の要点としていた。第三に、国家に対し要求する神道政策とは、国民各自の自発的で公共的な氏神信仰の承認と信仰の自由の実現であり、この点から無格社および「私祭神祠」の整理取締りに反対した。そして筧の意見と比較すると、政府非公認神社を含む点、信仰の承認と自由の拡大の政策を提唱する点で、より包括的な神社政策の提案であった。ただしその主張は筧のように会議での反対という形式をとっていなかった。この提案が神祇院の政策に反映したかどうかは定かではない。ただ無格社整理も「私祭神祠」取締りも実施されることはなかった。

6 「共同団結の自治」実現のための政策の提唱

本章で明らかにした点は、以下の三点である。第一に、柳田は個人の主体的で公的な判断に基づく「共同団結の自治」の実現可能性という基準に照らして、古来の民俗慣行を評価していたことである。柳田が「弊習」としたのは、「親方制度」と「晴言葉」である。前者は普通選挙制度の運用を阻害し不正を横行させる点で、また、後者は「標準語」の受容方法を決定し「口真似」階級を形成する点から、否定的に評価された。

一方で、個人主義の萌芽となる「年の餅」風習や、「土語」を守り正直で口数の少ない農村青年の発する方言を重視している。とくに後者では心の内を表現する訓練とそのための言語を自主的に取捨選択する口語教育の方法を提唱し、各人の心の内の表明が集積されて政治の方向を決定する「民主主義」の実現を期待していた。

第二に、一九四一年以降大政翼賛会各委員会で農村文化の振興や氏神信仰の強化が論じられると、民間伝承の会はその要請に応じ、食習調査や氏神信仰研究を実施し、学問上隆盛期を迎える。一方、委員会での柳田の意見は、「家」問題、氏神信仰問題のいずれも委員会の報告書に採択されていない。また同時期に解明した氏神信仰の内容は、家父長中心の「家」の復活強化に対し主婦の祭主としての役割を重視し、国家の「八百万の神」観念に対し各々単一で普遍性をもつ神であることを強調、氏神信仰の国家的統一の不可能性を論じ、世間の私的祈願の隆盛に対し共同体の団結のための公的な信仰を主張するものであった。

第三に、神社制度調査会の無格社整理案審議において、唯一反対を表明し続けた筧克彦の意見と柳田は、国家神道は国民の自発的な信仰を基礎にするものであるという認識において共通していることが明らかになった。両者は国民の自発的な信仰ならびに信仰の公共的性格が失われるような神道政策を批判し、神祇院が進めようとしていた無格社整理や「私祭神祠」の取締りを批判した。それに加え柳田は、国民各自の自発的で公共的な氏神信仰の承認と信仰の自由の実現を要求していた。それは政府非公認神社を含む点、信仰の承認と自由の拡大を提唱する点で、筧よりも積極的な宗教政策の提案であった。

一九四五年までの間、時勢に乗じ民俗学を隆盛に導きながら、柳田はその理想とする「共同団結の自治」の政治実現に向け、それに資する「民俗」や教育方法、神道政策を論じ続けていた。その基底には個人の自立した判断の集積としての「自治」を承認するのが国家の政策であるという確信があった。

第七章　吉野作造の「現代」政治史研究
——政治史講義を中心に——

1　「明治文化研究」の再検討

本章では一九一〇年代初頭より積み重ねてきた吉野の「現代」政治史研究を検討し、その研究の全体像を明らかにする。吉野の「現代」政治史研究は、ヨーロッパ政治史、中国革命史、日本憲政史と三つの分野に分かれている。また、明治文化研究開始以降は「現代政治思潮」（一九二九年）、『対支問題』（一九三〇年）など政治論や日中関係論にその研究成果が反映されるなど、その政治思想と関連をもっている。

しかし先行研究では、明治文化研究を吉野の研究のなかでも特に重視してきた。「吉野作造の明治文化研究」を本格的に論じた三谷太一郎は、「大正デモクラシーの明治寡頭政に対する必然性」と「明治寡頭政の自由民権運動に対する必然性」を仮定して出発し、文化の一つとして政治を他の文化との関連で捉えることがその研究の特徴であるとしている。そして「明治文化の形成に及ぼした西洋文化の影響」「明治憲法制定史」「自由民権運動史」の三つのテーマに分けて業績を詳述し、「我国近代史に於ける政治意識の発生」を研究の集大成であり到達点とした。(1)三谷によって明治文化研究は吉野の現代史研究のなかでも、「大正デモクラシー」の歴史的必然性を証明する政治的意義のあるものとされている。またその自由民権運動に対する評価の低さが指摘されている。松本三之介「吉野作造と明治文化研究」は、この認識を基本的に引き継ぎ、明治文化研究を吉野の政治史研究の必然的帰結であり、新しい分野に向かう「一つの重い決断」を伴うものとしている。(2) このように明治文化研究は吉野の政治史研究の一環でありつつ、新分野開拓としてその画期性が指摘されてきた。

さらに鹿野政直は『近代日本の民間学』で、「大正デモクラシー」期の学問の特徴を「民間学」とし吉野中心の明治文化研究会を、在野有志による近代史研究の開拓、民間資料の収集出版等の点から「民間史学」の一つと位置づけた。(3) 明治文化研究は吉野の現代史研究のなかでも特別なものと認められてきたのである。しかも吉野自身の「明治文化の研究に志せし動機」(『選集』一一巻所収)がこの点を助長している。

しかし、吉野作造講義録研究会による『吉野作造政治史講義』(二〇一六年)が公刊されることによって、吉野の東京帝国大学における「現代」政治史講義を系統的に検討することが可能になると同時に、明治文化研究は吉野が大正初期より積み重ねてきた「現代」政治史研究の一環として捉えなおす必要が生じてきた。

そこで本章では、次の四点に注目して検討する。第一に、ヨーロッパ留学より帰国直後の「社会主義」講義以来論じてきた「民本主義」を基調とするヨーロッパ政治史構想の、中国革命史研究、日本政治史研究への影響である。吉野は「民本主義」をヨーロッパ、東アジアに通じる普遍精神として論じていた。政治研究のなかではどのような精神として追求され、「現代」政治史研究にどのような影響を及ぼしているか、検討する。

第二に、吉野の中国革命論の「現代」政治史研究における位置づけである。吉野の中国革命論ならびに日中関係論に関する研究は、「帝国主義」に関わる吉野の政治的立場を測るものとして論じられてきた。そのなかで、三谷が吉野の政治史講義における中国革命史研究を取り上げ、それが「民本主義の理想」によって方向づけられている、としたことは注目される。(4) 本章では、中国研究のなかでも明治文化研究の成果を含む『対支問題』(一九三〇年)を「現代」政治史研究の到達点と捉え、中国研究全体のなかでどのような意味があったのか考察する。

第三に、吉野の研究において自由民権運動に対する評価の厳しさが指摘されてきた点についてである。三谷によればその原因は「大正デモクラシー」の歴史的必然性を証明するためだったとされている。(5) 一方松本によれば、近代政治概念を儒教倫理として受容したという点が、民権思想に対する吉野のきびしい評価に連なっているとする。(6) これらに対し秋山真一は、吉野が一九二七年の『政治史』講義のなかで自由民権運動を自発的な結社の運動体として「文化的、社会的な構造転換の結節点」に位置づけ、「宗教的」であるがゆえに「実りある仕事」をなしえたと評価していることを指摘した。(7) 吉野の自由民権運動論をその政治史構想のなかで再検討する必要がある。

第四に、明治文化研究会の同人である吉野と尾佐竹猛の研究の共通点と相違点についてである。明治文化研究会は在野の明治研究としてひとまとめに捉えられる一方、同じ研究会の尾佐竹猛と藤井甚太郎を、田中彰は「「民本主義」的維新観」（尾佐竹）と「国家主義的維新観」（藤井）とに分類するなどメンバー間の相違が指摘されてきた。(8) また堅田剛は、吉野と尾佐竹の憲政史研究の相違点を論じている。吉野も尾佐竹も共に民権期の秘密出版『西哲夢物語』に注目したが、吉野は「グナイスト氏談話」の解明で終わり、尾佐竹はロエスラー研究によって独自の境地にいたったとしている。(9) 一方、小川原正道は、「万国公法」が国際法ではなく自然法として受容されたという吉野の発想の基本枠組みは尾佐竹猛の研究に拠っていると指摘している。(10) 本章では、尾佐竹猛『維新前後における立憲思想』（文化生活研究会、一九二五年）を対象とし、その政治史構想と吉野の明治憲政史構想とを比較し、共通点ならびに相違点について検討したい。

2　社会変革思想としての「民本主義」

政治史研究における「民本主義」

まず政治史講義における「民本主義」はどう描かれているかという点を講義ノートによって検討する。「一九一五年度講義録（赤松克麿ノート）」によれば、「民本主義は君主制を認むると共和制を認むるとに論なく、近代各国の憲法の共通のきそ（基礎）的精神」としている。「現代の政治は民本主義の要求を容れて、政治の目的は人民の利福をはかりこれを勧むるに在りといふことを根本義とする」ことは、理論上の問題ではなく「歴史上の事実」だとしている。[11] 第五章でも明らかにしたように、吉野は「民本主義」を強者の物質的精神的圧迫からの弱者解放の精神と捉えており、「社会主義」と共通する精神としていた。そして欧米の憲法制定の歴史について次のように論じている。

「英国流の不成文の憲法と米国流の憲法と仏国流の憲法と大体三種あること前述せり。この三つのものは発達の歴史を異にす。民本主義の理想に動かされて起り、又民本主義の理想に動かされて発達したる点は同一なり」。[12]

政治の目的としての「民本主義」は、歴史上の事実として各国憲法の基礎的な精神となっている。そしてイギリス、アメリカ、フランスいずれの憲法も「民本主義」（弱者の解放）という共通の理想が根底にあると説いている。「民本主義」とは欧米社会の基底にある普遍的な精神であり、個人の価値を尊重し人類同胞というキリスト教精神の近代政治上での表現でもある。

次に、吉野が「民本主義」（「デモクラシー」）の精神を東西の思想に見出そうとしていた点を指摘したい。ヨーロッパではフリーメーソンに注目し、「人類の本性を合理的に且つ完全に発達開展させようといふ」ことが人間の務めだという考え方に共感し、(13)そこに全ての人間に機会を与えれば自身の内部に抱懐する理想郷に向かって奮闘努力するという文化（教育）上の「デモクラシー」精神の真髄をみている（第一章参照）。

吉野はこの精神を中国思想のなかにも見出している。荘子をテーマにした「東洋に於けるアナーキズム」（一九二〇年）では、荘子の思想に「大に西洋のアナーキズムと共通するものあるに興味を感じた」としている。(14)そして荘子の思想を「倫理的アナーキズム」としている。荘子が孔子を批判する理由について、吉野は「其が外的な相対的な差別の境地に拘泥して却つて天然の本性を害ふが為である。人たるの真面目を完うせしめんが為に煩瑣なる儀礼を斥くると云ふ所に大に建設的な一面がある」と評価する。つまり、人間に備わっている「本性」は善なるものであり、外面的な差別や儀礼はそうした「本性」を阻害するとして否定している点を評価するのである。そして「恒に正しき行動に出でんとする不変の態度を持すること」を建設的な側面とした。それは「天然の本性」を解放させる「普遍的な抽象的な絶対的な原理」に立つことの主張であるとする。(15)荘子に本来的に善である「本性」の解放の必要という、フリーメーソンと共通の文化上の「デモクラシー」の精神を吉野はみた。そして「彼の思想の本体は、虚無や否定でなくして、積極的な内容の充実せる原理である」、「即ち外的規範の拘束によりて本然の明を蔽はるゝことなく、常に普遍絶対なる自然の性情に立脚すべきを説くもの」だと、その思想の建設性を強調する。(16)さらに次のように指摘する。

「斯く論じ来ると荘子のアナーキズムはクロポトキンの夫れに酷似して居ることが明であらう。即ち一切を否定するは人性の自然を自由に活躍せしむるが為めで、人性の自然の活躍に放任することが倫理的にも政治的にも一

吉野作造似顔絵（住谷悦治筆記ノート）
含クロポトキン講義（1920年1月14日）
（個人蔵／群馬県立図書館提供）

番いゝとするのである。何故人性の自然に放するのがいゝかに就ては、クロポトキンには生物学上の根拠あるも、荘子には之がない。謂はゞ独断である」(17)。

クロポトキンも荘子も、既存の秩序を破壊し人間の自然な状態を回復することで、倫理的な人間性や社会関係が生まれてくるとした点は共通している。倫理的な「本然の性情」の解放の必要が、東西の思想に共通に存在するとされている。一方クロポトキンは相互扶助という原理に論拠を求め、荘子の場合は独断とするなどの相違点も指摘している。

以上により吉野の政治史研究の方法は、次のようなものであるといえよう。第一に、ヨーロッパ政治史および思潮の原動力として「民本主義」という精神を見出し、その精神が古今の東西の思想に存在することを通じ、その普遍性を明らかにすることである。

第二に、吉野にとって「民本主義」あるいは「デモクラシー」とは、人類の経済的平等実現（社会主義）、人間の本性の解放（アナーキズム）を含むものである。既成の秩序を否定し人間の本性を解放し、平等な社会を実現することは東西の社会主義、無政府主義に共通であり、それらを含む「デモクラシー」精神を同時代の社会変革思想の象徴とした。

「憲政」と道徳

次に吉野が日本の政治をどのような状況にあるとみていたか、一九二四年講義録（「岡義武ノート」）「日本憲政史論」により検討する。吉野は「憲政」における道徳と政治の関係について次のように論じている。

「憲政はすべて不完全なる状況より幾多の苦き経験を経て次第に発達し、憲政の理想に近付きつつあるなり。この過程中に国民の道徳的生命発現しおるなり。吾国の如きも歴史的に観察するときは他国に比し比較的標準的normalなる発達をとげおるものと考ふるを穏当とす」(18)。

立憲政治の理想実現に近づき、国民道徳が発現しつつあるという、日本も他の西欧諸国同様の発達をしているとの認識がみられる。続いて「最善の知識をして政治に活躍せしむると云ふ目的が乃ち憲政の常道の内容なり」、「強制組しき（織）の目標は自律的人格の完成にあるなり」、そして「政治は民衆の良心を土台として政治行はれるが故に、政治生活と吾人の道徳生活とは合致を見るに至るなり」とある(19)。憲政とは民衆の「良心」を基礎に「最善の知識」を選挙という「争奪形式」によって目指すもので、周期的な政権交代の可能性、民衆の「良心」的判断によって政権帰属が決定するという意味で道徳と政治を一致させる政治形式だとしている。

このように吉野が一九一〇年代から三〇年代初頭まで論じた「民本主義」「デモクラシー」「近代民主政治」の内容は、人間の本性である道徳「解放」の精神であった。それはどのような政治体制、宗教を選択するかにかかわらず、時代を超えて存在する社会変革の精神と認識されていた。

3　中国革命史研究から日中関係の展望へ

社会契約説と中国の革命論

本節では、吉野の「現代」政治研究の一環である中国革命史研究を取り上げてその研究の視点を検討する。「現代政治思潮」（一九二九年）で、吉野は中国革命思想と、ジョン・ロックの社会契約説との関係を論じている。それは次のようなものである。

「〔民約説のうち―引用者注〕ロックなどの説の如く、我々は我々の利福をはかるの条件の下に我々の自由を挙げて君主に托したのだ、この条件を守る限りに於て我々は彼れの統制に随ふの義務があるとする考方が現れる。服従するのはある意識されたる目的の為に契約したからである。契約の条件にして充されざらん乎、我々はいつでも起つて自由の行動が取れるのだと云ふ。（中略）この点に於てロック流の民約説は支那の革命論と似て居る点がある。ロックは契約の条件といふ、支那では天の命といふ。条件を蹂躙したから排斥するといふは、天命彼を離れたといふに同じい[20]」。

ここで吉野のいう中国の革命論とは、清末に「中国のルソー」といわれた黄宗羲『明夷待訪録』を指していると推測される。内藤湖南によればこの著作は、「天子」は「天下を以て自分の財産とする」のではなく、「天下の人心」を得るものだという君主論、臣下は「天子と共に天下を治めるものであるから、天子の召使ではない」という原臣論、また「後世になつてからむやみに天子を有難くした。それが抑も後世に碌な政治の出来ない根本である」

とする宰相論よりなっており、革命運動でよく利用された文献だとされている。[21]

吉野によれば、社会契約説と中国の革命論は共に支配者（天子）と人民との契約によって成り立っており、契約の条件（天の命）が失われれば支配者は排斥されるという点が共通している。中国革命の論理をヨーロッパの近代政治思想に重ねて見出し評価している。

『支那革命小史』の構想

次に『支那革命小史』を検討する。この著作は吉野の政治史講義のテキストである。[22] 吉野は一九一六年度の特別講義で初めて中国革命史を論じ、翌年度ヨーロッパ政治史とともに中国革命史の講義を実施した。以後一九二三年にかけて、ヨーロッパ政治史、中国革命史、明治日本政治史という三つの分野を並行して論じる政治史講義が構築されていったという。[23]

本書には、革命運動の基底にある精神を明らかにし、その将来を展望するという吉野の中国革命史研究における構想が示されている。吉野はまず中国革命に対する世間一般の認識として、「半分泥棒をやるもの」、「人種の争ひ」、「政界の落伍者が自分の地位を回復する為め」の騒動、「明朝を回復せんとする一種の政権争奪」などの見解を挙げた上で、すべて誤解だとする。そして次のように主張している。

「若し革命運動を過去現在未来に亙りて一の生命ある運動として観るならば、吾人は其の根柢に於て常に弊政改革といふ一種の熱烈なる思想の横流して居ることを看過することが出来ぬのである」。[24]

中国革命運動を歴史的に観察すると「弊政改革」という「一種の熱烈なる思想」があるとしている。これは欧米社会の憲法制定過程のなかに「民本主義」精神を見出すのと同じ方法、歴史を動かす原動力としてその基底に思想を認識する方法を、中国革命運動にも適用したものである。その内容は「弊政改革」という政治改革の精神であり、具体的には「民主共和論」である[25]。その将来については、次のように展望している。

「民党の勢力は現在に於ては甚だ微弱の観を呈して居る。けれども之は又幾度圧せられても将来に於て益々発展すべき運命を有するものである。故に之を無視するの時局収拾策も亦決して当を得たものではない。予輩一個の見解を以てすれば、支那の将来は結局民党の天下になるであらう[26]。」

つまり今は微弱な勢力でも、将来は革命陣営が天下を取ると確信している。その理由は、「一旦少数ながら先覚者の頭の裡に播かれたる種子は、悲風惨雨の妨害あるに拘らず、日に日に広く国民の地盤の上に成長発展して已まない」からだとしている。「弊政改革」の精神を歴史の原動力とみなすことで、その「種子」は拡大していく必然性にあるとみている。

また、次に引用するように、革命運動は思想の戦争だとしている。

「南支那の動乱其物は、未だ天下の青年全体の後援を得て居るのではないとしても、同じ思想は動乱に関係あると否とに論なく、天下の青年の通有するところたるが故に、仮令今度の動乱が不幸にして敗亡に帰しても、青年支那的思想其物は決して之と共に滅亡し去るものではない。革命はたゞに武力の戦争ではない。また実に思想の戦争である。此思想の廃れざる限り、支那は結局に於て青年支那党の手に帰すべきものである[27]」。

このように中国革命運動は、そこに参加しない青年達の思想をも代弁するものだとし、それゆえに武力闘争よりも力をもっているとする。吉野は中国に「弊政改革」の思想が拡大した要因として、日本「文明」の影響を重視している。

「弱国の元気ある青年が、突如強国の文明に接すると、直ぐに革命家になるは当然の事である。故に西欧諸国に遊べる土耳古の青年と同じやうに、支那の青年も亦日本に来て直に青年支那党とでもいふべきものになり、急進的改革思想を抱いて帰つて行くことになる」(28)。

中国人留学生の日本「文明」体験とトルコ青年党のヨーロッパ体験は、「弱国」の青年の強国の「文明」体験として共通し、両者とも帰国後「文明」化を急進的に行う革命思想を広めるものだとしている。日清戦争で東アジアの強国となった日本という認識がその前提となっている。ここで注目されるのは、吉野が「文明」の影響を「急進改革」や「弊政改革」などの社会改革思想とみなしていることである。「文明」を「白人国」の暴力による威圧的な自国文化の押しつけとする柳田とは異なり、「文明」を同時代の社会変革的な世界的思潮と捉えている。吉野が中国革命を最終的に成功すると確信していたのは、欧米、日本をつらぬく普遍的な「民本主義」精神＝「文明」の中国における波及と捉えていたからである。

しかし、一九二七年の講義録『政治史』(29)を検討すると、右と異なる構想を吉野がもっていたことがわかる。それは日清戦争により強国となった日本を東アジアの中心として論じるという構想である。講義内容はまず「西洋ノ近代政治史」と「日本ノ近代政治史」とに分けられ、両者はいずれも「一、近代政治ノ醸成期」「二、近代政治ノ発育期」「三、近代政治ノ結成期」に分かれている。次に日本近代政治史の「三、近代政治ノ結成期」では、「一、憲法発布並ニ憲政運用ニ関スル朝野ノ論争　二、日清戦争後ニ於ケル日本ノ地位　三、支那ノ政変並ニ之ト日本トノ交渉　四、日露戦後ニ於ケル日本内外ノ状勢　五、欧州大戦後ノ諸問題」という項目に分かれている。中国革命が論じられているのは、このうちの「支那ノ政変並ニ之ト日本トノ交渉」以下の部分である。日本は日清戦後東アジアの「文明」の中心となったことを前提に、中国革命は日本を中心とする東アジア情勢のなかに組み込まれている。「支那ノ革命ハ殆ント日本人ノ関係スル処テアル」としている[30]。

一方で、「近年」の情勢については次のような記述がある。

「最近支那ノ革命ハ皆 patriotic ノ動機ニヨリ、日本ノ援助ハ東洋ニ於ケル日本ノ地位ヲ堅メントスルニ在ル。故ニ日支ノ感情疎隔スルノハ当然テアル、対支二十一ケ条ハ支那人ノ自負ヲ傷ツケ日本人ノ計画スル満蒙連絡ヲ暴露サセル、之等ノ理由ニヨツテ排日気運高マリ今日之ヲ緩和スルノハ至ツテ困難テアル」[31]。

孫文以降の革命運動は愛国心を動機としていることから、中国への侵略を目的とする日本政府の対中政策に対する反発が大きくなり、対華二十一か条要求は中国人の自尊心を傷つけ、日本の満蒙領有計画を暴露した。その結果排日気運が高まり、その緩和は困難な状況にあるとしている。この日中関係の政治的に困難な関係は、吉野の講義内容に影響を与えている。講義録には「五、欧州大戦後ノ諸問題」という項目はあるものの、その具体的内容は確認できない[32]。大戦後の日中関係を日本中心に描くことは不可能だという状況判断があったと推測される。

日中「親善」史の構想

その後、吉野は『東洋経済新報』（一九二九年四〜七月）に「支那と日本」を連載し、新たな日中関係史構想を明らかにし、『対支問題』（一九三〇年）として刊行する。その目的は、両国の「親善開拓」に資するためである。日清戦争後「特殊の事情の下に両国人士の密接なる集団的交渉は開かれ」、「一面に於て切つても切れぬ間柄」となると同時に、「幾多の憂ふべき悲劇」をつくっている事情等を明らかにしている。(33)

その内容は次の通りである。日清戦後の日本には「日本帝国の安全」確保を目的とする政治家と、革命家と気脈を通じる青年志士が、それぞれ中国革命運動に関係した。「第一革命の成功」後は、「我国は最早支那を以て何等怖るべき勢力と観ず、寧ろ、我国の為めに之を利用すべきだと云ふ考に漸次対策の変つて行く道程」となった。そして「第二革命前後」には、日本政府、袁世凱、革命党が異なる思惑により活動を始めた。そして両国の関係にとって「非常に不幸な出来事」は「帝国主義日本の大陸進出」だとする。とくに対華二十一か条要求は、「爾後の両国関係をして殆んど済《すく》ふべからざる窮地に陥れしを思へば、漫然成功を謳歌し難いやうにも思はれる」とした。(34)

結論として、「国民として今後正しい日支関係を樹立する上に根本的に必要だと思ふ」点を挙げる。「一、日本が支那に対して為せる過去の行動を慎密に反省すること」、「二、我方過去の行動の彼地に於ける評価を探り且つ之を味ふこと」、「三、支那そのものの動きを忍耐して永い目で見ること」、「四、世界の大勢並に其東洋に於ける波動の注視を怠らぬこと」、「五、支那に対する日本の真の必要を攻明すること」である。(35)日本は過去における侵略的態度を反省し、「世界の大勢」とその東アジアへの波及を観察し、長期的視野に立って中国の動向をみつめ、その真の必要を汲み取るべきだとしている。

本書の特徴は二点ある。一点目は、日中の相互提携関係を築くという観点から日清戦争以来の両国の関係を、それぞれの勢力の思惑や意向の関係性を中心に論じていることである。そして対華二十一か条要求を両国の親善関係の最も大きな障害としている。

二点目に、世界の大勢の東洋への「波動」がよく表れているのは、日本ではなく中国であるとし、日本は中国の長期的方向性に沿うべく対策を講じるべきだとしていることである。日本中心の政治史のなかに中国関係を組み込もうとした一九二七年の講義録の構想は放棄されている。

　このような論に転換した背景には、次のような中国認識の転換がある。吉野によれば、日本では「天下を支配する意見は固より民衆の意欲とは何の関係もない」、一方民衆の覚醒が比較的遅かった中国では、むしろ「一足飛びに輿論を以て天下を支配するの新境地がひらかれた」とする。「日本が第一の段階を経て今正に第二の段階に悪戦苦闘しつゝありと云ふを得ば、支那は第二の段階を飛び越えて急に第三段階に進んだものと云ふを妨げぬ」としている(36)。つまり、日本よりも中国のほうが今や民主化が進んでいるとし、世界の大勢である「民本主義」は中国において日本よりも先に実現されつつあるとした。そのことは帝国主義政策を続行する日本の国際的な危機につながる。吉野は次のように述べている。

「多少の波瀾は免れぬにしても、支那が昨今の調子を以て漸次統一の歩武を進むべきは疑を容れない。斯く観て近き将来に於ける支那の大問題如何を考ふるに、筆頭に来るものは北方に於ける外国勢力の蟠居《ばんきょ》を如何にして始末するかであらう。而して之は亦実に同時に我国に取ての大問題たるは言ふ迄もない(37)」。

中国に統一政権が誕生すれば、日本の満蒙特殊権益論は対立の火種になると予想し、日本の方向転換、具体的にはその放棄を今後の日本の課題とした。

　以上、吉野の中国研究の特徴は、次の三点を挙げることができる。第一に、「弊政改革」＝「民本主義」精神の世界的潮流の波及としての中国革命史の研究である。ヨーロッパ近代の思想である社会契約説やアナーキズムが中国にも存在し、日本の「文明」からの影響により革命運動が行われていることがその前提にあった。その構想は三谷太一郎の指摘にある通り「民本主義」主張と並行し、政治史講義では一九一六、七年度を中心に中国革命史が論じられた。

第二に、一九二七、八年度の政治史講義は西洋と日本の近代政治史の二本立てとなり、日本の日清戦後以後の項目のなかに中国革命史を組み込み、日本を東アジアの中心として論じようとする構想であった。しかし五・四運動など対華二十一か条要求を契機とする中国の排日意識の高揚と、日本に先んずる中国の民主化を認識したことでこの構想は放棄された。

第三に、一九三〇年初頭、最終的に吉野が構想したのは「親善」を目的とする日中関係史であった。中国において世界的思潮が実現されつつある一方、日本は帝国主義的外交政策に固執している。そこで国際的孤立を回避し日中相互提携の関係を樹立することを日本の今後の目標とした。このように、吉野の中国政治史研究からは、一九一〇年代半ばにヨーロッパ、日本、中国へと普遍的な「民本主義」精神が波及するという直線的な世界認識が、一九二〇年代後半には日本を媒介としながらも中国の民主化が日本より進み、国際社会で日本が孤立化するという日本への危機感の増大へと世界認識が変化し、それに応じて政治史構想も組み変えられたことがわかる。

4　明治維新期の民間世論と立憲君主制

規範解放の基点としての幕末維新

本節では、吉野の自由民権運動論を中心に「明治文化研究」の成果について再検討する。最初に、先行研究で指摘されてきた近代ヨーロッパの政治概念を儒教規範として受容したことに関する吉野自身の認識について検討する。

まず吉野講義録『政治史』（一九二七年）を取り上げる。吉野によれば、ヨーロッパの自然法は「形而上的超越的

ノモノ」であり、「一ツノnormカ表ハレテ吾人ヲ支配スル」もの、すなわち道徳規範であるとしている。そして
ヨーロッパの学問を日本が採用した理由について次のように説明している。

「生活関係ノ法律方面ヲ説クニ当ツテ自然法ヲ以テシタノテ、初メ夷秋禽獣テアルトシテ西洋ヲ馬鹿ニシテ居タ儒教ノ徒モ西洋ニモ道（自然法）アルカト大イニ同感シ、遂ニ之ヲ採用シヤウトシタ。故ニ西洋ノ学問ヲ採用シタノハ実利ノ為メテハナクテ、道ヲ採ツテ宇宙ノ大道ニツカウトシタノデアル(38)」。

日本の儒学者たちがヨーロッパの学問を受け入れたのは、儒教規範と同様の道徳的規範としての「自然法」がヨーロッパに存在することを知ったからであり、東洋の道徳や精神を保持したままで西洋の技術を取り入れるという採長補短主義によるものではないことを強調している。吉野によれば、ヨーロッパの「自然法」が「道」と同様の道徳規範であることを儒学者が理解していたことが重要である。つまり近代的な政治概念を儒教規範に読み替えて受容したのではなく、それが規範であることを理解して受容した、とするのである。

次に「現代政治思潮」（一九二九年）について検討する。吉野はこの文章のなかで幕末維新期の共和思想流行について述べている。明治初年の「共和思想」の学者間での流行は、天皇主権の「国体」を否定するものではないと断っている。その上で次のように指摘している。

「要するに彼等は明治の維新と共に封建制度の悖理《はいり》を看破し、広く賢才を天下に求むべきを識つたのである。西洋で所謂近代政治と称するものも、要するに此点の覚醒が土台となつて居るは云ふまでもない。換言すれば規範創成の任務を特殊の階級の掌握から解放するのである(39)」。

吉野によれば、学者たちの「共和思想」流行はヨーロッパ近代の政治的覚醒と同じ側面、すなわち「規範創成の任務」の解放であることへの覚醒にあったとしている。吉野にとってヨーロッパにおける自然法概念や政治的覚醒は、道徳的な規範と深く関わるものであった。それゆえに儒学者たちがこの概念を理解することができたのであり、政治的覚醒を得られた、とするのである。

そしてその結果、「全民衆が其の任〔規範創成―引用者注〕として最高の価値あるものを客観的規範の形に具現せしめるのであり、又之が統制を受くることに依つて全集団の利福を進めんと期する」という現状＝「大正デモクラシー」があるとした(40)。幕末維新期とは規範の民間「解放」の起点であり、民衆による規範創成が実施される普選実現後の現状＝「民本主義」政治の起点と捉えられていた。

さらに「我国近代史に於ける政治意識の発生」では、自由民権運動が「道」という道徳的熱情に支えられたことを指摘し(41)、次のように述べている。

「私は常に考へる、若し私が本稿に於て説ける様な歴史的背景がなかつたとしたら、「民撰議院の要求」も「自由平等の主張」も相当の歓迎を見たるべきは疑ないが、併し明治十年代の所謂志士の間に見る様な殉教的熱情は到底見得なかつたのではあるまいかと。それ程に当年の自由民権運動のうちには純真と熱情とがあつたのだ(42)」。

自由民権運動は、国会開設や「自由平等」という概念の規範的受容により宗教的な運動として熱心に行われたとしている。逆に言えば、国会開設の必要や「自由平等」の概念はその宗教的熱情あるがゆえに一般社会に拡大したとされている。

ここで、吉野自身の政治論が常にキリスト教精神と結び付けて主張されてきたことを想起したい。キリスト教精神は個人の価値の尊重や人類同胞という「民本主義」の基礎であるとする吉野は、第一次世界大戦後の「国際民主主義」の風潮を「基督教主義の実現」と表現し、国家の目標としての無政府主義は宗教生活の理想と一致すると主張してきた。政治社会のなかに偏在する神を認識し、その社会的拡大活動を行うことが神に近づく道筋であるという求道精神が吉野の政治論を支えていた（第一章参照）。

つまり吉野自身が自由民権運動の志士たちと同様、政治の民主化を宗教的熱情によって推進してきた。政治の基礎となる法が規範的価値をもち、近代政治を規範の解放とし、近代的政治理念の普及に宗教的熱情が重要な役割を果たすという認識は、吉野が理解した近代政治を反映したものである。近代的な政治思想と道徳的規範は関連するものと把握されていた。

民間世論としての「人民主権」論

次に、大日本帝国憲法と民権思想との関係に関する吉野の認識を検討したい。吉野は前述のように、民権時代には共和思想や人民主権論が主流だったと論じている。「自由民権時代の主権論」（一九二六年）では、当時右傾的な立場にあった嚶鳴社の議論を紹介している。そしてその「極端なる民主主義論」を「浅薄」とする一方、なぜ主権論を主題として取り上げたかについては次のように述べている。

「要するに当時の人は、漠然と自分達民衆も国権の運用には主動的に参与し得るものと、考へてゐたに相違ない。憲法が布かれゝば当然に主権は君民の共有になるのだと考へたことは明白だが、憲法施行以前の問題としては、国家の主権は一人に在りと考ふるものよりも（而して斯く考へつゝ同時に世人は、之が最も下等な体制だから早く立憲制に改めなくてはならぬと主張したものである）、否、然らず、国を組織する人民が主権者なのだと説く方が多かつたと思ふ[43]」。

つまり、「公法」や「公道」及び規範創成が民間に解放された結果として、人民主権論が国民のなかで多数派になっていたことを明らかにするために、当時の右派の議論を紹介したのである。同時に吉野は、「明治維新の解釈」（一九二七年）で、国民の「勤王」精神が明治初年から二〇年頃まで希薄だったと自身の回想を踏まえて論じている[44]。

大日本帝国憲法制定期の世論が人民主権論を主流とし勤王精神が希薄であったことと、政府が専制的形式の憲法を制定したことは、日本社会における大日本帝国憲法の性格を決定した。吉野は講義録（一九二四年）で、ヨーロッパ各国の社会と法の関係を説明するなかで、日本について言及している。

「元来英米の国民にありてはその国民間に統一的生活あり。その政朝の変あるもその生活にはゆるきなく、而してその統一、一貫せる国民生活の経験よりしぼり出されたるものが乃ちかの国における法なり。ここにその法は社会性をおぶるにいたる。反之独乙にありては年来小邦分立して覇をあらそひ、各個の国内には各統一生活の存するありと雖も、ゲルマン German 民族として独乙国民としての統一生活の存するものなし（中略）ここに全く従来無関係なる抽象的なる生活と没交渉なる原則をつくり上げてその遵奉を国民に強ひ、以つて新らしき統一関係を創造せんとす。この場合この新らしき統一体を規律する法には何らの社会性の存するの理もとよりなきなり（この点吾国の当時と独乙と似たり）[45]」。

吉野によれば、社会生活と憲法の関係はイギリス・アメリカとドイツとでは異なっている。イギリス・アメリカの場合は、統一した国民生活が政治の動向とは独立して存在し、法はその社会生活や経験と密接な関係にある。しかしドイツの場合は民族社会が分立しており、国家統一のために各民族の社会生活とは無関係で抽象的な原則を憲法にした。そして日本の専制的形式の憲法もドイツと同様、実際社会と無関係で、国家の統一を目的とするものだとする。

しかし、憲法制定後の「吾憲政は最初の考とは全くことなれる方向に発展」し、さらに「吾国の議会の細則は英国の模倣そのもの」であった(46)。しかも福沢諭吉や大隈重信などの民間の私擬憲法案は「当時の英国思想の旺なりし」状況を示している(47)。その結果、時代の推移のなかで憲法とその実際上の運用とは乖離していったとする。講義録のなかでは「実際の歴史の遷移は□(憲)法の運用を漸次英国式ならしめ、乃ちここに原則 principle と実践 practice 相反し、憲法解釈の困難を惹起するにいたれり」としている(48)。形式的なドイツ流の憲法原理に対し、イギリス流の政治運用が行われ、憲法解釈が困難な状況に至ったとする。

吉野は「維新より国会まで」（一九二八年）でも、この点を具体的に指摘している。初期議会の官民「衝突」の原因を「国会の開設となつても、政府の解釈乃至行動は全然独逸式であるのに、民間政客のそれは徹頭徹尾英国流である」という点に求めている(49)。一九二七年の『政治史』講義でも、「日本ノ憲法ハアノ時代トシテハ最モ適シテヰタ。唯タ現在テモ其ノマヽテ好イカ否カゞ問題テアル」と結んでいる(50)。つまり大日本帝国憲法は制定当初は国家統一という時代状況に適する側面があったものの、既に当時の世論や議会細則と反しており、その後の政治運用のなかで状況と乖離し憲法解釈の困難をもたらしていった、というのが吉野の認識であった。

民間世論の実現としての「民本主義」

以上、「明治文化研究」再検討の結果、次の二点を指摘したい。第一点目は、吉野はヨーロッパの自然法概念および政治的覚醒を規範意識との関係で把握しており、儒学者による受容や自由民権運動への規範意識の反映は、ヨーロッパ思想の正確な把握と認識していたことである。それは、吉野自身がキリスト教徒として政治の民間解放＝「民本主義」を推進したこと、すなわち宗教精神と近代政治概念との密接な関連性を当然視していたためである。二点目は、「専制的形式」の大日本帝国憲法について、吉野は多民族社会を国家的に統一したドイツと同様の意義や有効性を認める。しかしそれは、イギリス流の立憲君主制的議会政治を論じる民間世論や議会の細則と対立するものと認識していた。そして憲法制定後の政治は民間世論実現の方向に推移し、憲法解釈に困難が生じていくという見取り図を描いた。規範創成の民間への解放の起点を幕末維新期としていることからも、吉野にとってこの方向性は歴史的必然性をもつ。講義録では明示していないものの、この延長上に大正期の「民本主義」、すなわち憲法運用上の民主主義解釈が国内政治の標準的な憲法解釈として定着するという「大正デモクラシー」の必然が導き出される。

以上を踏まえ、先行研究との関連で二点を指摘したい。三谷太一郎は吉野の明治文化研究を明治寡頭制および「大正デモクラシー」の両政治体制の歴史的必然性を仮定しているとした。しかし、幕末維新期を規範創成の民間解放を基点としていたことに注目すると、明治憲法制定によっていったん頓挫した民間世論の意向、「人民主権」論が政治展開のなかで憲法解釈＝「民本主義」として実現していく過程が吉野の近代日本政治史構想だったと推測できる。明治寡頭体制の否定が「必然」的過程と想定されていた。

また、吉野は規範価値を近代政治思想の属性と認識していたことから、松本三之介の指摘するように規範的価値による自由民権運動や思想を批判していたのではなく、むしろ当然視し、自らの「大正デモクラシー」運動と重ねる側面があったといえよう。

5　尾佐竹猛『維新前後に於ける立憲思想の研究』との比較

両者の共通点

本節では吉野の近代政治史研究を、尾佐竹猛『維新前後に於ける立憲思想の研究』（一九二五年）により比較する。本書は日本憲政史研究の先駆的な業績であり、吉野も序文を寄せている。吉野の明治史構想との共通点として次の三点を挙げたい。

第一に、尾佐竹も吉野も幕末期のヨーロッパ文化の移入が明治維新に大きな役割を果したと認識している。尾佐竹は「幕末維新の大変革はこれを外より観察すれば世界の大勢に促されたる国内の変動」であり、憲政思想や議会制度は「欧米の輸入に基づくもの」だとしている。(51) 吉野も、「万国公法」について検討した「我国近代史に於ける政治意識の発生」で、「日本人が「万国公法」の存在を教へられたのはペルリが来てからの事と謂はねばならぬ」としている。(52)

第二に、ヨーロッパ思想の受容において、日本の在来文化の伝統が介在したことを両者ともに指摘している。尾佐竹の場合は、西洋の「議会思想」が受容されたのは「民の声を聞くこと、衆議を容るゝこと」などの、「東洋にも存する古来の思想」によったことを指摘している。(53) 吉野の場合は、前節で述べたように、在来の儒教規範に代わる宗教的規範として認識されていたという、理解の内容に踏み込んで指摘している。

第三に、両者とも明治政府の方針に幕臣や藩の思想、戊辰戦争敗者の認識などが重要な役割を果たしていることを論じている。尾佐竹の場合、廃藩置県により「各藩に試みたあらゆる善美なる制度」が「皆滅亡」したと指摘するなど、幕臣や各藩の議会制度思想のほうが維新政府より「憲政思想」として優れている点を指摘している。そして「概観」で次のように述べている。

「民選議院の建白は、其十年前の各議会建白を大成したものといふべく、明治八年の三権分立即ち元老院、大審院、設置は、明治元年の政体書の具体化といふべく、其地方官会議は、貢士、以来、公議所、集議院の後身といふべきである」[54]。

当時の一般的認識は、板垣退助らの民選議院建白書提出や翌年の立法機関および下院の設置を明治憲法制定の出発点としていた。これに対し尾佐竹は、幕末から明治初年に実施された議会建白、憲政論議を背景とした政体書、公議所設置を明治憲法制定の出発点とした。幕臣や旧藩の意見を受けた新政府の方針が立憲制度に結実していく過程を論じることで、明治憲法制定をアヘン戦争以来の旧幕府における「憲政思想」の受容と発展の一帰結とした。

吉野の場合は、国内の民間世論形成過程に研究の重点をおいている。「現代政局の史的背景」（朝日新聞社講演、一九二四年）、「我国近代史に於ける政治意識の発生」（一九二七年）において、「今日でこそ明治政府が幕府の残党を倒して統一の大業を完うしたのは当り前の様に思はれるけれども、あの当時斯の如きは決して識者一般から当然の事と認められていたのではなかつた」とし五箇条の誓文という「開明的」方針を打ち出さざるを得ない国内の思想状況を明らかにした[55]。戊辰戦争の対立により政府に対する民間世論という立場が形成され、その意向が新政府方針に果たした役割を重視している。

両者の相違点

一方、両者の相違点としては、次の三点を指摘したい。第一に、明治憲法の史的位置づけである。尾佐竹は明治憲法を幕末からの「憲政」思想の発達の帰結として評価している。これに対して吉野は明治憲法を明治政府と民間世論が対立する契機とみなし、以後民間世論であるイギリス流の立憲君主制的議会主義が憲法の解釈として政局の主流を占めていく過程を展望する。

第二に、幕臣や旧藩士などの明治維新の敗者とされる人々についての取り上げ方が異なる。尾佐竹は幕臣や旧藩関係者が「憲政」思想発達において果たした役割を重要視している。これに対し吉野は、敗者の人々ではなく敗者の視点を内面化し、明治新政府の「万機公論」の方針を決定させた「勤王」意識や「排外思想」などの民間の世論の諸相を明らかにしている。

第三に、ヨーロッパ思想の受容における在来の文化的伝統の果たした役割の認識についてである。尾佐竹は、ヨーロッパの議会思想が、漢学にみられる「民の声」や「衆議」を尊重する思想を媒介として受容されたことを指摘し、日本に「憲政」思想が発展していく契機としている。一方で吉野は、「万国公法」がどのように解釈されたかという点を検討し、儒教の「道」に代わる宗教的規範としての受容と理解、その受容が自由民権運動の志士たちに及ぼした精神的影響と、その結果としての「自由平等」の思想の国内における急速な拡大を論じている。

以上のように、尾佐竹と比較してみると、吉野の明治憲政史構想の特徴は、規範の解放という幕末維新期を基点としながら、明治憲法をその帰結ではなく反動の契機とし、「大正デモクラシー」に至る民間世論形成の過程を描き、憲法解釈により実質的に政治の「民本主義」化が進行する過程を展望していた点にある。

6　「民本主義」の世界史的展開の構想

本章では、政治史講義を中心に吉野の「現代」政治史研究を検討してきた。その結果、次の五点がその特徴として指摘できる。

第一に、吉野は「民本主義」精神を弱者の強者からの解放の精神と捉え、制度としての民主主義に付随するものではなく、どのような社会体制にも存在する社会変革を志向する精神とした。この精神は社会改革の基底にある精神であり、キリスト教由来の個人の価値の尊重や人類同胞を媒介とするものであったが、大戦後は人類の本性の解放を目指す精神と捉えることにより、東西の社会主義、無政府主義に共通し、特定の宗教を超えて社会変革を志向する精神として普遍化された。

第二に、吉野の近代政治史の構想は、この「民本主義」精神の政治的実現と世界史的展開を明らかにするものである。吉野の政治史によれば、この精神はイギリス、フランス、アメリカの憲法制定に影響を及ぼした。また、日本ではペリー来航を契機に、規範価値の解放が維新政府によって広められ、憲法と民間世論の乖離が進み、日露戦後はキリスト教を媒介に普遍的な自由主義的風潮として広まり、民衆が規範価値の創成を担う「民本主義」政治が実現するものと推測される。

第三に、吉野の中国革命史構想は、「民本主義」のヨーロッパから日本、そして中国への波及を軸とする構想から日中関係中心の構想に一九二九年頃変更されている。一九二七、八年度までの政治史講義では、日清戦後以後の日本近代政治史のなかに中国革命史を組み込み、日本を東アジアの中心として論じようとする構想があった。しかし、日本の「帝国主義」政策による中国側の排日意識の高揚と、日本の政治状況を上回る中国民主化の進展のなかで放棄され、中国の統一実現を前提とした日中関係史が最終的に構想される。構想の基底には、日本の国際的孤立への危機意識と中国革命実現に対する確信があった。

第四に、尾佐竹と比較して得られた吉野の明治政治史研究の特徴は、政府と民間世論の対立を維新期の政治史の軸にしている点である。戊辰戦争敗者の視点から、明治新政府の「万機公論」や「万国公法」の方針を決定させた民間世論の形成過程とその政治的役割を政治の展開において重視し、世論が政治の原動力となる過程を描いている。

第五に、吉野の政治研究では近代政治思想を世間に拡める際の宗教的熱情の果たす役割が論じられている。「大正デモクラシー」がキリスト教信仰によって推進されたように、自由民権運動も一種の宗教的熱情によって推進されたことを明らかにしている。近代的精神を社会化する宗教的熱情の重要性を論じていたのである。

第八章　「郷土研究」とアカデミズム史学
――「神話」研究の再興及び歴史資料論――

1　柳田民俗学とアカデミズムの関係再考

柳田民俗学と歴史学に関する先行研究

柳田民俗学を「民間史学」と論じた家永三郎は、その「既成史学の補足」としての貢献を評価しつつも、歴史学としての問題点を論じている。まず資料としての「民間伝承」が現在の事物であること、次に民俗資料で明らかにし得るのは産業革命以前の「常民」の前近代社会であり、海外文化の輸入による影響や「政治的な支配被支配の関係とそれから生ずる作用、経済的な搾取被搾取の関係とそれから生ずる結果」などが度外視されていることを挙げ、歴史学として認識するには不十分だとしている(1)。

しかし一九七〇年代以降、社会史研究の気運が日本にも及び、繰り返される日常生活の「空間」を基礎として構築される歴史像に対する評価が高まった。その結果、今度は歴史学の側が批判の対象となり、一回性の事件を分析の中心とし、発展過程や歴史法則の解明を基礎に未来構想を論ずる「時間」の学として相対化された(2)。こうしたなか民俗学に対する関心が高まり、「歴史民俗学」という言葉が広く使用されることになった。

このような「空間」に着目する社会史の機運を受け止めつつ、その近代日本における政治的な意味を論じたのが鹿野政直「民間学――運動としての学問」である。鹿野によれば「民間学」とは、「官学アカデミズム」に対抗する在野の学問である。「官学アカデミズム」とは、ヨーロッパ学問の理論や方法を導入し、国家目的に沿う方向で学問への適用を行う学問である。これに対し「民間学」とは、主題・材料を生活に求め、収集した資料やデータを基礎に理論を組み立てる帰納法を用いる。そして日本の学問の自立を目指すというナショナリズムを持ち、そのため皇室崇拝の念をいだく研究者が多く、一九三〇年代以降「国体」観念に傾斜する傾向をもつとされている(3)。また、柳田の民俗学については、社会の片隅に押し込まれ、社会の枠外に放逐された存在の復権を図るもので、歴史学の政治史中心に対し生活史中心の提唱、文献中心に対し伝説・伝承を軸とし、学問の「実用性」を打ち出していることがその特徴とされている(4)。

柳田民俗学を「民間」の学問とする認識は、民俗学界でも共有されてきた。福田アジオは「野の学問」としての民俗学の学史を論じ、そのなかで民俗学を「学問研究の制度の外で自らの興味と判断に基づいて自らの意志で研究してきた成果」と捉えている(5)。福田は一九二九年史学会大会での柳田の「婿入考」が、「史学対民俗学の一課題」を副題としていること、「野の言葉」による農業経済史構築の試みや感性の歴史である『明治大正史世相篇』等を挙げて、確立期の民俗学が柳田を中心として、アカデミックな歴史学に対抗する社会史を構築しようとしていたことを明らかにしている(6)。

しかし、戦前における民俗学とアカデミズムの関係は、複雑な関係にあることが明らかにされてきた。中井信彦は、柳田が「史学」に対し様々な形で行っていた働きかけを断念することで民俗学が創設され、また文化論へ傾斜していったと指摘している(7)。さらに石井進は、柳田国男―牧野信之助―清水三男―網野善彦という、柳田の影響を受けた中世の歴史学研究者の系譜を指摘している(8)。ともに京都帝国大学史学科卒というアカデミズム出身の牧野と清水が柳田の研究をどのように受容したか、検討する必要があろう。

これらに加え、研究手法や内容、知識の集積方法に関してもアカデミズム史学との共通性が指摘されるようになってきている。一九一三年に柳田と高木敏雄が発刊した雑誌『郷土研究』の地方の知を中央へ吸収する方法が、先行する歴史地理学会の『歴史地理』ネットワークを、新たなネットワーク構築によって再編しているという指摘[9]がある。さらに一九〇〇年前後の古蹟保存事業に関心をもった喜田貞吉など『歴史地理』を担った研究者たちは、「社会の歴史」解明を志向し、歴史研究の資料として古蹟保存を主張していたことが指摘されている[10]。そして一九一〇年代初頭、アカデミズム史学を代表する黒板勝美は、史蹟保存論を掲げ民俗資料を含む全国の歴史資料保存を提唱する。柳田が『郷土研究』で目指した社会史と歴史資料の活用方法は、アカデミズム史学とどのような点で共通し、あるいは相違していたのか、再検討する必要がある。

高木敏雄
（『日本神話伝説の研究』岡書院，1925年，より）

また柳田は、高木敏雄とともに『郷土研究』で久米邦武の神話解釈を批判していることが指摘されている[11]。高木は久米邦武事件以来頓挫した日本神話学再興を担う一人である。『郷土研究』は久米事件以後の日本神話学ならびに史学研究をどのように推進しようとしたのか、柳田らが立ち上げようとした学問の特徴を明らかにする必要がある。同誌には、『神代史の新しい研究』を上梓した津田左右吉が論説を寄せている。津田は柳田とともに、鹿野により「民間学」の一員とされている。高木の比較神話学から影響を受け[12]、記紀における上代の民間信仰や説話の残存を比較文献学的研究により否定し、日本民族の起源や由来が記された歴史書ではないと結論づけた。『史学雑誌』では発刊当初、津田の学説に否定的な反応を示している。近年、この時期の記紀神話研究を津田、高木、柳田の相互関係から読み解くという視点が出されている[13]。また、津田の記紀の作為性の認識、あるいは中国・朝鮮半島の史書との比較による手法は、当時の学界共通の認識かつ手法であることが指摘されている[14]。

津田の記紀論を高木・柳田の議論とともに検討することで、民間信仰や説話の残存をめぐるアカデミズム史学との関係や、民間学者間の関係を、より具体的に明らかにできるのではないだろうか。

以上の研究状況を踏まえ、本章では柳田民俗学形成期におけるアカデミズム史学との関係について、一九一〇年代の雑誌『郷土研究』を中心に検討する。柳田らが目指した学問を「郷土研究」の語を使用し、その内容を考察する。アカデミズム史学については、鹿野の定義に従い、『史学雑誌』等の学界雑誌を中心とし、西洋史学の理論や動向を摂取しその適用を国家目的に沿う方向で実現する学問とする。そしてアカデミズム史学の見解の代表を黒板勝美とし、その認識や議論を比較検討の対象とする。

具体的には、次の二点に着目する。第一に、久米邦武事件後の神話学研究の検討である。一八九二年、久米は「神道は祭天の古俗」論文で「神道」は東洋社会共通の「祭天の古俗」であり、宗教ではないと論じた。久米の意図は、内務省の意向である神社非宗教論を肯定することにあった(15)。しかし論文は国学者の攻撃に遭い、久米の東京帝国大学辞職、掲載誌『史海』の発行停止、東京帝国大学史誌編纂掛の廃止に及んだ。

高木は、この事件により日本神話学研究が約一〇年間頓挫したとする。そして一八九九年より日本神話研究の一翼を担ってきた。そして柳田とともに『郷土研究』を創刊し、伝説や昔話、民間信仰を材料とし、神話に関する論説や報告を掲載する。両者は、久米の記紀に対する比喩論的解釈方法を批判している。比喩論的解釈とは、記紀の記述は隠された「史実」を喩えによって表現しており、文字通り受け取るべきではないとする解釈である。たとえばスサノオによるヤマタノオロチ退治については、ヤマタノオロチ（＝高志人）によって占領された地をスサノオが鎮めたという「史実」を比喩的に語ったものとしている。記紀の荒唐無稽な内容は解釈によって「史実」を明らかにすることができるという立場である(16)。

久米事件により頓挫した日本神話学ならびに日本の神道研究が、雑誌『郷土研究』でどのような展開をみせたのか、高木、柳田に加え、津田左右吉の記紀神話における民間信仰の説話の残存をめぐる議論を検討する。そして同誌上で展開された研究方法を「郷土研究」という名称を使用しアカデミズム史学の見解を代表する黒板勝美の認識と比較しながら、その神話研究史上の意味を明らかにする。

第二に、アカデミズム史学と「郷土研究」の歴史資料論をめぐる関係について検討する。雑誌『郷土研究』時代、柳田が提唱したのは、文献不足の中世史を解明するための研究方法ならびに資料である。その内実はアカデミズム史学とどのような点で同調、対抗したのかを明らかにする。具体的には、柳田が口承伝承や地名などの資料により、従来の史学と異なる方法で明らかにした「史実」を、アカデミズム史学出身の若手研究者はどのように受容したかを検討する。また同時期のアカデミズム史学は、ヨーロッパ由来の「郷土保存」思想に基づく史蹟保存運動に関わっていた。黒板勝美「史蹟遺物保存に関する意見書」（一九一二年五月）と、「郷土研究」の歴史資料論の検討を通じ、アカデミズム史学と『郷土研究』における歴史資料論との関係性を明らかにする。具体的には、郷土の「伝説」の史的価値に関するアカデミズム史学と「郷土研究」の認識の相違、また歴史地理学会の主要な課題の一つであった「地名」と「史実」の関係についての「郷土研究」の認識を比較する。

時期と検討対象

上記の課題を検討するために、『郷土研究』（一九一三年三月～一七年三月）を主な資料とし、関連する柳田と高木の一九一〇年代の著作も対象とする。『郷土研究』は高木と柳田が「神道談話会の帰途」に意気投合し創刊したとされる雑誌で、当初は柳田が費用を負担し高木が編集を行った。雑誌は編集上二つの時期に分けられる。第一の時期は発刊後の一年間で、高木編集の一九一三年三月から翌年四月までである。『郷土研究』（一九一四年三月号）にはその目的として「学問の独立と真理の自由討究」を掲げている。[17]しかし、編集への柳田の意見介入と両者の対立により、高木は雑誌から手を引いた[18]。

第二の時期は、柳田の編集になる一九一四年五月から一七年三月の休刊までである。柳田はペンネーム「菅沼可児彦」名により郷土史の研究方法や課題を提起している。そして「小さな峠の上から」（一九一六年三月号）で、今後は収集の内容を「経済的物質的生活」に関する資料に重点をおくと宣言、「生活要求の発展に伴ふ産物の種類及びその供給方法の変遷、交通の異動」の募集を呼びかけている。これは同誌への南方熊楠からの批判「『郷土研究』の記者に与ふる書」（『郷土研究』一九一四年九月号）で、制度経済の論文掲載を求められたことに起因すると推測される。しかし実際にはそれ以前と同じような内容の論文が繰り返し掲載される結果となり、休刊に至ったとされる[19]。

第一期では『郷土研究』における久米事件後の「神話学」再興の問題を、第二期では中世史開拓と史蹟保存運動における歴史資料論について考察したい。

2　久米邦武事件後の記紀神話・民間信仰研究

高木敏雄の「比較神話学」

一八九二年の久米邦武事件に対する高木の認識は、「徳川時代において唱道せられし神代史の自由討究は、ここに至りてたちまち大なる頓挫を来たし、神代史研究の衰頽と共に、日本神話学の発生もまた暫く望少なきに至れり。その後ほとんど十年、明治の学問界において、また神代史について説を立つるものなし」というものである[20]。高木は、事件を日本神代史と日本神話学研究の頓挫と捉えている。その後高山樗牛の古事記研究に刺激を受けて日本神話学研究を進め、一九〇四年にヨーロッパの神話理論をまとめた『比較神話学』を刊行する。一九一〇年以降は、ヨーロッパの神話理論に依拠しつつ日本の神話・伝説を検討する比較神話学を実践する。

神話の国際的比較という高木の方法は、久米事件の契機となった「神道は祭天の古俗」論文の特徴の一つでもあることが、先行研究で指摘されている。同論文では、神道を東アジア史のなかで意義づけようとする比較史的視点が顕著であるとされ、それは草創期の『史学会雑誌』の諸論文に共通した特色でもあり、国際的な比較研究を嫌う国学者流の偏狭な言説への強い批判意識によるものとされている[21]。

高木の場合もまた、高橋龍雄ら国学者の神代史研究を批判する際、比較という「科学」の欠如を問題にしている。高木は、高橋らの解釈の基礎にある「日本主義」は「科学的真理研究の精神に背く」とする[22]。高木が主張する「科学」とは、「一定不動にして、人によりて変化せざる法則もしくは原理」である。そして次のように主張する。

「おのおのの国民には、おのおのの特色あり、したがつて国民固有の思想というべきものあるべし。然れども、等しくこれ人類なる以上は、各国民の特色以外、すべての国民を通して、普通普遍平等の思想なかるべからず[23]」。

人類としての普遍性の存在は「今日諸科学の証明するところ」であり、それが高木の比較研究の基礎である。高木の方法は各国民が人類としての普遍的な共通性を備えていることを前提とし、神話を国際的に比較し一定の法則を見出した上で、日本の神話の特徴を明らかにするものである。それは「日本主義」に拠る国学者たちに対抗する科学的研究方法であった。高木の比較神話学は、記紀神話を国際的比較のなかで相対化するという久米邦武の研究視点を継承していた。

その一方で高木は、柳田とともに久米の神話の比喩論的解釈の方法を批判している。久米は神話の比喩論的解釈に則り、記紀の海幸山幸の話は大和民族の兄弟がそれぞれ海・山で隼人や土番を鎮定したというような、記紀に大和民族と他民族との衝突・抗争の「史実」を見出す研究を行っていた。高木は『郷土研究』創刊の辞「郷土研究の本領」で、「グレシアの昔にエウヘメロスと云ふ学者が出て、古神話の比喩文説を唱へたのは、徳川時代に新井白石が出て、日本神典の比喩文説を唱へたのと善く似てゐる」とする。神話とは隠された「史実」を比喩文として表したものだという解釈が東西で行われてきたとしながら、「西洋では今は誰も此説を信じる者は無いけれども、日本では今に此説が勢力を持つてゐて、新しい教育を受けた者の間に於てさへ、時々白石の説を受売するものがあるのは、日本文献学界の恥辱である」と批判した(24)。そして新たな神話研究の資料として「口承伝承」を挙げる。それは神話研究において「文献」伝承と価値的に等しいとし、その収集と整理を通じ「民族生活の凡ての方面の根本的研究」を行うことで、比喩論的解釈に頼らずに民族の歴史を解明し「日本文献科学界」に貢献するのが「郷土研究」だと主張する。

黒板勝美『国史の研究』(一九〇八年)でも、比喩論的解釈は批判的に論じられている。記紀は神代のはるか後世に編纂されたものであり「神代の事として記載しありても、直にその事柄を神代なりとなす訳に行かぬこともあらうかと思ふ」と述べ、久米の「議論必ずしも科学的ならず、中には卓見と非議すべきものと交つて居る」としていた。そして久米の歴史学上の功績とは、「神道家」に対して行った「戦士としての功績」、すなわち神道の国際的な比較研究にあるとしている(25)。さらに同書一九一八年の改訂版になると、久米の比喩論的解釈を「到底我等の首肯し能はざる論説」と断言している(26)。一九〇八年版には事件の被害者である久米に対する同情的立場がみられたが、一九一八年版では久米の研究方法に対する批判が中心となっている。高木らと黒板の比喩論的解釈に対する認識は一致していた。

『郷土研究』時代の高木は、比較神話学の方法により記紀のスサノオの神としての性格の分析を行っている。高天原神話ではスサノオが最後に生まれるべき「英雄神」であり、出雲神話では最初に存在する「造化神」であるという矛盾した記述について、次のように推測する。

「自分の仮定によれば、出雲民族は天孫民族よりも早く開化して、日本の或地方に強大な国家を組織し、或程度まで発達した神話的伝承を持つてゐたのである。後に天孫民族が来て、出雲民族を征服することはしたけれども、全くそれを滅ぼすことはできずに、一種の妥協に依つて其主権を収めたものらしい。従つて元来出雲神話の造化神であり、また或意味に於て統治者の祖先神の祖先である素戔嗚尊《すさのおのみこと》は、妥協併合の結果として、天孫民族神話の一英雄として、而も天照大御神《あまてらすおおみかみ》と同等の資格を以て、諾冉二神の子とされたのである(27)」。

高木は当時の人類学の通説である大和民族の東征による先住民族征服説に依拠しつつ、ヨーロッパ神話における「造化神」と「英雄神」の内容と記紀を比較した。そしてその結果、出雲民族が天孫民族よりも早くに開化し、かつ天孫民族は出雲民族を完全に征服しえず妥協的に併合したという「史実」を明らかにする。神話における神の性格を国際的に比較検討するという方法により、高木は久米とは異なる「史実」を導き出し、異民族に対し大和民族は卓越した存在であったという上代日本民族に対する当時の「常識」を否定した。

高木の記紀解釈を、黒板は「神代史」研究における「白眉」であると賞賛している。そして『郷土研究』についても触れ、「地方の神話や伝説の調査を公にし、柳田国男氏の如き、時々有益な論文を掲げられた一人なるが、猶ほ直接に神代史に光明を與ふるものが甚だ少いのは遺憾である」としている(28)。高木、柳田らの『郷土研究』が国際比較によるテキスト解釈という新しい方法と「地方の神話や伝説」という新しい資料によって「神代史」の新たなる「史実」を掘り起すことを黒板は期待しており、それを全面的に担っていたのは高木であった。

一方、柳田は一九一〇年代の高木の神話学研究に時勢から逸脱するとの危機感をもっていた。柳田は一九二五年、高木亡き後の著作『日本神話伝説の研究』「序」のなかで「今でこそわれわれは、神代巻のある記事を神話と見ることを許され、いわゆる田夫野人の日常行事の中から、古日本人の思想と宇宙観とを、発見しようとする態度を嘲笑せられずにおられるが、高木君の初期にはそれは無謀なる大胆であった。慣習には雅俗の差ありとし、正史は法典のごとく、文字通りに解するのが、学者の本分ともいうべきものであった」としている[29]。地方の伝説と記紀を同等の価値とみなす『郷土研究』の神話研究は、「無謀な大胆」だったと柳田は回想している。『郷土研究』時代の柳田と高木の対立もあるいはこの点に起因するのではないか。結局、高木の神話学研究は一九一四年でほぼ終了した[30]。

高木敏雄・津田左右吉・柳田国男における古事記と民間信仰

次に、古事記と民間の伝承や伝説との関係をどう捉えていたのか、高木、津田左右吉、柳田の論説を考察する。まず高木は、古事記における民間の伝説との関係について次のように語っている。「要するに『古事記』は、安万侶が自分一個の考で以って昔からの伝説を参照して、その中で取捨選択を加えて、更に自分の意見を加えて書いたものである[31]」。つまり、古事記には民間で伝えられてきた伝説と編者の意見とが混在しているとの認識である。その根拠として挙げるのが、先に挙げたスサノオの神としての性格の矛盾である。スサノオが「造化神」でもあり「英雄神」でもある理由は、本来別々に存在していた民間説話である高天原神話と出雲神話を太安万侶が無理に配合したためだとする。そして「日本神話は国家的神話でありまして皇室の由来を明らかにしたところにその特色がありますか」と、その政治性を明らかにした[32]。

次に、比較神話学の方法から影響を受けたとされる津田はどのような認識をもっていただろうか。『神代史の新しい研究』（一九一三年）で、津田は「神代史」の物語の矛盾の原因を追究し、その結果神代史は皇室の由来を説くための政治的な物語であり、国民的精神の由来や起源を説いた歴史書ではないと結論づける。津田によれば「神代史は皇祖を日神とするといふ思想が中心」であり、「大和奠都、出雲退譲の歴史的事実」と結合するために日孫降臨およびオホナムチ国譲りの物語が出来たとする。そして「国家に於ける皇室の位置と調和させるためにイザナギ、イザナミ二神の国土及び日神生産の物語が出来た」。そして二つの物語を連結するためにスサノオの物語が付け加えられたとし、「一口にいへば神代史は皇室の由来を説いたものである」とする。[33] 大和地方に政治拠点をおき天皇一族に対抗する一大勢力が大和から退いたという「史実」と皇室は日神であるという思想を結合させ、皇室の由来を説いた物語を作成したとするのである。高木と津田は、共に記紀の物語上の矛盾を追求し、そこに作為を認める点で一致していた。ただし高木は物語の基底には民間で伝えられた伝説があるとしたが、津田は大和地方の勢力図の変化という「史実」はあるものの、物語成立以前の民間伝承の反映については否定的であった。

『神代史の新しい研究』に対し、高木は「門太郎」名で『郷土研究』（一九一三年一一月号）に「最も公平で而も信頼するに足るべきもの」だと高く評価した。[34] そして津田に原稿を依頼し、一九一四年五、六月号にわたり津田の「文献に現はれてゐる上代の神」が掲載された。なお、高木の編集辞任の「社告」が掲載されたのは津田の論説が最初に掲載された五月号である。

この論考で津田は「上代の信仰の記録」である延喜式の神名帳を検討し、そこに「最も原始的な宗教思想」が根底に残っているとしつつ、「一段進歩した神」も現れていることを指摘する。それは農業の神や市場の守護神などの「人文的の神」、また御柱の神などの「自然神」ではない神、さらに家族制度の発達による「祖先神」である。しかし、それらの神々の間には「優劣尊卑」や相互の関係がなく、孤立して存在しているとする。その理由として「自然界を統一的に見るといふまでに思想が進歩してゐなかつた為」、すなわち神々の思想的統一以前の状態であったと推測する。そして次のように述べている。

「しかし我国でも、もし自然の発達に放任せられたならば、神の性質も、もつと進化したであらうし神々のうちに自から主なる神も現れ、而して又国家の統一が鞏固《きょうこ》になると共に国民全体の神も生れたであらうに、幸か不幸か支那の学問が外から入つて来て智識ある人々を刺戟したので民間に崇拝せられてゐる神で無い神が作られ実際の祖先神で無い祖先神ができて其等の神が神代史に現はれることになつた。そしてそれが官府的に権威あるものとせられたが為に実際の宗教的信仰は自から健全なる発達を抑止せられて了つたのである」(35)。

中国からの学問的刺激により民間信仰と無関係の神が作られ、「神代史」となり政治的正統性を確立したために、民間の宗教的信仰の発達が抑止されたことが、日本の上代文献において統一神が登場しなかった理由とする。そして記紀などの上代文献が民間信仰の発達抑止に多大な影響力をもっていたと論じていた。

黒板は『国史の研究』（文会堂書店、一九一八年版）で「津田氏の新研究」を取り上げ、「神代史」に関する本格的な研究であることを認めた上で、「併し神話とか伝説とかいふものが特に或る時代に或る目的を以て作られたと観るのは余りに独断に過ぎる、寧ろ永い年月の間にだん〳〵それらの説話が作られて来たとする方が妥当である」と批判した。そして、記紀の説話にそれ以前の民間信仰の伝承が反映していることを示唆している(36)。一九三一年版においても黒板の津田に対する姿勢は同様であった。記紀の伝説に作為性のみを強調する津田の研究は、吉野作造による政治性優位の古代文化論に通じるものがある。

柳田の場合は、津田とは逆に民間信仰の神を古事記のなかに読み込もうとしている点が注目される。東北の巫女である「イタコ」の語源はアイヌ語の「イタク」だとした柳田は、古事記上つ巻「三貴士の分治」の条を引用し次のように述べる。

「更に之を本邦の古典に徴するに古事記諾尊得三貴士の条下に即其御頸珠《みくびたま》之玉緒母由良邇《もゆらに》取由良迦志而《ゆらかして》。賜天照大御神而詔之。汝命者所知高天原矣。事依而賜也。故其御頸珠名謂御倉板挙之神とあり。御倉は神几にて祭壇の義なるべし。此板挙之神は古註に多那《タナ》と訓めとあれど義通ぜず。恐くはイタケの神にして姫神が神父を拝祀したまふに此遺愛の物を用ゐたまひしことを意味するならん」[37]。

伝統的な注釈に従えば「タナ」と読むべき「板挙」の神を、それでは意味が通じないと「イタケ」と読むべきだと主張する。「イタケ」は神と意を通じるための手段となるもので、アマテラスが父なる神を祀る際に「御頸珠」を使用し神と意を通じようとしたことを意味するものだとしている。すなわち神と意を通わせる「イタケ」は民間において「イタコ」、巫女とつながる存在とした。柳田の解釈は、巫女神という民間の説話や神話が古事記に含まれていることが前提になっている。

さらに柳田は、記紀と異なる系統の神が民間に存在していた可能性についても関心をよせていた。「川村杳樹《ようじゅ》」名で『郷土研究』に掲載した「三家分流の古伝」では、神話の基本形として二神が基礎となる二子神話と、三神が基礎となる三子神話の二系統があるとしている。古事記はイザナギ・イザナミの二神が基礎となる二子神話である。しかし、柳田によれば「日本書紀の神代記事」に琉球神道記の三子神話に基づく「三男二女の文統説」とよく似た二男三女の神話があるという。そして「之を実際の民間信仰に参照して見ると、本来の三女神の話に後から取添へたらしい趣が窺はれる」という。そして次のように推測する。

「他の民族の例を以て推せば、右の三神の古伝は本来人類の最初を説明する極めて重要な神話であつたものが、諸冉二尊の国作りを承認するの結果として、次第に不必要な小さいものになつてしまつた」[38]。

そして具体例を挙げたのち、「つまりは日本には古くから朝野又は都鄙に立分れて、二子神話と三子神話とが競ひ行はれて居たのである。書紀の編纂に際しては二子説は正統と認められ、他の一派は大に譲歩して片隅に引込んだ」と述べる[39]。日本にはそもそも二つの系統の神話が並び立っており、記紀がその編纂過程において民間に存在していた三子神話を切り捨てたと推測する。そして三子神話は「上古以来此国の田舎を優勢に風化して居た信仰」に残存しているという。民間説話や信仰によってこの系統を研究することが「日本の国民を分析する一つの目安となり得るのかも知らぬ」としていた[40]。

このように柳田の場合、記紀には民間説話と作為の双方が存在するという意味で高木に近い認識をもっていた。記紀と民間信仰との関係については、作為説の津田に対し、記紀には一部民間の説話が含まれるという点で黒板、高木、柳田の認識は一致していた。高木と柳田はアカデミズム史学と共通する認識をもっており、黒板の『郷土研究』への評価につながっていたと考えられる。

他方柳田は、記紀によって切り捨てられた可能性のある三子神話の系統が全国各地の民間信仰に残存すると考え、検討する意欲をもっていた。それはアカデミズム史学とは異なる研究の可能性である。しかし柳田がこの方向で研究を深めた形跡はない。実際の柳田の方向を決定づけたのは、一九一五年八月即位礼の大礼史事務官就任である。柳田は大礼の後、「我々が居村に於ける秋の祭は、其趣意に於ても形に於ても、この新穀の御祭と著しい類似をもつて居り、唯大小のえらい差等があるばかりであつた」[41]と、皇室と村の祭りの著しい類似性を指摘し、両者の密接な関係性を指摘するようになる。

その後、「玉依姫考」（『郷土研究』）では、神武天皇の母と伝えられている宇佐八幡宮の「玉依姫」について、「自分は之を以て八幡と称する王子神の御母、即ち天神の御妻と信じて祭り始めたものと思つて居る」、すなわち神の妻であるとする。そして「タマ」とは神の霊であるとし、「ヨル」とはその霊の人間に憑くことを指し、霊力を表す物体等を出現させることで、人よりも神に近い存在であることを社会にアピールしたと説明する。自らの祖先を

「神に接近して神の王子を産む程迄に神異なる婦人なり」と主張したことが「玉依姫信仰の起原」だとする。[42]さらに、「玉依姫」が全国各地の神社縁起、記紀に散見されることを具体的に示し、それが官民通じた国民の信仰である可能性を主張する。「人間の少女の最も清く且つ最もさかしい者を選んで、神が其力を現したまふことは、日本神道の一番大切なる信条」だとするのである。[43]

こうして官民共通の国民の信仰を、神と婚姻した巫女とその御子である母子神信仰に求めた柳田は、母なる巫女神からその子供の御子神へと信仰の中心が移っていったとし、「桃太郎」にその痕跡を見出す。「桃太郎」には妻問いにより家の祖となるというモチーフが本来伴っていたとし、御子神の神話の痕跡を残す昔話だとするのである。そしてこの「小さ子」説話の信奉者への御子神の授与、御子神の活躍、名家の始祖となるという三要素を外国の説話と比較可能な神話的要素とする。神と人間の巫女の神婚により誕生した御子神がこの世で尊い事業を成功させたのち結婚し名家の祖となるという、日本国民の「神話」が歴史的に培われて来たことを一九三〇年代初頭に明らかにするのである（第三章参照）。

柳田が明らかにした以上の内容は、津田批判でもあった。上代文献によって抑止されたとされる民間の神話や信仰が、実際には民間伝承のなかで様々な形で受け継がれ、祖先神の神話に発展していく道筋を明らかにしたものである。津田が論じた文献の抑止力に対し、より強い民間信仰の発達の力や展開の成果を証明することに柳田は力を注いでいったのである。

久米事件後高木、柳田らが『郷土研究』を中心に展開した比較神話学ならびに民間信仰の神話研究の特徴は次の三点である。第一に、「神道は祭天の古俗」論文で久米が行った世界宗教と「神道」との国際的な比較という方法を継承し、「比較神話学」として日本の神話研究で実践していることである。このような国際的な比較による「神話」や「神代史」を解明する方法は、黒板らと共通の方法であった。また民間の神話・伝説を資料とすることで記紀を解釈する方法は、黒板から高く評価された。

第二に、記紀と民間の伝説・説話との関係について、作為説を唱え記紀に民間の伝説・説話は含まれていないという津田の立場は、黒板からは容認しがたい議論であった。一方、高木、柳田のように、記紀には作為もあるが民間の伝説・説話も含まれるとする立場とは共通する側面があり、黒板の『郷土研究』における神話研究評価へと連なっている。

第三に、一部作為説に立っていたとみられる柳田は、記紀の編纂過程で切り捨てられた可能性のある三子神話の民間における展開を研究する意向を示していたが、即位礼後は、皇室と民間に共通の巫女神を中心とした神婚説話＝「神話」を日本の神道の核とする。そして記紀で「抑止」された民間信仰が、民間伝承という口碑の歴史のなかで祖先神神話に発達することを解明し、文献では解明しえない民間神道の歴史的展開を「郷土研究」によって行い、文献学への貢献からその批判へと立場をシフトしていった。

3　歴史資料論における「郷土研究」とアカデミズム史学

中世史研究と歴史資料の開拓

第一期『郷土研究』では、高木と柳田が巻頭の論説二篇を担当していた。高木が編集から手を引いた後の第二期以降、津田、中山太郎の論説が柳田とともに掲載されていたが、一九一四年九月号より三カ月間、柳田が実質的に二篇を担当する(44)。本名での論説と「菅沼可児彦」名での「郷土研究」方法論の論説である。菅沼名での「郷土誌編纂者の用意」では中世史研究の気運について次のように論じている。

「欧羅巴《よーろっぱ》の話を聞きましても、つい近頃まで闇黒時代など、称し歴史家の断念して居た中世が、研究としては最も意味の多い時代であることが解つたのみならず、更に又闇黒とも何とも評もして居なかつた埃及《エジプト》やアッシリアの歴史が追々明るくなつて行くさうです。日本などは農の歴史でも税の歴史でも、鎌倉室町の五六百年間をぴよいと跨いで来たまゝに、とんと抛《ほう》つて置きながら、御前の村の由来は不明だ平民は要するに無名だと、乞食が金を借りに来た時のやうな挨拶を為し、そしてわきを向いて大に国民性を論ずるなどは悪いではありませんか」(45)。

暗黒時代とされていた中世史研究のヨーロッパにおける進展の一方で、日本学界では中世史研究は未着手なまま、歴史的な展開をふまえずに「国民性」を論じているという。これに先立ち柳田は「塚と森の話」(一九一二年)で次のように歴史学への批判を展開している。

「今日の国民の生活が、中世と没交渉で、直に文物燦然たりし王朝の盛時に接続して居るものと見ることは出来ない。史料の整頓して居る古事記、六国史時代の社会現象のみを以て、今日の日本を説明するのは、殆ど許すべからざる不法である(46)」。

柳田は日本中世史研究が未解明である原因を文献不足に求め、古代史のみで現状の日本を説明する歴史書の問題性を指摘する。そして「郷土研究」は「今の尋常の史学者の有する手段と用意」、「流行の史学研究法」から脱却すべきだと主張する。柳田のいう新しい「史学」の方法とは、年代の確定や人名などの固有名詞に拘泥せず、文献以外の資料を探し出し、その比較検討によって歴史を解明する方法である(47)。それは長期にわたる社会の歴史を明らかにするものであった。中世史を明らかにせず日本を論じる歴史学者を批判し、文献に拠らない新しい「史学」の方法と資料を提示することが、柳田が新たに掲げた「郷土研究」である。「郷土研究」の立場は、「文献研究」への貢献から、第二期のアカデミズム史学との対立へと転換した。

一方、京都帝国大学では原勝郎、三浦周行らにより中世史研究が進められていた。一九〇六年、原は「従来本邦の歴史を編述するもの上代に詳密にして、中世以後を叙すること簡略に過ぐるもの多し」と切り出し、「徳川時代の初期に於ける文教復興」までの鎌倉、足利時代は「暗黒時代」とされてきたと論じている。古代の「国史の選集ありし時代」に比べ、「中世以後は此の如き根本史料の依憑すべきものなく、従ひて其攻究頗る困難なるに基因するという。しかし中世は日本独自の文明発達や日本国民独立の自覚における「一大進歩」の時期であるとしていた。(48) 根本となる文献の不足や国民精神文化の起点として中世研究の重要性を説く点で、柳田とほぼ同じ認識に立っている。

一九一二年、原は「足利時代を論ず」で同年の三浦周行や笹川種郎の中世史に関わる史学会報告を挙げ「我国の有力なる史家の努力が既に大に足利時代に傾注さるゝに至つた」と中世史研究の機運の盛り上がりを指摘している。(49) この論文で原は、ヨーロッパ・ルネッサンスの「文藝復興、都市の勃興、海外遠征、及び平民勢力の発達」が「足利時代」にもあったことを明らかにしている。(50) このように、ヨーロッパ中世史研究の成果を受け、日本中世史研究が進められていった。このようななかで、柳田は同じ認識を共有する原や三浦の中世史研究に言及することなく、独自に中世社会史の開拓を始めた。

「郷土」から歴史の資料を得ることで、文献中心のアカデミズム史学とは異なる歴史を解明することが柳田の「郷土研究」の目的である。「菅沼可児彦」名での「村の年齢を知ること」では、「鎌倉時代位の荘園の中に出来た村には、今尚跡を留めて居る者が折々ある」とし、村落史の起源を荘園におく。その歴史を辿るために「大字の境堺が所謂下地の中分や分割相続の痕を示す」場合があること、その他「宮や寺に存する遺物」、「家々の伝説、殊に苗字や家号」等が証拠となるとしている。[51]大字の地名、神社や寺の遺物、家の伝説、名字、家号など地域に古くから伝えられてきた地名、口頭伝承、遺物を歴史資料として活用することを提唱するのである。

このように「郷土」に存在するモノや言葉を歴史資料とすることで、柳田は荘園時代の名主は土地の領主でかつ武士であったという「史実」を解明した。「彼等〔武士―引用者注〕は悉く其土地の領主であつた。領主とは謂つても、至つて小さい領地を持つだけで、上には三階四階の主君を戴くものが多かつたが、兎に角権利として其土地を支配し、領内に住む平民は名実ともに彼等が家来であつて、之を使つて平時には農を営み、戦陣の事が起れば亦之を引率して出て往つた」、すなわち「サムラヒと謂ふのは本来此の如き境遇に在る大地主のことであつた」とする。その根拠は宮崎県の椎葉村で長百姓を「サムラヒ」と呼び、それ以外は「カマサシ」〔刀を差す資格のない農民の意〕と呼ぶことなど、古い歴史が残存する山村の長百姓、小百姓の呼称やその実態である。[52]

この柳田の指摘を文献資料によって実証したのが、京都帝国大学史学科出身の清水三男である。清水は『日本中世の村落』（一九三八年）のなかで研究史の概説である「中世村落研究の歴史」において、自身の論文「初期の名田に就いて」（一九三三年）が柳田の上記の説を実証する論文だったと回想している。清水は京都帝大所蔵の東大寺文書等を使用し、武士＝名主説をもとに、「表面上は貴族の保護下に立つて、名田を確保しているが、実際の勢力関係は寧ろ貴族が名主に寄生してゐる状態に移りつ、あるものと思ふ」[53]と述べ、武士＝名主が貴族に対し次第に勢力を拡大させていくという歴史的発展の方向性を明らかにしている。山中の語彙や事例により中世期武士の社会的な実態を明らかにした柳田の説を受け、文書を使用しながらその史的発展や社会構造の変遷を論じたのである。異なる資料を相互に関連させた新しい歴史社会像の構築への協同作業が、柳田と清水との間にあった。

また、柳田は歴史を解明する資料として地理的な景観に注目し、「砺波散村論争」の契機をつくった。[54]京都帝大の地理学教授小川琢治は、「越中国西部の荘宅 Homesteads に就て」を発表し、越中砺波地方に見られる「孤立荘宅」（散居制集落）を「班田当時の遺制が尚ほ残存」するものだと推論した。[55]これに対し柳田は「小川博士が条理時代の遺物かのやうに想像せられるのは些し危険である。越中の新田場は水災の甚しかつた処であれば、荒地や河原が小片を為して到る処に散在し、勢ひこんな開拓策を喚起したものかも知れぬ」[56]と古代条里制の遺構とする小川説を批判し、中世期以降の開拓政策と関係があるとし、他の同じような地形と比較研究することの必要を論じた。

京都帝大史学科出身の牧野信之助はこれを受け、文献研究によりこの景観が加賀藩の農業政策によるものではないかと推論する。[57]さらに一九三一年に論争が再燃した際、越中砺波地方の散居制と近畿地方の環濠集落の史的経過に関する検討との比較により、「前者は中世末期乃至近世初期、後者は中世乃至中世末期」だと結論づけた。[58]

現状の景観と古代の条里制を直接関連させる小川説を批判し、中世以降の開拓政策との関連を指摘し、地域間の比較による検討の必要を提唱した柳田を受け、文書資料を使用し史的経過の比較検討を実施し、中世以降の村落形式であることを牧野が結論づけたのである。「郷土」の史的状況に関する民俗資料に基づく柳田の指摘が、アカデミズム史学出身の文献史学者によって実証され、その歴史的変遷が解明された。

郷土の歴史資料と史蹟保存運動

次に、柳田が提唱した郷土の歴史資料と、一九一〇年代アカデミズム史学で提唱された「史蹟保存」論との共通点ならびに相違点を検討する。

史蹟保存事業はヨーロッパ諸国に広まった郷土保存運動と密接な関係をもっている。ドイツ発祥の「郷土保存会」は、一九一二年六月、ヨーロッパ諸国及び日本の九ヶ国で第二回万国会議を開催した。神戸高商教授石橋五郎による文部省への報告書が『歴史地理』一九一二年一一月号に転載されている。[59]それによれば、物質的文明の進歩による「各地固有の旧蹟若くは自然物」破壊による「学術上研究の資料」の喪失と、その「国民に及ぼす精神的影響」への危機感から、ヨーロッパ諸国で「郷土保存事業」が起こった。具体的には「一、勝景の保存」、「二、天然記念物の保護」、「三、古建築の保存」、「四、風俗及言語の保存」の四点が事業として挙げられている(60)。ヨーロッパの「郷土保存」思想には、ナショナリズム高揚のための国民教化の側面と産業革命による破壊に対する史蹟・名勝の学術資料としての保護という二側面があった。

黒板の「史蹟遺物保存に関する意見書」にも、その両側面が表現されている。黒板は保存すべき対象を三点挙げている。そのうち「地上に残存せる過去人類活動の痕跡中不動的有形物」と「変化し易き天然状態の過去人類活動と密接なる関係を有するもの」を史的価値のある歴史資料とし、伝説の地など「古来一般に史蹟として尊重せられ、特に社会人に感化を及ぼせるもの」を国民の愛国心涵養の資料としている(61)。

なお意見書では、万国会議報告書で挙げられた保存すべき四点のうち「風俗及び言語」は保存対象になっていない。黒板は「郷土保存について」(『歴史地理』一九一三年一月号)で、その理由について述べている。黒板によれば、「有形記念物」は国家に一任し取締法の整備をすればよいが、「無形的記念物例へば風俗言語等に至つては寧ろ国民の力に多く依頼せざるべからず、是れ郷土保存協会設立の最も急務なる所以(62)」とし、「無形物」保存に関しては国民の力が必要だとしていた。黒板の意見書では国家が保護保存すべきなのは「有形物」と限定し、「無形的記念物」保存に関しては、民間の保存運動に期待していた。

また、対象となる「有形物」の範囲については、価値判断せず可能な限り拡大して保護すべきことを主張していた。黒板は古社寺保存法（一八九七年制定）が保護対象を限定しかつ格付けを行っていることを批判していた。その内容をみると、柳田が歴史資料として重視すべきだと論じる民俗的な「有形物」も含まれている。

柳田は神社合祀政策を批判した「塚と森の話」のなかで、神が宿る森や神仏の名を記した塚を「単に一定の場所を神聖なるもの」とする「平民の大多数」の信仰の遺跡として重視すべきことを説いていた(63)。黒板意見書でも、

「史蹟の分類」の第二「祭祀及び宗教に関するもの」のなかで「神社」という項目に「（社地社殿及び其遺址附属地等）」をつけ、神社に関わる土地全体を保存の範囲としている。(64)黒板自身の神社合祀に対する認識は「敬神の念を深くせんが為めに発せられたる神社併合の内務省令が、反つて神社を破壊せる結果を観たる地方あるが如き、学術上の見地以外、国民の風教上よりも看過すべき事にあらず」と国民の信仰教化の点から問題視(65)していた。

また、一九〇〇年より一四年頃まで九州の久留米高良山山頂の切石群の発見を機に、「神籠石」論争が行われた。この「神籠石」も保存対象となっている。柳田もこの論争に参加し、「神籠石」は「塞神信仰と関連するもの」で全国各地に存在し、岩のない所では塚を築いたのではないかと、両者の関連性を論じていた（第二章参照）。黒板意見書にも、学術上重視されていた古墳墓に加え、「経塚」「境界標」「一里塚」「筆塚」などの塚も保存すべき「史蹟」とされており、柳田の主張と合致している。

このように「有形物」保存に関する限り、黒板意見書と柳田の主張は合致する点が多かった。黒板が極力網羅的な保存を提唱した背景には、国史学をはじめとする専門研究が未発達であるとの認識(66)とともに、史学的価値がなくとも「国民の風教道徳の方面に於ける研究資料」とするという意味を重視していたからである。黒板の史蹟保存論は全国各地の史蹟への関心を呼び起こした。『歴史地理』では「史蹟保存」論と郷土史研究の気運は相関連して勃興していると報じられた。(67)『郷土研究』における歴史資料とアカデミズム史学の史蹟遺物論とは保存の意味が異なる部分があるとはいえ、広範囲の史的遺物の保存を主張する点で共通の内容をもち、相乗効果によって「郷土」保存および研究の気運を盛り上げた。

一方、柳田は「有形物」のみを保存の対象とする史蹟保存論に対決する姿勢を示していた。史蹟名勝天然記念物保存協会の評議員就任への依頼をしばらく保留した上で、(68)一九一七年六月の第三回総会・懇話陳列会での講演は、「瀕亡の種族、言語、風俗、伝説の保存に関し、万丈の光焔を吐き、満場をますかた（益）煙に巻き去られたり」

と記されている。[69]柳田自身の回想では、「我々がもつと熱心に保存すべき紀念物、人の知らぬ間に闇から闇へ隠れて行く危険の遥かに大なるものが他に在ること」を指摘すると同時に、「我々の要求する所は知つて而して研究することであります。記録をし、人をして考へしめることであります」と主張したという。[70]黒板意見書では挙げられていなかった風俗言語などの「無形的記念物」を最も重視すべきであり、史蹟の保存よりも研究することの重要性を説くことで、柳田は協会を批判した。

これに先立ち『郷土研究』一九一四年一〇月号の「社告」で、採集報告を「切望」する事項が新たに掲げられた。年中行事や儀式、風習、呼称や言い伝え、唄などを挙げた上で「書物に出でたるものは永く残り見る人が見れば真偽も明かなり。人のよく知る郷土の鎖聞は却りて目前に消え失せんとす」[71]と、「無形的記念物」収集に力を入れることを宣言していた。それは郷土の人々の「心意現象」解明を目的とする柳田民俗学の核心につながっていくものであると同時に、国家による史蹟保存の欠陥を補う、黒板が切望した民間の保存運動の本格的実施でもあった。

「伝説」、「地名」の史的価値をめぐる対立

先述の通り、黒板意見書には「第十一　伝説的史蹟にして風教に関するもの」があり、「史学的価値」のない国民教化のための史蹟の保存が提唱されている。たとえば楠正成親子訣別の美談の地・桜井駅址は、明治期に重野安繹によりその作為性が指摘され、学術上「史実」と無関係の場所であった。先行研究では、黒板の意見書は明治中期の歴史認識の到達点を否定し国家の恣意的な伝説の顕彰につながるものと批判されている。[72]前項との関連でいえば、民間に伝えられてきた伝説の残存など記紀神話に史的価値を認める黒板が、郷土各地の伝説については史的価値とは異なる側面を中心に史蹟保存を論じていることに注目したい。黒板の場合、史的価値の認定において記紀と郷土の「伝説」には区分けがあった。

一方柳田の場合、郷土の「伝説」に対する姿勢は記紀神話の解釈の際と同様であった。まず柳田は、歴史地理学会の中心的課題の一つで、同時代の郷土誌でよく引用され流布した吉田東伍『大日本地名辞書』の記述を批判の標的にした[73]。たとえば京都豊国神社の耳塚に関し、文禄慶長の役の際「我軍戦捷の印に斫劓して之を送り豊太閤の実検に供せし者を埋めたる也」とされている。耳塚は文禄慶長の戦で朝鮮人の耳や鼻を削いで日本に送ったものを埋めた塚であるという伝説を、そのまま地名の由来としている。これに対し柳田は、「歴史家の眼で見て果してどの位まで誠らしいか知らぬが、吉田東伍氏などは先づ之を真に受けて居られるやうである（地名辞書）。よほど古くから豊臣秀吉はそれ程残忍な人のやうに考へて居た者らしい」と皮肉っている[74]。

そして自説として、人間の耳ではなく生贄を神に祭る場合、普通の動物と区別し「神又は精霊の占有する物なることを示す標識法として、其動物の一眼を潰し又は片耳を切つて置くことは自然なる手段である」と、生贄となる動物の耳を切り埋めた塚であると推測する[75]。荒唐無稽な伝説の内容をそのまま「史実」とするのではなく、複数の「耳塚」を比較検討し、過去の社会で行われていた生贄の祭祀の痕跡の一つとしている。

また、全国に分布する郷土の伝説のなかで「七塚」あるいは「七人塚」を取り上げ、種々の伝説には七人が殺されたこと、村境に葬られたことが共通点としてあることから、「多分は御霊を以て境に祭る神なりとする上古からの思想と、斗星鎮護の道密両家の説とが合体して、茲に七人御先の塚の物語が組立てられたものであらう」と推測する。そして、「八人の家内の中一人だけ生残つたと云ふ類の話は、所謂七人塚の祭祀に主管者のあつたこと、即ち此信仰が或る階級の巫覡に由つて宣伝せられた一種系統ある宗教の儀式であつたことを証するものであると思ふ」とする[76]。七塚は歴史上殺戮の記録をとどめる塚ではなく、巫女により広められた宗教の儀式が行われた場所であり、上代からの御霊信仰や道教密教の北斗七星を神とする妙見信仰が合体した民間信仰の遺跡であったとする。

そして、平安中期の歌人和泉式部の遊行伝説が各地に散在している理由についても、「此種の伝説は丸々の空中楼閣では無かつたであらう。時代こそずつと後であらうが、或時上方から泉と云ふ姥又は尼が来て、祈禱神祭を業として里人に強い印象を与へたことだけはあつたのであらう」と仮説を述べる。そして「諸国に泉の尼が多かつた理由を回想するに、此輩或は特に水脈水質に通じ、笈《おい》に本尊を納めて村々を巡歴する際、よき泉を見付けては其傍に止住する習があつたのでは無いか」と、中世に遍歴する尼僧の生活の痕跡が伝説となったものだとしている。(77)

このように全国に散在する郷土の伝説を収集し固有名詞や年代にとらわれずその内容を整理、比較した上で共通点をもとに柳田が引き出すのは、過去の民間信仰の内容や儀式であり、また各地を遍歴して祈禱や祭祀を行う民間の僧がその土地を訪れた痕跡である。久米や吉田のように神話や伝説をそのまま「史実」と結び付ける態度と方法への批判を徹底させることで、黒板のように伝説の史的価値を否定せず、一見荒唐無稽な「伝説」から「史実」を導き出す方法を編み出した。その「史実」とは、文献には記録されていない中世社会の民間信仰や民間僧の移動の歴史であった。

また柳田は、各地域の地名についても、「伝説」と同様の方法で「史実」を導き出している。その方法は伝説と同様、同じような地名を集めて整理し、比較することである。具体例として次のように述べている。

「同じやうな土地の形状、例へば崖の上面を何ハケと謂ひ、側面を何ハヾと謂ひ、急傾斜を何マヽと謂ふものが、国を連ねても十も十五も発見せられるなら、其ハケ・ハヾ又はマヽは、斯ういふ場所を意味した普通名詞なることが知れるのである」。(78)

地名の語音と形状の関係を複数集めて比較することで地名の法則を見出している。また、占有前につけた地名である「標前地名」の残存状況から、日本の土地開発の特徴が判明するとしている。柳田によれば「標前地名の大多数が、引続いて今日まで使用せられて居ると云ふ事実は、我邦の開発が一般に東部欧羅巴など、違つて、最初から甚だしく集約的であり、村は自然に各自の周辺に向つて成長して、遠来の移民のはまり込むだけの余地が、夙《はや》くから余り無かつたことを語るもの」だという。(79)地名から得られるのは、過去に使用された普通名詞やその社会における土地利用や開発の歴史であった。

このように柳田は第一期と同様に、郷土で伝承されてきた「伝説」を直接「史実」と結び付ける吉田らへの批判を徹底し、多くの事例を集めて比較するという帰納法によって地名や伝説から「史実」を引き出した。それは「伝説」の歴史資料としての価値を否定し国民教化の手段として重視する黒板と対立する。黒板の郷土の「伝説」に対する冷淡な姿勢はアカデミズム史学の主流となり、史蹟保存運動が全国的に広まる一九二〇年代半ばには、政治的活動によって郷土の「伝説」を「史実」と認定させようとする一般の人々と真っ向から対立することになる。「伝説」を歴史資料として日本社会の歴史を明らかにする柳田の方法は、郷土に伝えられてきた「伝説」を歴史事実として尊重する一般の人々に対し「伝説」や「地名」を歴史資料として活用し、科学的に「史実」を導く方法を提供する道を開くことになる。

以上のように、柳田編集の第二期『郷土研究』では、「郷土研究」の方法や文献以外の歴史資料を扱うことでアカデミズム史学への対抗が意識的に打ち出される一方、「郷土研究」が目指す日本中世社会の解明の方向性は、同時期の京都帝国大学を中心とする歴史学界と一致していた。そして口承伝承などの民俗資料により柳田が推測し指摘した「史実」は、清水三男や牧野信之助などの中世史研究者に受容され、文献研究によって実証された。「郷土研究」とアカデミズム史学の協同による中世社会史解明が行われたのである。

次に、『郷土研究』で掲げられた文献以外の歴史資料の一部は、ヨーロッパの「郷土保存」運動の刺激を受けた黒板意見書で表明された広範囲な保存すべき「有形物」のなかに含まれており、「郷土研究」は史蹟保存運動との相乗的効果によって世間で認知され、その気運を高めることになった。そして黒板が国家保存の対象外とした「無形物」を研究の最重要資料とする点で、「郷土研究」は「アカデミズム」を補完する役割を担っていた。

一方、「伝説」と「史実」の関係において、郷土の「伝説」の史的価値を否定する黒板に対し、郷土の「伝説」にある種の「史実」が含まれるとする柳田は、「郷土研究」の方法により「伝説」「地名」から中世社会の歴史「史実」を導き出す。アカデミズム史学との対立を意識しつつ実際は共通点や一致する部分をもち、アカデミックな中世史研究に貢献した柳田の「郷土研究」は、「伝説」から「史実」を導く方法においてアカデミズム史学と一線を画した。

4　中世史開拓における協同と「伝説」の史的価値をめぐる対立

「郷土研究」とアカデミズム史学との関係を二期にわけて検討した結果、次のようなことが明らかになった。第一に、高木編集の第一期は、神話・伝説研究を全国の郷土資料を収集し研究を行うことで文献学研究に対する貢献を目指しており、アカデミズム史学と共通の方向性をもっていた。一方柳田編集の第二期は、郷土資料の研究方法を提示し文献中心のアカデミズム史学への批判を打ち出すと同時に、実際には中世史研究の開拓というアカデミズム史学の気運に同調する側面があった。また、柳田の中世社会像に関する指摘は「社会の歴史」解明の気運のもとアカデミズム史学出身の若手中世史研究者に受容され、中世社会史研究の進展に寄与することになった。

第二に、記紀神話について、アカデミズム史学も「郷土研究」も共に比喩論的解釈の久米の立場は否定しており、また記紀神話に民間伝承の残存などの史的価値を認めるという点で黒板と高木・柳田の認識は一致した。高木の比較神話学による記紀論は黒板によって高く評価される。一方、古代の民間信仰は文献により抑止されたとする津田に対し、民間伝承の歴史的経過のなかで、記紀と民間信仰双方に共通する巫女神信仰が祖先神神話へ成長発達することを柳田は明らかにした。それはアカデミズム史学と民間の口承伝承の歴史を総合し「国民」宗教としての神道の解明を目指すものであった。

第三に、歴史資料論におけるアカデミズム史学と「郷土研究」の関係は、中世史研究の開拓を目指している点、史蹟保存における「有形物」の可能な限りの範囲拡大において一致し、「無形的記念物」保存について「郷土研究」では民間による運動を期待する黒板の主張に沿う形で収集を論じており、両者は相互補完の関係にあった。

第四に、郷土に伝わる「伝説」の史的価値について、アカデミズム史学と「郷土研究」は相反する認識を示した。黒板は郷土に伝わる「伝説」を国民教化の手段として捉え、その史的価値については否定的であった。また、歴史地理学会やそれに追随する郷土誌編纂者たちは「伝説」内容をそのまま「史実」とみなして郷土の歴史を編述した。これに対し柳田の「郷土研究」は、全国の「伝説」を収集、整理し比較検討することによって郷土の「伝説」から「史実」を導き出すことができると考えていた。その「史実」とは文献に記録されていない中世社会の民間信仰や民間僧の移動の歴史、また過去に使用された普通名詞やその社会における土地利用や開発の歴史、すなわち社会の歴史であった。「郷土」に遍在する資料を基礎として科学的に構成される歴史学を構想していたのである。

このように第一期でアカデミズム史学と同調する傾向の強かった『郷土研究』は、第二期の柳田編集以後、意識的な独立を目指しつつも同調する側面をもつことで『歴史地理』や中世史の若手研究者たちの社会の歴史解明の志向に応え、歴史学研究の進展に寄与した。そして郷土に散在する「伝説」等の資料を基礎に、社会の歴史解明の方法を明らかにしたのである。

終章　「大正デモクラシー」の学問の特徴

1　キリスト教・「帝国」日本・歴史

本書では、吉野と柳田におけるキリスト教、「帝国」日本への向き合い方、歴史の視点を検討してきた。各章より抽出してその内容をまとめてみたい。

キリスト教からの思想的影響

まずキリスト教について、その精神や思想は「大正デモクラシー」期の思想にどのような影響を与えたのか、吉野と柳田のそれぞれについてまとめる。まず吉野の思想については次の五点を挙げたい。

第一に、キリスト教精神に基づき吉野は近代天皇制の改造に取り組んだことである。吉野は神話に基づく伝統的な「国体」を否定し、海老名神学から得た社会化されたキリスト教精神としての「人格」を君主と国民の関係の基礎におく天皇制を将来の構想として描いた。それはヨーロッパ君主制一般に通じる合理的で道徳的な内容へと天皇制を改造しようとする試みであった。こうした「国体」の合理的基礎を論じるのは「大正デモクラット」共通といえるが、吉野の場合は人々の「自然な忠義心」に任せるのではなく、自発的な「愛慕」を得るため皇太子に対し「人格」的君主を育成する教育政策が必要だとし、人間として理想の君主像構築を目指した点が特徴的である。

第二に、キリスト教精神を媒介とすることで、社会主義やアナーキズムを「大正デモクラシー」の精神として受容したことである。ヨーロッパ留学時に、現代政治の基底には弱者の強者からの解放の精神があると認識した吉野は、「デモクラシー」と社会主義は共にこの精神を具体化したものとする。それは普遍的なキリスト教精神である「個人の価値の尊重」と「四海同胞」の精神の政治的表現であるとされた。そして大戦後はキリスト教の理想である「神の国」を媒介に「人道主義的無政府主義」、国家の究極の理想状態として倫理的なアナーキズムを受容し、さらに荘子にもこの理想があるとし、東西の思想に通じる普遍的な精神とした。このように吉野は「デモクラシー」の精神を、社会主義、アナーキズムを含む社会変革の精神と考えていた。吉野はキリスト教を普遍的な精神と捉え、その思想的展開のなかでさらなる普遍化を行い、唯一神を基礎とする宗教は皆同じ理想をもつとするフリーメーソンに同調し、キリスト教や教会の固有性を否定していった。

第三に、吉野はヨーロッパ各国の宗教政策を参考に日本の宗教政策を判断している。カトリック教会と国家との歴史的関係を宗教権力と国家の関係の典型と捉え、その基準に基づき政府による神道政策を批判した。国家による特定宗教の「公認保護」および「宗教指導」を二大「過誤」政策とし、政策の廃止を主張した。

第四に、吉野はキリスト教を理解する「文明」国の植民地化および侵略を問題視した。吉野はキリスト教を理解する中国や朝鮮半島の儒教「文明」の知的水準を評価し、日本の政策を批判する一方で、南洋群島など島嶼地域の植民地問題に関してはほとんど言及していない。キリスト教を理解する国家であるかどうかが判断の基準になっていた。またキリスト教を世界宗教の発展段階の到達点とし、神道を「民族宗教」として価値的に下位においている。さらにキリスト教に基づく生活慣習を理解しない日本人移民がアメリカ社会から排斥されるのを当然視し、日本人の国際道徳欠如の理由に、キリスト教道徳への無理解を挙げるなど、キリスト教浸透度によって国の知的水準をはかる側面がある。

第五に、キリスト教精神を個人の内部に存在し、かつ国際社会の原理であるとすることによって、吉野は国家を相対化し、その政策を批判する立場にたった。個人の内面に国際社会の原理に通じる道徳が存在するとし、個人の道徳的判断が選挙や政治の基礎となる考え方から、「人格」を判断の基礎とする代議制度が完成すれば政治の理想的な形態が究極的には出現するとしていた。

次に柳田におけるキリスト教の影響については、以下の四点を挙げたい。第一に、柳田はキリスト教を、個人の魂を救済し隣保精神などの社会倫理を普及させる宗教と認識した。しかし自身は魂の救済を得られず、キリスト教に代わる社会倫理普及のための産業組合も期待していたような効果が得られなかった。その結果日本国内の民間「神道」に注目し、そこに社会倫理の基礎を見出すべく研究を開始する。キリスト教の日本社会移入への断念が日本古来の宗教への関心を高め、民間「神道」発見につながっている。

第二に、柳田の民間「神道」研究において、キリスト教は「世界宗教」の範型として、その民間「神道」像形成に影響を与えている。明治末期にキリスト教と相反する宗教として発見された民間「神道」は、大戦後に処女懐胎や聖母マリア信仰と共通する「神人通婚」や「母子神」をその中核にすえることで普遍的な宗教への可能性をもつ宗教となった。また戦時下、氏神は各々の共同体において時代を経ても単一性を保持する唯一神であり、氏子に「愛情」を注ぐ神であり、共同団結のための公的な信仰であるとした。このような唯一神化への可能性をもち社会倫理として機能している民間「神道」は、世界宗教として統一する可能性をもつ宗教とされた。キリスト教を範型とすることで、柳田の民間「神道」論は時代が下るにつれ、世界宗教としての要素を備えていくことになった。

第三に、キリスト教成立過程におけるヨーロッパ各地の民間信仰との関係性は、柳田がみずからの民俗学の重要性を認識する契機になっている。キリスト教信仰が布教地域の民間信仰を吸収して成立していること、その民間信仰の内容が日本に通じる内容であることを『桃太郎の誕生』を通じて解明することにより、柳田は日本の独自な民俗学研究が世界貢献への可能性をもつことを主張した。

第四に、国際政治論において、柳田はキリスト教「文明」が権力化し他文化を抑圧する側面に注目し、キリスト教が植民地支配を支える価値基準として機能している点を批判している。それは日本の朝鮮統治をヨーロッパ帝国主義の模倣とする論理へと連なっていく。また、柳田の南洋群島や沖縄諸島、樺太などの島嶼地域の文化への関心の基礎となっている。キリスト教「文明」に抑圧され自主性を喪失し衰退する島嶼地域を日本の衰亡に重ね合わせ、島国国家日本という視点を得ている。

以上を踏まえ、柳田の天皇制および国家の宗教政策論について二点を指摘したい。第一に、柳田は「君主政体」を国民の幸福実現の組織として肯定した上で、皇室祭祀を国民各々の信仰の象徴的存在とした。大正天皇即位の際に実見した大嘗祭と日本各地の稲作農耕儀礼の類似性をその根拠にしている。この関係性は記紀の二子神話と対立する民間の三子神話の研究を断念した上で立てられているように、皇室祭祀と国民の信仰が本来的に異なる可能性を伏せて論じられたものである。その関係によるものか戦時下になると各地の「神道」の「国教化」は不可であると発言、天皇のマツリゴトとは国民各々の自発的な共同体の公の信仰を承認することであるとし、国家の宗教政策の基調は国民各々の自発的な信仰共同体を尊重すること、すなわち「自治」の「承認」にあると主張した。国民の自発的で多様な自治を肯定する象徴的存在として天皇を位置づけている。

第二に、柳田が論じる民間「神道」論は常に国家の宗教政策を批判する根拠となっている。まず明治末期の「えたいの知れない」雑多な民間「神道」により、皇統を中心に神社を一元的に統合する神社合祀政策を批判している。次に大戦後の世界共通の民間の「母子神」信仰を核にする「神道」により、内務省の神社非宗教論および「平田神道」を批判した。そして戦時下の氏神信仰論により、家父長中心の「家」の復活強化、国家の「八百万の神」観念、信仰の国家的統一、戦時下の私的祈願隆盛に対抗した。さらに神祇院が進める無格社整理や「私祭神祠」の取締り批判へ展開していったのである。

「帝国日本」への向き合い方

次に両者の「帝国」日本への向き合い方についてまとめる。

まず吉野については次の三点を指摘したい。第一に、日本の植民地統治に関し、大戦後の国際状況をみすえ将来的な「帝国」否認を主張した。キリスト教精神を基調とする国際的な「正義」実現を目標に掲げることで、国際連盟の委任統治方式を妥協とし、「自国中心的」で国防本位の朝鮮統治政策を批判した。そして民族自決主義を共通原理とし最終的には支配・被支配関係を否定する関係を築くことを将来の目標とした。

第二に、吉野はアメリカの日本人移民排斥問題の遠因を、日本の侵略的な東アジア政策に対する脅威にあるとし、その政策の転換を求めると同時に、日本の「工業立国」化と予算捻出のための軍事費削減など国家政策の根本的な変更を求めた。また、満蒙移民の目的を競争力のない日本の「幼稚な工業」を保護するための専属的範囲の確保だとその必要性に疑問を投げかけるなど、移民問題で顕在化する日本の侵略政策を批判した。

第三に、「現代」政治史研究において大戦後の国際的な「帝国」否認の方向へ日本を導くための構想を『対支問題』で明らかにした。大正初期にはヨーロッパ「文明」から日本へ波及した「民本主義」の中国革命への影響を論じていた吉野は、その後の日本の「帝国主義」的侵略政策の遂行と中国革命の進展により構想を変更した。日本に先んじて中国の民主化が進行し、日本の国際的孤立の危機が進行するなかで、中国統一を前提に日本の大陸政策の変更を論じた。

次に柳田における「帝国」日本との向き合い方について、次の四点を挙げることができる。第一に、ヨーロッパ「文明」の抑圧的で侵略的な植民地支配を踏襲する日本の政策に対し、帝国内の文化の多様性を尊重する帝国改造を主張した。イギリスの自治領や中国の冊封体制を例に、帝国主義を形式化し、各植民地の文化的自主性を尊重する「共同生存」の統治実施を提唱した。その上で列国の共同監視による植民地の委任統治を政策的に評価し、日本が統治する予定の南洋群島について、日本からの移民による南洋漁業の活発化を期待し、太平洋諸島と文化的に共通である日本の委任統治は成功すると予想した。

第二に、日米の移民問題の源泉は、国内で長年実施されてきた「半代出稼」の海外移民における踏襲と、余剰都市民を移民として送り出す点にあったとする。柳田は対策として海外移住への覚悟をもった農民の海外移民を推奨し、現地の慣習に合わせる「共同生存」の実現を提唱した。

第三に、ヨーロッパ諸国との非対等な関係や朝鮮統治失敗の要因を、日本社会で培われて来た「国柄」あるいは「気風」に求めている。それは日本人の自主的結合力の弱さと権力依存性、共同体内部で完成した道徳を外部で適用しない「村社会の癖」と「田舎の世間通」ともいうべき非対等で一方的な交流方法にあるとした。

第四に、ヨーロッパ「文明」を中央集権体制に組み込むことで、国内の多様な地域の文化や国民の自主的思考を威圧し衰退させているという日本の内なる帝国主義を問題にした。こうした状況を解決するためにかつて農村の一部に存在した「共同団結の自治」の再生、産業組合や普通選挙制度の実施、口語教育改革を提唱した。また各人の「自助」、「自治」の精神の基礎として「固有信仰」を解明した。

歴史の視点

両者は歴史を研究のテーマとしている。歴史という視点は両者の思想にどのような特徴をもたらしたのか、まとめてみたい。

まず吉野の「現代」政治史研究の特徴として次の三点を挙げる。第一に、吉野の「現代」政治史の構想は、憲法や政治上に現れる「民本主義」精神の世界史的展開を明らかにするものである。目に見えない精神（「民本主義」＝弱者の強者からの解放）の歴史的展開を明らかにすることで将来の方向性を論じる吉野の方法は、「理想」や「正義」が世界を動かすようにみえた一九二〇年代において現実性のある研究であった。しかし二〇年代末以降の世界情勢は、ヨーロッパ、日本、中国の単線的な思想展開構想の変更を余儀なくさせるもので、吉野の研究は困難につきあたる。

第二に、吉野は明治史研究において、戊辰戦争敗者の視点を内在化させた民間世論の形成過程と、明治憲法制定以後もその政治的影響力が拡大する様相を描き、「民本主義」出現の必然性を論じた。ドイツ式の「専制的形式」憲法案（政府）とイギリス流の議会主義的立憲君主制案（民間）が対立したこと、民間では人民主権論が主流で勤王意識は希薄であったこと、明治憲法が政府主導で制定された結果、運用や実践において憲法条文と乖離し憲法解釈に困難が生じていく過程を描き、「民本主義」が政治上実現する必然性を導き出している。

第三に、吉野はヨーロッパにおける近代的政治概念の受容およびその推進において、道徳的規範や宗教的使命観が深く関わっていると考えていた。日本においても儒学者がヨーロッパ自然法を新たに服すべき規範とし、自由民権運動が一種の宗教的熱情や使命感によって推進されたことを解明することで、宗教的精神による近代的概念の社会的拡大の意義を自らの「大正デモクラシー」運動とオーバーラップさせて論じた。

次に柳田の思想における歴史のもつ意味について三点を挙げる。第一に、柳田は現代の政治社会問題を解決する方法を、近代以前の社会に存在していた方法や政策を範型として論じる傾向があった。近世農村の一部に存在していた「共同団結の自治」、中国の冊封体制やオランダ領東インド支配などの近代以前の文化的な他国支配の方法の検討、氏神信仰（固有信仰）などである。過去の方法により維新以来の近代化を相対化し、歴史のなかに現代の問題解決の根拠を見出すことで実現可能な方法や政策の提案が可能だとしている。近代と近世以前が混在しているという日本社会の状況が柳田の方法を可能にした。

　第二に、柳田の民俗学は歴史学ならびに考古学・人類学との格闘のなかで形成され、反発と相互提携の複雑な関係にある。まず考古学とは、現代の地層（事物）から過去を掘り起こすという方法において共通しながら、塚や巨石などを墓所と認識しようとする考古学界の通説に対し、それが民間信仰の施設である可能性を提示し、精神文化の考古学を主張した。また、柳田は石神に対する人類学者の見解を批判しつつも、大和民族の先住民征服説を前提としていた。次に歴史学とは、文献資料が希薄とされた中世史研究開拓の必要において共通の方向性をもち、若手の歴史研究者とともに社会史進展に寄与した。また、時系列に即した実証主義史学の側面をもち、史蹟保存運動においては実質的にアカデミズム史学を補完する役割を担った。一方、「伝説」等の口承伝承を歴史学の史料として否定する学界に対し、データの全国収集と相互比較の方法により民間信仰の儀式や各地を遍歴する宗教者の動向を明らかにし、国民の信仰史構築の可能性を追求した。また、方言および婚姻制度における民俗学資料を利用した文化史・社会史解明のための共同課題を提起している。

　第三に、柳田の学説のなかには、世界的に共通する「上代」文化の探求への意向、東征した大和民族と先住民族との対立抗争という「史実」、先住民族の末裔としての「山人」の実在という、現代では否定された学界の通説的見解が含まれている。「えたいの知れない」民間の精神文化の内部に入り込み、その本質を明らかにしようとした柳田民俗学の試行錯誤が示されている。

2　「大正デモクラシー」の学問の特徴と現代

次に吉野と柳田の思想の共通点と相違点をまとめ、「大正デモクラシー」期の学問の特徴について五点挙げてみたい。

両者の学問の共通点と相違点

第一に、両者とも日露戦争、第一次世界大戦によるインパクトを受け、普遍性を追求している点が共通する。吉野の場合、個人の内面的な道徳が国際社会を支配する原理となることを理想とし、「四海同胞」や「神の国」といったキリスト教由来の理想を国際社会や国家の原理とすべく「政治学」の革新を論じ、神の意志の時代的表現である「民本主義」（弱者の強者からの解放）の世界史的ならびに国内的展開を構想した。

柳田の場合、大戦後人類共通の「上代」を前提とする人類学的文化史を受け、日本の「固有信仰」の世界的基礎を聖母マリア信仰に通じる「母子神信仰」とし、雑多で多様な民間「神道」の世界宗教への可能性を論じた。普遍性は国内の信仰民俗のなかに存在するとしたのである。

第二に、両者は国際社会における日本のあり方に関心をもち、世界への貢献を意識していた。吉野は民族自決主義に呼応し「帝国」の将来的否認への方向に立ち国家の侵略的政策を批判した。またヨーロッパと東アジアをつなぐ東西文明の結節点として日本を位置づけることにより、ヨーロッパ、日本、中国へと波及する「民本主義」精神の歴史を構想する。しかし日本の国際的孤立の危機のなかで、構想は見直しを迫られ、国家政策批判も混迷する。

一方柳田は、国際連盟を評価し、委任統治方式に組して多文化主義に基づく帝国改造を提唱する。太平洋を中心とする島々の文化圏のなかに日本をおき、沖縄を日本文化の祖とし南洋群島との文化的共通性を論じ委任統治の可能を論じた。また、日本は大国の「文明」からの圧迫を国内政治に反映させる島国国家の典型で、島国ゆえに古来の慣習文化が豊富に残存する民俗研究の宝庫であり、民俗学の最先端となる可能性をもっているとした。

第三に、両者は「国民」精神の歴史を構想した。吉野の場合、「民意」を歴史の原動力とし、「民本主義」の精神が維新後の日本の政治社会に実現していく過程を描いた。民間の立憲君主制的議会主義の構想が、初期議会で顕在化し、憲法解釈として実現していく過程を描いた。

柳田の場合、中世史開拓や史蹟保存などアカデミズム史学と課題を共有しながら、民間伝承資料を活用することで「国民」の精神文化史を構想する。政治の中心となるべき「国民」の歴史を明らかにすることで国家の方向を決定する基礎を明らかにした。

第四に、両者はともに宗教を思考や研究の中心におくことで、国家の宗教政策を批判し近代天皇制の改造を論じた。吉野はカトリック教会研究ならびにキリスト教道徳によって国家の神道政策の廃止を主張し、国民の道徳的中心となるべく皇太子教育の必要を説き、合理的な君主制へと基礎づけることを試みた。

柳田は民間「神道」を研究の中心とすることで、神社合祀政策、神社非宗教論、神社参拝強制、無格社整理など国民の自発的信仰を失わせる国家の神道政策を批判し続けた。そして、天皇のマツリゴトの主眼は国民の自治的信仰の承認にあるとし、天皇を政治的に受動的な地位においた。

第五に、両者はともに「民主主義」を主張した。吉野は「民主主義」を人間の能力が解放され全ての人間が規範的価値の創成者となる社会の実現とし、そのための政治的・経済的・文化的「デモクラシー」を主張した。制度的な民主主義だけではなく、社会主義やアナーキズムが含まれる社会変革としての「デモクラシー」論であった。

一方柳田における「民主主義」とは、各人が心の内を表現し、その属する共同体の公益を集積する政治の実現であり、政策は集積された国民全体の利益を実現するものと捉えられた。「共同団結の自治」という過去の団結方法や方言文化を日本社会に復活させることで、個人が各々が公的判断をもつ「民主主義」の土台形成に尽力した。

「大正デモクラシー」と現代

最後に「大正デモクラシー」の思想の現代への可能性について指摘したい。第一に、その思想の根幹は様々な方面からの抑圧や強制から人間本来のありようを解放することを目的にしている。吉野の「デモクラシー」思想は、社会主義やアナーキズムなど同時代の社会変革思想や「四海同胞」の平和思想を組み入れ、究極的には人間の本性を抑圧や強制から解放することを目的にしている。また、柳田も「文明」の圧迫強制（「帝国主義」）に抵抗するために国民の自主的な思考の復活の必要を掲げ、そのための方策として近世期農村の「共同団結の自治」を挙げている。そして普選下の「民主主義」を実現させるために自身の心を忠実に表現することを要件とし、国語教育の改革を主張している。

両人に通じているのは、内外の帝国主義的圧迫に対し天皇制国家という枠内で人間性の解放を論じた点である。そのため「民主主義」を制度の問題に限定せず、どのような体制でも通用する精神として論じることになった。それは理論の枠にとらわれず思想を多面的に捉えること、自らの内部や生活のうちに抑圧性を見出し払拭する方法、自らの内にある声や意見を解放させる必要性など、現代の抑圧社会に生きる我々に通じる課題や視点がある。

第二に、「大正デモクラシー」の学問は、同時代の世界的な変革を受け止め、総合的な視点をもち、「現代」の課題に応えようとする学問である。吉野は大戦後の多様な思想を含み東西に共通する「デモクラシー」の思想史を構想し、「現代」の動向や課題を将来的構想から探り、日中関係の解決策および日本の将来の政治の方向性の基礎を提示した。「明治文化研究」においては、「デモクラシー」を推進する宗教的熱情の意義、民間世論が政治上に実現する経過を実証的に明らかにし、宗教的精神をもつ知識人の存在価値と国民の意向の歴史的意義を明らかにした。

柳田は、その学問形成期よりアカデミックな人類学、考古学、歴史学の研究と格闘し、大正デモクラシー期の「文化史」等の各分野総合の潮流を受け止め、「現代」社会のなかから国民の信仰を中心とする精神文化の歴史を時系列的に構築し、歴史学をはじめとする隣接学問に共同の課題を提示した。一九三〇年代初頭までに行われたこの試みは、それ以降の民間伝承の会中心の民俗学と区別される、総合的な学問としての民俗学構築の試みであるといえよう。両者の試みは、第一次世界大戦前後の世界と日本の状況が学問に及ぼした影響を体現している。

第三に、両者の世界観は現代まで続く日本に関する思考の二つの型を示している。ヨーロッパと中国の両文明の結節点として日本を論じる吉野の日本像は、戦後も丸山眞男など日本の知識人にみられる「文明」国としての日本像である。一方、日本を太平洋の島々の一環に位置づけ、島国国家としての特徴を沖縄と比較しながら普遍化する柳田の日本像は、辺境から日本を普遍化する思想として、島尾敏雄などにみられる。

また、将来の構想や原理から現代の課題を論じる吉野に対し、過去の事例から現代の解決策を導こうとする柳田の方法は、未来の理想によって民衆を導くか、あるいは民衆のなかに未来に資する智恵を見出し形にするかという、民衆に対する戦後知識人の二つの型が表れているともいえよう。両者を対比することにより、現代の思考や思索の原点が見えてくるのである。

補章　「新しい歴史学」と「我々の文化史学」

1　「文化史」＝歴史学界の新潮流

「大正デモクラシー」の時代、大学機関を中心に「新しい歴史学」と呼ばれる新しい研究動向が登場した。山口輝臣によれば、和辻哲郎と竹岡勝也を中心に「天下国家」への関心の希薄化を伴う「文化なるもの」への関心の共有から生まれた、専門領域を超えた学問総合の枠組みとしての「文化史」である。大正初頭より多様に展開し、第一次世界大戦後は各大学に「文化史」講座がおかれるようになった(1)。また昆野伸幸は、第一次世界大戦後、歴史学において「現代文明」ならびに「帝国主義的闘争観」を相対化する新傾向が古代への回帰、歴史の世界的総合化として現れたとする。その代表格に西村真次の人類学的文化史を挙げている(2)。

柳田も一九二〇年代に自身の学問を「我々の文化史学」と呼んでいる。柳田はまた、京都帝国大学で「文化史」を担当した西田直二郎と交流があった。林淳によれば、西田の文化史学は古代史研究に民俗学的方法を適用し、史蹟・史料の共同調査を実施するもので、戦時下には日本精神を鼓吹するものだった。また、京都帝国大学文学部で民俗談話会を主宰し、古代史研究の方法として民俗学的方法を活用、門下生のなかには柳田から甚大な影響を得た者もいる(3)。菊地暁は、西田の「文化史」と柳田民俗学が共有する課題を指摘し、柳田が対抗したのはアカデミズム一般ではなく、東大中心の文献史学アカデミズムだとしている(4)。

このように柳田民俗学は「新しい歴史学」として学界に登場した「文化史」と同調する側面があった。そこで本章では、『郷土研究』休刊後の一九一七年以降の「新しい歴史学」の潮流と柳田の学問との関係について、以下の二点について考察する。第一に、歴史学雑誌の彙報欄における、「新しい歴史学」および柳田の学問に対する認識を検討する。彙報欄には若手研究者や大学院生が歴史学界の新しい動向について感想を交えて執筆しており、年間の研究動向や新刊を紹介論評している。具体的には、『史学雑誌』（一八八九年創刊、東京帝国大学史学会）、『史林』（一九一六年創刊、京都帝国大学文学部史学研究会）、『史学』（一九二一年創刊、慶應義塾大学文学部史学科）を検討する。文献史学の代表である『史学雑誌』に対し、後者の二誌は「新しい歴史学」の潮流に呼応して創刊されている。また、考古学や人類学などの「隣接学問」との親和性が高い。とくに『史学』は柳田と交流ある学生が雑誌の中心となっている。三誌の差異に留意しつつ、それぞれの認識を検討する。

第二に、西田直二郎の「文化史学」を取り上げ、柳田と比較する。柳田の「我々の文化史学」と西田の「文化史学」を比較し、相互にどのような特徴があるか検討することによって、柳田の目指した歴史学の内容を明らかにする。

2 『史学雑誌』・『史林』・『史学』彙報欄の「民俗学」

『史学雑誌』（東京帝国大学史学会）

アカデミックな歴史学雑誌の中心である『史学雑誌』（東京帝国大学史学会）では、一九一〇年代半ば以降、歴史学の新傾向に関する報告がみられるようになった。その特徴について次の三点を指摘したい。

第一に、津田左右吉の「文化史」に対する評価である。K・N生の新刊紹介によれば、『文学に現はれたる我が国民思想の研究』「武士文学の時代」の巻は「近来出色」の出来であり、「文化史として、文学史として、国民思想史として、当に在るべくして未だ在らざりし新境域を開拓したる最も尊敬すべき労作」としている。(5) また、「平民の時代上」巻に関しては「この多くの材料を巧みに使用し、従来の因襲的見解に囚はれないで、最も自由にして清新なる批判を加へ、新らしき研究の道を開拓せられた功績は、我が国史学界に永久に紀念せらるべきものであらう」(平泉澄、日本中世史)と評価されている。(6) 記紀を中心とする文献資料の批判的検討を通じ、歴史学界の常識的見解をくつがえし、国民を主体とした新たな歴史像を構築する津田の方法や学問に対する共感と同調がみられる。『神代史の新しい研究』発刊当時は黒板勝美をはじめ批判が多かった津田の研究を、新しい研究として評価するようになったのである。

第二に、考古学研究の進展による文献資料相対化の機運である。一九二〇年史学会大会における浜田耕作講演「考古学上より見たる九州古代の住民」を次のように紹介している。「文献に囚はれず自由に観察すれは《ママ》本邦古代の民族が同一民族であつた事は明か」だと浜田が力説し、先住民族論を唱える喜田貞吉を批判したことについて、平泉澄は「近来の痛快なる議論」だとしている。(7) ヨーロッパの人種交替説を神武東征説話の解釈に援用して作り上げられた大和民族の先住民族征服説は、明治期の人類学・歴史学における通説的見解であった。しかし浜田らは、発掘された旧石器時代の人骨の計測調査に基づき、日本人の原型は当初より日本列島に存在し、他地域との混血を経て現在に至るという原日本人説を主張した。この成果は文献批判の学としての考古学の評価を高めた。

津田や浜田の研究により、記紀の史料的価値がゆらぎ、「古事記偽書説」を唱える論文が『歴史地理』に登場した。この傾向に対し中村栄孝(日本・朝鮮史)は、「上代史研究」は「破壊の一面に偏する傾向」にあると危惧を表明、考古学研究の勢力「過重」に対し文献研究の重要性を説いている。(8)

第三に、民衆の政治的台頭による民衆史構築の必要についてである。「最近史界」(一九二〇年四月号)では、「デモクラシーが高唱せられ、労働問題がやかましくなつて、時代は益々民衆の世界になつてゆく。こゝに自ら民衆勢力の発達史が考へられ」るようになったと民衆史台頭の理由を指摘している。(9)

以上のように、国民思想を主題とする文献研究、非文献資料研究による記紀批判、民衆の台頭による民衆史構築が歴史学の新傾向として紹介されている。

次に、民俗学や柳田に関する紹介について検討する。この項目は主に民俗学に関心をもつ若手研究者が担当しており、次の二点を指摘できる。第一に、文献学的研究を補足、批判する学問として民俗学を捉えている。高木敏雄著『日本神話伝説の研究』を紹介する植村清二（東洋史）は、津田の記紀研究を「その構成を批判するのが主なる目的であつて、構成された内容の個々の要素の点検に至つては未だ十分でない。いづれかと云へば消極的である。これを補ふのは著者（高木敏雄―筆者注）の如きMythologist若しくはfolkloristの任務」だとしている。(10) 津田の研究に不足している神話のモチーフの比較研究の任務は神話学、民俗学にあるとしている。

また志田不動麿（東洋史）は、『郷土研究』や『民族』が「今日の行きつまつた学界に一種清新の気分を注入して来たことは、何よりも大きい功績」だとし、「共同研究の必要を認め、これを実行し来つたことは、多くの文化科学にあつて、まことに異数とする所」だとした。(11) 村川堅太郎（西洋史）は、「たとへ民俗学が体系的内容を有する科学としては成立不可能とするも一個の研究法として充分尊重せらる可き事」とし、「文献学的、外交史型史学の旧殻を打破するに最も有力な武器」だとした。(12) 民俗学が共同調査や国内問題を基礎とする点を評価している。

第二に、民俗学が学問として成立する要件として方法論の確立を求めている。植村は、神話学においては高木敏雄『日本神話伝説の研究』（一九二五年）を「方法論」が明確である点で、「最も尊敬すべき且記念すべき労作」だとする。(13) また、村川は松村武雄の神話の国際比較研究を「世界各地の民俗を観察し、比較考量の中に事の真相を把握せんと」するもので、「稍もすれば根拠なき独断的説明に堕せんとする純intensive methodに一歩先んじて居る事は異論があるまい」と評価している。[14] 高木、松村の神話の国際比較の方法への評価は、黒板勝美を継承しているものといえよう。

このことは柳田民俗学への批判につながっている。植村は柳田著『海南小記』について、「この中には著者でなければ写すことも描くことも出来ぬ世界が存在してゐる。われわれが幾度著者と同じ行程を往復しようとも見出す事の出来ぬ世界を著者はこの中に明らかに示してゐる」とする。柳田の「豊かな sympathie と鋭い直観」による文明批評の内容を評価しつつも、それが主観的な方法と独自の論理に基づく「創作」だと指摘している。[15]

前述の志田も「この学派は全く埋没してゐた資料の発掘捜査分類等に興味を誘はれてゐて、その全体的構成を、而も仮令《たとい》一般説話学の方法としてでも、我が国土に樹立するには至り得なかつた憾《うらみ》がある」とし、「この我が国土の社会生活の底礎を築く民俗説話学が、旧来とりきたつた理論の虚弱さの故を以て、又々瀕死の憂目に遭遇するであらうとは考へたくない」と理論構築の弱さを惜しんだ。[16] 柳田は一九三〇年代に『民間伝承論』や『郷土生活の研究法』など独自の方法論を構築しつつあった。しかし志田や村川は、全体を把握する理論や学問としての体系化を研究以前の段階に要求していた。アカデミックな歴史学がその方法論と体系を学問の内容より先行させ輸入に依存していたことを示している。

以上のように『史学雑誌』では、記紀批判、文献批判、民衆史という歴史学の新傾向のなかで民俗学を捉え、文献研究を補足し、共同研究によって新たな歴史像を構築しつつあることを評価しつつ、学問として体系性や理論を欠くと批判し、高木や松村の国際比較方法の導入を評価していた。「民俗学」的なるものへの学的傾向への関心は、一九三〇年前後がピークであった。[17] 柳田が民間伝承の会を立ち上げる一九三五年前後には、『史学雑誌』の民俗学への言及は急激に減少する。

『史林』（京都帝国大学文学部史学研究会）

創刊時の「発行趣意」によると、『史林』は既存の学界誌に対し新研究に対する専門学者の本格的な批評と紹介、歴史地理教育の研究および各地方の郷土に関する研究の発表の場の提供、そして地方学界との連携を掲げている[18]。一九一六年一月創刊当初より文献史学以外の考古学、地理学、民俗学等との提携や地方連携などを志向する「新しい歴史学」を掲げる雑誌である。年一回「昨年の史学地理学界」で学界の展望を行っており、そのなかで柳田の著作・論説を紹介している。

『史林』では、『史学雑誌』と同様に民俗学を考古学の「補助学」（「土俗学」）の項目で紹介しており、非文献資料研究の学問の一分野として分類している。また学界展望欄では、肥後和男（日本文化史）が「近年とみに高まり来れる民衆意識が民衆自体の生活中に深き人間性を発見し歴史の推移すべき窮極の原因も亦こゝに存することを思ふに至つてこの学（民俗学―引用者注）は深く国史の分野に侵入し来つたのである」と指摘している[19]。民衆が歴史の原動力として把握されるに至ったことが民俗学隆盛の原因としている。

一方、柳田に対する学界の評価が二分していることを指摘している。柴田実（日本文化史）は、「柳田国男氏の学問は今日われ〳〵の学界に於て特異な位置を占めてゐる。一方に於ては、氏の周囲には常に新しく加はりつゝある熱心な追随者があり、それらの人々からは氏は言はゞあが仏として崇敬されながら、他方それ以外の人々からは既にこの比喩が暗示するやうに当然受くべき顧慮をさへも払はれずにゐる」としている[20]。評価が二分する原因は、柴田の柳田評に表れている。柴田はその研究に「全歴史的世界の構造」や「人間意識の根底」などの哲学的要素を見出しつつ、全体として豊富な事例を書きつらねる「我国説話のエンチユクロペディー（百科事典）」であり、結論を欠くなど学術論文の形式が整っていないとしている。

また、『海南小記』の紹介に至っては、「とかく単調に陥り易い旅行記をこれ位に面白く流暢にものせられたのは筆者の筆致の自由な事の外に、郷土に関する深い理解と厚い同情とが然らしめたものであることは疑のない事であらう」と、「旅行記」としている点は、『史学雑誌』よりも軽い扱いである。[21]

このように『史林』でも『史学雑誌』と同様、柳田の学問に歴史学の新傾向を認めつつ、学術論文の形式をとっていないことを指摘している。

次に、西田直二郎主宰の民俗談話会（一九二七年一二月発足）と柳田民俗学について検討したい。柳田は京大で結成された民俗談話会に一九三一年以降六回招かれ、京大の神道史講座の集中講義も実施している。民俗談話会は「考古学、人類学、風俗史研究」の隆盛に伴う「民族学、土俗学」研究の進展を受け、「京都帝国大学史学科の若き人々の間」で結成された。菊池暁によれば国史研究室の参加者が最も多く、考古学・東洋史、医学や市井の研究家も参加した学際的会合で、「京大史学科「新しい歴史学」研究会」といえるものだったという。各人の研究報告は日本を含む東アジアや欧州の民俗習慣や考古学成果、学問の方法論など多岐にわたっており、近畿地方における現地調査も行っている。

西田は民俗談話会例会で「日本民俗学について」を講演した。そして日本民俗学と郷土史の課題として「吾国近時の流行の一なる郷土史は其内容の無味、方法の非学問的の故に新なる研究法を必要と考へる。私は正しい民俗学的方法を郷土史研究に取入れる事によりそれを生かす事が出来、同時に非科学的な吾国の民俗学にも新なる生命を與へ得ると思ふ」としていた。[22]一九三一年一一月例会では今後の「研究手段として原書の講読をなすこと」を決定、マリノフスキー『未開社会における犯罪と慣習』の講読を始めている。民俗談話会では、「非科学的」な民俗学や郷土史に「正しい」研究方法を確立させることを課題としており、「正しい」研究方法とはヨーロッパの民族学（民俗学）理論を日本に移入し活用することであった。

『史学』（慶應義塾大学文学部史学科）

『史学』（一九二一年発刊）は、歴史学の補助学研究を主体とする慶應大学学生らの地人会がその母体である。地人会ではかねてより柳田から民俗学を教わってきた経緯があり、交流のある松本信広、松本芳夫らが中心を担っていた。発刊の辞には、「思想界の混乱きはまりなきときにあたつて、われらは特に、人と人と、国と国との関係を、及び全人類のあゆみゆくすがたをたゞしく知ることが、そしてそれによつて祖先の生命をわが内心に摂取しうることが、われらの絶大の歓喜であるとともに、人生に対する責務なることを痛感する」とある。(23)

第一次世界大戦後の思想「混乱」期にあたり人間関係、国際関係の把握をはじめ人類全体の歴史を志向し、祖先の生命や人生と歴史を考察することを宣言している。冒頭で「歴史研究が学問たりうることはもはや問題ではない」としており、人生や自己と歴史との関わりを考察し、歴史哲学や精神史を志向する点に「新しい歴史学」の傾向をみることができる。その具体的主張は二点ある。

第一点は、歴史哲学必要論である。橋本孝（西洋哲学）は「現今我国の史学界の一般的傾向は、まだ〳〵所謂「史実のせんさく」を以て能事終れりとなす保守主義者が、其暴威を振ふてゐるやうに思はれる」と実証主義中心の歴史学を保守的だとする。そして保守的歴史家にとって「歴史の学的本質並びに其の方法の問題の如きは、何等の興味も惹かない」ことを批判し、「少くとも、真に己れの学に忠実であり、且つそれに対しより深き思索の世界に沈潜することを欲するものである限り、必然歴史家に限らず如何なる学者と雖も、己れの専門学の哲学的根拠にまで進み行かねばならぬものである(24)」としている。史実の確定を中心課題とする実証主義史学に対し、歴史についての哲学的考察を歴史学に導入すべきだとしていた。

第二点は、「国体」史観に対する批判である。松本芳夫（文化史）は黒板勝美『国体新論』（一九二五年）を評した「『国体新論』の疑点」を『東京朝日新聞』に発表する。黒板が武力的征服による日本建国論を否定し、諸民族の割拠状態から国家的統合が「何時の間にかできた」「平和主義の民族」としている点を明白な事実の曲解だと批判している[25]。これに対し黒板は「松本氏に問ふ」で、記紀が史実であることを否定する歴史学の動向や考古学の原日本人説台頭の新説を挙げて、国家成立時期を「いづれの時代と定めないことが寧ろ妥当」だと反論した[26]。松本は、再び武力的征服の事実を具体的に指摘し、その否定は「浅薄な愛国心」だとその危険性を主張する[27]。黒板のこれに対する反応はなかった。黒板の説は先住民族征服説を否定し、日本固有の「平和」的な国家形成について歴史学の新傾向を利用して論じたものだったが、松本は武力征服による建国という普遍的な国家建設の「史実」を否定した点を批判し、偏狭で独断的な「愛国心」高揚に資する危険性を指摘した。

このように『史学』では、実証主義史学および日本の特殊性を主張する「国体」史観を批判し、歴史哲学の必要と普遍的な歴史事象に基づく日本建国史の構築を提唱していた。

次に柳田主宰の雑誌『民族』発刊について『史学』では、「各方面の専門家の蘊蓄を傾けたる研究論文を始めとして、民族生活に関する資料報告を網羅する一大雑誌」であり、その使命とは「どこまでも現代の連絡にある」とし、それは「民族の研究者にとつて最も望ましき要求をみたさるるもの」としている[28]。専門化しつつある人類学や民族学、考古学等の学問相互の連絡による研究の総合を期待している。

また、柳田の「蝸牛考」に対し、松本信広は「氏の研究を読みつゝ、今更ながら、その該博なる智識に驚嘆する。そしておびたゞしき材料を駆使するその直観推理の力の鋭さに舌を捲かざるを得ない。児童の心理を理解し、田園の村夫の生活に親しみを有し、同情同感すること氏の如き人に非ざれば、到底かゝる微妙な言葉の変化は洞察せられまい」とある[29]。そして「本書を最近言語学界の最大収穫の一つ」としている。柳田の「該博な智識」、「直観推理の力」への賞賛がその主たる評価である。

一方柳田の論が学界と摩擦を起こす可能性の指摘もある。民間伝承上の「山人」を日本の先住民族と仮定し、その実態を伝承内容で論じる柳田『山の人生』に対し、松本芳夫は「形態的研究をもつて種族判例の唯一方法とみる一派の人類学者からみれば、本書の結論は恐らく危険と思はれるであらう」とする。(30) 人骨等の遺物の形態調査により人種を考察する人類学から、柳田の伝承に依拠する研究が否定される可能性を指摘している。もっとも松本は本書を「国民」史、民間の思想信仰、経済生活の解明上重要な書だと評価している。

以上のように、『史学』は東大を中心とする実証主義史学、「国体」史学を批判し人類の普遍性に基づく史観や歴史哲学を提唱していた。人類学、民俗学を含む総合的な歴史、「国民」史構築の観点から柳田の学問の方向性を評価していた。一方で民俗学が伝承のみで歴史を構築することへの「危険」性の指摘や、直観力や観察力など個性に基づき、客観的方法論をもたない学問であるとしている点は他誌と同様である。

三誌の共通点

以上、『史学雑誌』『史林』『史学』の三誌における柳田著作ならびに民俗学に対する議論を検討した。まず三誌の共通する点として、第一に、文献学批判、歴史資料の範囲の拡張、民衆（国民）の歴史の構築を歴史学の新傾向としている。とくに、大戦後に創刊した『史学』では既存の実証主義史学および「国体」史観が批判され、歴史哲学の導入や普遍的な原理に立脚する歴史構築が提唱された。

第二に、民俗学に対しては、文献研究の補足的あるいは批判的役割が期待されている。方言や民間伝承という新資料による「国民」史解明の可能性、隣接学問の総合と共同研究による成果への期待などが表明されている。民俗学は「新しい歴史学」のなかでも、新資料による「国民」史の開拓と共同研究による新しい成果を期待されていた。

一方、現状の民俗学を独立した学問として評価するかという点では、三誌とも否定的であった。その理由は、民俗学の中心である柳田の著作に理論や方法が示されていないことによる。西田直二郎はこの方法論の問題をヨーロッパの民俗学理論の輸入によって確立させようとした。柳田はヨーロッパ民俗学理論を参照しながらも、日本の状況に即した方法や理論を『民間伝承論』や『郷土生活の研究法』などで発表する。柳田の方法は、自身が中心となって組織した民間伝承の会などで受容されるものの、歴史学界では高木敏雄や松村武雄の国際比較による神話学研究を評価する傾向にあった。

『史学雑誌』の彙報欄を見る限り、一九三〇年代初頭をピークに歴史学界は次第に「民俗学」を関心の外におくようになる。逆にいえば一九三〇年代初頭頃までが民俗学がアカデミックな歴史学と手を結ぶ可能性があった時期である。

3　「新しい歴史学」と柳田国男

次に、柳田が「新しい歴史学」の潮流にどのように向き合っていたかを考察する。『郷土研究』休刊後、柳田は『史林』『史学』『史学雑誌』等の学術誌に論説や文章を掲載している。また、『青年と学問』など、国際的な学問状況を含む民俗学についての講演集を公刊した。これらの論説や講演を中心に検討する。

「我々の文化史学」と西田直二郎の文化史

『青年と学問』に「Ethnologyとは何か」（交詢社文話会講演、一九二六年五月）という論考がある。これは人類文化史のなかで日本列島の文化解明の必要と日本民俗学の必要性を論ずるものである。このなかで柳田が民俗学（民間伝承の学）を「我々の文化史学」としている。それは新陳代謝を繰り返す「文化」のなかで、「上代」から継続して存在するものを掘り起こすこと、とされる(31)。

その特徴は二点ある。第一に、考古学的手法を基礎にしていることである。柳田は「土に埋れる上代の文化を探す考古学」と「現代世相の極めて繁雑なる組織の中に紛れてゐる上代の文化を探す我々の学問」を、いずれも現代の地層から過去を掘り出すという作業をする点で共通する学問であるとした。

第二に、考古学との相違点として、掘り起こすのは「信仰道徳等の精神文化」であること、保存されてきたものの価値が大きいことを挙げ、それにより従来の学問で解けなかった問題の解決が可能となることを挙げる。「我々の文化史学」とは、民間伝承資料によって現代の諸相から精神文化史を段階的に掘り起こすことで、国民の歴史を明らかにすることである。それは文化史という「新しい歴史学」の潮流に呼応し、考古学の方法に拠りながら国民の精神文化史を解明する学問であった。

次に西田直二郎の文化史学を検討する。まず、西田の文化史学は次のような特徴がある。第一に、歴史哲学との結合である。西田のいう「文化史」とは、過去の事象を「復原」する文献学的文化史とは異なり、過去と現代の精神を「自我」や「自己反省」を介して「合一」する。つまり「過去の人間活動が、真に生命ある存在として歴史的に理解されることは、過去人間活動のうちに自らを見出すことにある」とする。[32] それは明治以来の自然科学的方法を唯一とする「自然法則探求の学問」としての文化史ではなく、「時代時代の興廃汚隆につれて文化が反省されることによつて歴史研究が成立してゐる」ことに鑑み、現代の文化的立場から歴史を再構築し叙述するものとされる。[33]
そのため時間的序列や現代と過去との区別を否定し、復古的な時間認識をもっている。

第二に、それは民衆や平凡人の歴史というよりも偉人の行動や思想を扱う。「偉人の行動、其思想が時代文化・人間文化の上に意味を有つ」限りにおいて重要だという。[34] 偉人などの個人に代表して現れる時代の代表的な精神や文化を研究することがその目的である。

第三に、「一個の国家内に生起した事件が、そのまゝに世界史である」とするように、個別事例を「意味の関連」

によって時代の全体史の事実として捉えることである(35)。そのため個別的な地域で生起した事象のなかに普遍史を見出すことが可能だとする。

このように、西田の文化史は明治以来の実証主義的な歴史学からの転回を志向し、「自我」の哲学的考察を中心として、現代の思想に過去を、個別事例のなかに普遍を見出すもので、時系列に沿わない復古的な歴史を構築するものであった。

では、西田の民俗学認識とはどのようなものか。西田の民俗学研究はその留学経験から大きな示唆を得ている。「日本上代のトーテミズム痕跡の問題と呪術についての二三の考」（一九三〇年）では、「ケムブリッジ大学に於て私が教を受けたハッドン博士」のトーテミズムの個人化論と北アメリカの動物の保護精霊の例を組み合わせて日本上代の文献に登場する動物に「トーテミズムの痕跡」を見出すなど、欧米の民族学の理論を日本上代文献の解釈に応用している。また、その成果に基づき「上代呪術行事の痕跡を今日遺る神事の行法について求める」ことが可能だと論じている(36)。

以上の内容から、柳田の「我々の文化史学」と西田の文化史は、次の四点において相違している。第一に、時間認識の点である。柳田は現代の事象のなかに過去を見出すものの、それは考古学の発掘と同様その事例を時系列に並べることを目的にしており、時系列を超えて現代との関連で復古的に過去を見出す西田と異なる。第二に、歴史像である。柳田が目指すのは国民の側からの歴史であり、西田のような偉人を通じた時代精神史ではない。第三に、普遍とのつながり方である。柳田によれば人類文化史という普遍史への貢献は、日本の豊富な事例の残存とその研究によるのであり、西田のように個別史が歴史哲学を媒介に普遍史になるという認識とは異なる。第四に、民俗学の理論構築の方法である。欧米理論を日本の事例に適用することを学術性を担保するために重視する西田に対し、柳田は日本の事例研究を集積し帰納的に理論構築を目指す点で対立していた。

このように「新しい歴史学」のなかで民俗学に強い関心をよせた西田の文化史学と柳田の「我々の文化史学」は、その内容や方法において対立していた。西田の文化史学は実証主義史学を批判し、時系列に沿わない歴史哲学を志向しているのに対し、柳田の民俗学は時系列を重んじる実証主義史学を継承しつつ、新たな「史実」によって日本の民衆文化史を開拓するものであった。

歴史学と民俗学の共同課題の提唱

柳田はこの民間伝承の学問（民俗学）と歴史学との共同課題として、次の二つの視点を提供する。第一は、一九二〇年代後半以降、言語・方言関係の資料の収集、整理により獲得された文化史の新視点である。第二は婚姻制度を中心とする社会史の構築である。

第一の点では、「蟷螂《かまきり》考」など昆虫の呼称を取り上げて文化史を論じていることに注目したい。言語を取り上げた理由について、柳田は「言はゞ言語は使ふ人の智力境遇次第で、追々に変化し発達する様に、最初から出来て居る」ものだと定義した上で、「言語の史料ばかりでも、一篇の国民生活誌を作り上げることが出来る」からだとする。さらに「之を度外視した国史の研究は、恐らくは方法を尽したものとは言はれないであらう」と、言語研究を通じた日本民族の文化考察が日本史研究において不可欠とした。(37)

そして一般に「カマキリ」と呼ばれる昆虫に関する全国の言語比較考察の結果、次のような傾向を明らかにする。

「即ちヲガメは西部にイボムシは東北に割拠して、其中間を弘くカマキリ系が征服した。しかも相互に入交つて若干の飛地を領した外に、なほ地方的に有力なる新名称が輩出して、自然に中立地帯を作り、今までは小さい方言領の独立を保たせて居た。それをカマキリの新国家主義が、追々に統一して行かうとして居るのである」。(38)

「ヲガメ」の呼称は拝礼しているように見えるその姿から、「イボムシ」の呼称は民間療法に発した名称であることを示し、それらを起点にして子供の歌へ転化した例や、鋳物師、修験者の名前として擬人化した例を挙げている。そして一地域の呼称が想像の力によって他地域で転化し定着していく様を示している。このような呼称の多様性について、柳田は「前人の自然観察が今よりも遥かに親切で、物の特徴を感じて之を言ひ現はすに鋭敏であつた」ことを指摘している。近代以前の鋭敏な観察力の持ち主によって表現された昆虫の呼称の多様性に注目し、各地域における文化受容のあり方、伝播の方法と関連づけている。一方、「かまきり」という語によって統一される傾向についても指摘し、これを中央集権制による影響とみている。

さらに「蝸牛考」（『人類学雑誌』一九二七年三～七月号）では、言語を通じた文化移動の様相が展開されている。まずこの論文は単行本『蝸牛考』（一九三〇年）とは結論が相違している。後者では言語の地方差は「古語退縮の過程」だとする「方言周圏論」を結論としているが、前者は「方言周圏論」に言及しつつも、各地域の主体的な新語選択の結果を重視している。

そして二点の特徴を指摘している。一つ目は、文書に採録されている言語の偶然性である。「各地の方言は、それ〴〵の時期とそれぞれの因縁があつて、段々に消えたり生れたり、移つたり変化したりしたことは大抵確かであり、「文書の採録は大抵は偶然である」から「現存最古」の文書に記された名称が「最古」とか「正しい」ということは出来ないとする。二つ目に、京都を中心とする「方言周圏」を指摘しながら文化の発生源とはしていない点である。「自分は必ずしも蝸牛の新名が、京都の地から発生したとは見ない。只その普及の為には一旦中央を占領した者が比較的容易に覇を唱へ得たといふに止まるのである」とのべている。(39)

以上のように、柳田は言語の分析を通し文化史の新たな論点として、文書資料の偶然的性格、現在分布する言語の時代的差異、中央の文化覇権と同時に展開される各地域の状況に応じた多様な文化受容・伝播のあり様を指摘している。
柳田民俗学が提供する新視点の二点目は、婚姻制度研究を素材とした、社会史の視点である。一九二八年三月、柳田は東大史学会の例会で「日本婚姻制に関する考察」を報告した。嫁入り婚以前に存在した一定の方式を伴った「自由結婚」の様相と、その消滅の社会的要因について論じた。この報告は翌年『三宅博士古稀祝賀記念論文集』に収録する際「婿入考――史学対民俗学の一課題」と題された。論文冒頭で歴史学界の現状に対し次のように批判する。「現代の如き世情の変り目」においては社会問題の解説や解決が時代の要求であり、そのために共同の課題を分担研究することが必要であるにもかかわらず、歴史学界では各人が「自由な題目の選り食ひ」をしている。そして「史料採集の範囲の拡張」という近年の傾向の一方、利用方法は「未進歩」であるとし、その解決のために「史学を補助」する民俗学の方法を例示するのが論文の目的だとする。

このような共通課題の分担研究の必要や史料の範囲の拡張の必要は、『史学雑誌』等で「新しい歴史学」の新傾向として認識されていたものであり、柳田は同じ認識を挑発的に述べているに過ぎない。その上で柳田が提起するのは、両学問「提携」のための新史料活用の方法であり、共同研究課題の提起であった。

まず柳田が婚姻制度を問題とするのは、近代化による法と社会生活との乖離という問題を示しているからである。柳田は、「現在自分たちは法制と社会生活の実際とが打合はずして、曾ては見られなかつた内縁の妻、多くの戸籍上の私生児を以て、国が処理に悩まされて居る事実を知る」としている。これは柳田が法制局参事官時代に訪問した岐阜県の白川郷で実見した問題である。山間部のために分家を制限する同地方では、家長以下は事実婚で子供は戸籍上「私生子」となっていた。柳田はこれを前代から公認された慣習制度と明治以降の法律との齟齬と認識していた。(40)

そして「不品行な所業」と区別される「私生子」慣行について次のように論じる。「事実は法制の力でも之を否認するわけには行かぬが、何故に斯る事実があるかには、いつ迄も疑惑がある。結局この内縁だの私生だのを始末する為には、予め先づ何が斯ういふものを作つたかを解説しなければならぬ。この問題は明白に歴史の問題である。誰か一人の史学の学徒によつて答へられなければならぬ問題である」(41)。

明治民法の規定から外れる「私生子」慣行とは倫理上の問題ではなく「現代社会相の横断面が、久しい前代の生活過程の投影」であり、それを証明することで現状の「新旧両端の対立と混乱」状況を解決に導くこと、すなわち社会史の解明による問題解決が歴史学と民俗学との共同課題であるとしていた。

以上のように、柳田は大戦前後の「新しい歴史学」の動向に沿いつつ、国民の精神文化史を切り開くという意味で、民間伝承の歴史史料としての価値を主張した。また同じ非文献資料の学問である考古学と同一の方法であるとし、精神文化発掘という歴史学への独自の貢献を行う学問であるとした。そして言語・方言資料を通じ文化史の新たな論点を提示するとともに、婚姻制度を素材として歴史学と民俗学との共同課題を提供した。アカデミックな歴史学との共同研究のための素材や論点を提供することに尽力していたのである。

4　実証主義に基づく国民「文化史」の構築

柳田民俗学と「新しい歴史学」はどのような関係にあるのか、本章で検討してきたことを整理したい。一九一〇年代初頭、考古学などによる非文献資料による文献学批判、文化史研究の隆盛、そして民衆の政治的台頭による国民の歴史構築の機運が高まると、アカデミックな学界でも民俗学に対し考古学の補助学として文献学研究の補足的あるいは批判的役割に対する期待が高まった。そして新資料発掘による歴史学の新展開への可能性や、共同研究の方法に対し期待が寄せられるようになった。柳田の「我々の文化史学」(民俗学)もこれに呼応し、文献研究の補足・批判的役割を担い、現代から過去を時系列的に発掘する国民の精神文化史の構築をその独自な貢献としていた。また、西田直二郎の文化史と比較すると、柳田の「我々の文化史学」は、時間認識（復古か時系列か）、目的（国民の歴史か時代精神史か）、普遍史への展望（帰納的な総合か歴史哲学的考察か）において実証主義的な歴史学と方向性を同じくしていた。

一方、アカデミックな歴史学界では、研究に先行する方法論や理論導入を民俗学の学問として確立するための課題とし、ヨーロッパ・アメリカの民族学理論を輸入する研究や、国際比較研究を評価する傾向にあった。西田直二郎はヨーロッパ・アメリカの人類学や民族学の理論を日本の事例に応用する研究を行っていた。一方、柳田の場合は、ヨーロッパのフォークロアの最先端である自国民による自国の研究という考え方を日本に適用し、日本の民間伝承の詳細で具体的な研究から帰納的に理論構築を行うことを目指した。

また柳田は、アカデミックな歴史学との共同研究を目指し、伝説や神話、言語・方言資料を通じ「文化移動」の諸相という文化史の新たな論点を提示する。また、婚姻制度を素材として、法律と社会生活との乖離という問題に対する学問的解決の糸口を提示した。

一九一〇年代から三〇年代初頭において、実証主義的歴史学に対抗して登場した文化史の隆盛のなかで、柳田の構想する「我々の文化史学」（民俗学）は実証主義史学の方法に基づく国民「文化史」の構築を目指すものであった。日本の事例を使用した理論を自前で構築し、アカデミックな歴史学と共同提携により社会の課題を解決する学問の総合が目指されていたのである。

注

序章　吉野作造と柳田国男の比較研究

（1）柳田の辞職原因である徳川家達との確執の詳細が、原口大輔「徳川家達と柳田国男――「河合弥八日記」からみる柳田辞職問題」（『史淵』二〇一六年三月）で明らかにされている。
（2）柳田国男「地方講演の二、三」『全集』二一巻、三六四頁（以下、柳田と表記する）。
（3）同上、三六五頁。
（4）柳田「七月一日から愈排日法実施につき」『東京朝日新聞』一九二四年七月一日、五面（『全集』二六巻所収）。
（5）吉野作造『露国帰還漂流民幸太夫』文化生活研究会、一九二四年、二一四頁（以下、吉野と表記する）。
（6）原秀成『日本国憲法制定の系譜I――戦争終結まで』日本評論社、二〇〇四年、九六頁。
（7）柳田「故人寄贈の桜悲し」『全集』二九巻、三三頁。
（8）三谷太一郎「旧版あとがき」『大正デモクラシー論――吉野作造の時代』第三版、東京大学出版会、二〇一三年、三九三頁。松尾尊兊『大正デモクラシーの研究』青木書店、一九六六年、二頁。
（9）鹿野政直『鹿野政直思想史論集』一巻、岩波書店、二〇〇七年。すみやかに凋落した「大正デモクラシー」が無視した「非合理」「情念」「土着」の路線を、掬い上げる学問「民間学」の代表の一人に柳田国男（民俗学）を挙げている。
（10）有馬学「「大正デモクラシー」の再検討と新たな射程」『岩波講座　東アジア近現代通史』四巻、岩波書店、二〇一一年、一〇二、一一〇頁。
（11）飯田泰三『批判精神の航跡――近代日本精神史の一稜線』筑摩書房、一九九七年、二一七頁。
（12）松本三之介『近代日本の思想家一一　吉野作造』東京大学出版会、二〇〇八年、一九七頁。
（13）清水靖久「吉野作造の政治学と国家観」『選集』一巻、岩波書店、一九九五年、四〇二頁。

(14) 昆野伸幸「近代日本の国体論――教育勅語・『国体の本義』・平泉澄」『近代』二〇一二年三月号、三六～三七頁。

(15) 苅部直「大正グローバリゼーションと「開国」――吉野作造を中心に」『歴史という皮膚』岩波書店、二〇一一年、三七頁。

(16) 陶徳民「吉野作造の民本主義における儒教的言説――人間論と政治論を中心に」『東アジア文化交渉研究』三号、二〇一〇年三月、一一三頁。

(17) 鶴見俊輔「「革命」のとらえ方」『鶴見俊輔集・続』二巻、筑摩書房、二〇〇一年、四四九頁。

(18) 前掲松本、三六、三八頁。

(19) 平野敬和「デモクラットの対外認識――吉野作造・石橋湛山を中心に」『近代日本の対外認識I』彩流社、二〇一五年、一〇三頁。

(20) 藤村一郎『吉野作造の国際政治論――もうひとつの大陸政策』有志舎、二〇一二年、二四五頁。

(21) 前掲三谷「思想家としての吉野作造」『大正デモクラシー論』一一八頁。

(22) 三谷太一郎「吉野作造の明治文化研究」『国家学会雑誌』八三巻一・二号、一九七〇年五月、一一〇頁。

(23) 鹿野政直「歴史学」『民間学事典』三省堂書店、一九九七年、一二八頁。

(24) 秋山真一「吉野作造に於ける明治文化の世界」『吉野作造研究』五号、二〇〇八年一〇月、一八～一九頁。

(25) マリノフスキー・デュルケームなどの影響を指摘したのは、川田稔『柳田国男の思想史的研究』（未來社、一九八五年）、同『柳田国男――「固有信仰」の世界』（未來社、一九九二年）、同『柳田国男のえがいた日本――民俗学と社会構想』（未來社、一九九八年）、ゴムからの影響を指摘したR・A・モース『近代化への挑戦――柳田国男の遺産』（日本放送出版協会、一九七七年）、福田アジオ『柳田国男の民俗学』（吉川弘文館、二〇〇七年、初版一九九二年）、フレイザーに関しては佐伯有清『柳田国男と古代史』（吉川弘文館、一九八八年）、阿久津昌三「柳田国男と『金枝篇』」（『信州大学教育学部紀要』六五号、一九八九年）、伊藤幹治『柳田国男と文化ナショナリズム』（岩波書店、二〇〇二年）がある。また共同研究の成果として伊藤幹治篇「共同研究柳田国男とヨーロッパの民族学・民俗学」（『民俗学研究所紀要』一九九八年三月号）、昔話研究については高木昌史編『柳田国男とヨーロッパ――口承文芸の東西』（三交社、二〇〇六年）がある。

(26) 前掲阿久津「柳田国男と『金枝篇』」四四頁。前掲福田アジオ『柳田国男の民俗学』八五～八六頁。

(27) 鶴見太郎「柳田民俗学の東アジア的展開」『岩波講座　「帝国」日本の学知』六巻、岩波書店、二〇〇六年、一〇八頁。
(28) 柳田の国家官僚としての「政治」を扱った岡谷公二は、検討の結果柳田の「非政治的な性格」を明らかにしている（岡谷『貴族院書記官長柳田国男』筑摩書房、一九八五年、一八八頁）。
(29) 川田稔「立憲制的君主制から議会制的君主制へ――その政治思想史的一考察」『環太平洋の国際秩序の模索と日本』山川出版社、一九九九年、三二八〜三二九頁。
(30) 室井康成「結論　民俗学は、政治である。」『柳田国男の民俗学構想』森話社、二〇一〇年、二六五〜二六六頁。
(31) 村井紀『南島イデオロギーの発生――柳田国男と植民地主義』（福武書店、一九九二年）、川村湊『「大東亜民俗学」の虚実』（講談社、一九九六年）など。
(32) 福井直秀「柳田国男のアジア認識」『近代日本のアジア認識』京都大学人文科学研究所、一九九四年（同『柳田国男――社会改革と教育思想』岩田書院、二〇〇七年所収）、佐藤健二「民俗学と郷土の思想」『岩波講座　近代日本の文化史』五巻、岩波書店、二〇〇二年、同『柳田国男の歴史社会学――続・読書空間の近代』せりか書房、二〇一五年、前掲鶴見太郎「柳田民俗学の東アジア的展開」等参照。
(33) 齋藤智志「古蹟保存の流行と日本歴史地理研究会」『日本歴史』二〇〇九年五月号、吉川弘文館、一〇二〜一〇三頁（同『近代日本の史蹟保存事業とアカデミズム』法政大学出版局、二〇一五年所収）。
(34) 山口輝臣「大正時代の「新しい歴史学」――日本文化史という企て、和辻哲郎と竹岡勝也を中心に」、および昆野伸幸「平泉史学と人類学」『季刊日本思想史』六七号、ぺりかん社、二〇〇五年一二月。
(35) 林淳「文化史学と民俗学」柳田国男の会編『柳田国男研究論集』四号、岩田書院、二〇〇五年、六八頁。京大における民俗学の伝統は、西田直二郎退職後途絶えたとされる。
(36) 菊地暁「敵の敵は味方か？――京大史学科と柳田民俗学」『民俗学的想像力』せりか書房、二〇〇九年、一七六頁。
(37) 新保祐司「近代日本における「基督教」」『日本思想史講座』四巻、ぺりかん社、二〇一三年、一四一頁。
(38) 平野敬和「吉野作造のアジア――第一次世界戦争から国民革命の終結まで」『吉野作造記念館研究紀要』創刊号、二〇〇四年三月、米谷匡史『アジア／日本』岩波書店、二〇〇六年、九五頁。
(39) 藤村一郎は、宮本又久等の「帝国主義者説」、黄自進、松尾尊兊の「反帝国主義者＝転換説」、平野敬和・米谷匡史の「帝

国秩序の改造論」を挙げ、自身は「脱帝国主義」を唱えている（前掲藤村、「序章」および「終章」参照）。

（40）前掲鹿野「民間学　運動としての学問」『鹿野政直思想史論集』一巻、福田アジオ『日本の民俗学――「野」の学問の二〇〇年』吉川弘文館、二〇〇九年。

（41）中井信彦「史学としての社会史――社会史にかんする覚書」『日本歴史民俗論集』一巻、吉川弘文館、一九九二年、五六～五七頁。

（42）石井進「中世史研究と日本民俗学」『石井進著作集』一〇巻、岩波書店、二〇〇五年、二二七頁。

（43）林淳「固有信仰論の学史的意義について」『アジアの宗教と精神文化』新曜社、一九九七年、三七一頁。

（44）前掲藤村、九頁。

（45）『定本』の問題点と『全集』の編集方針については、佐藤健二「テクスト空間の再構成――『柳田国男全集』の試み」（『柳田国男の歴史社会学』せりか書房、二〇一五年）を参照した。

第一章　吉野作造における「国体」と「神社問題」

（1）飯田泰三『批判精神の航跡――近代日本精神史の一稜線』筑摩書房、一九九七年、二一七、二三〇頁。

（2）清水靖久「吉野作造の政治学と国家観」『選集』一巻、岩波書店、一九九五年、四〇二頁。

（3）松本三之介『近代日本の思想家一一　吉野作造』東京大学出版会、二〇〇八年、一九七頁。

（4）前掲清水、四〇二頁、前掲松本、三六四～三六五頁。

（5）米原謙『日本政治思想』ミネルヴァ書房、二〇〇七年、一五七頁。

（6）前掲松本、三五〇～三五一頁。

（7）宮田光雄『権威と服従――近代日本におけるローマ書十三章』新教出版社、二〇〇三年、一八頁。

（8）近藤勝彦『デモクラシーの神学思想――自由の伝統とプロテスタンティズム』教文館、二〇〇〇年、四八九～四九一頁。

（9）前掲宮田、九八～一〇〇、一〇七頁。

（10）昆野伸幸『近代日本の国体論――「皇国史観」再考』ぺりかん社、二〇〇八年、三一六頁。

（11）同「近代日本の国体論――教育勅語・『国体の本義』・平泉澄」『近代』二〇一二年三月号、三六～三七頁。

(12) 苅部直「大正グローバリゼーションと「開国」」『歴史という皮膚』岩波書店、二〇一一年、三五、三七頁。
(13) 赤澤史朗『近代日本の思想動員と宗教統制』校倉書房、一九八五年、一二二頁。
(14) 三谷太一郎「思想家としての吉野作造」『大正デモクラシー論――吉野作造の時代』第三版、東京大学出版会、二〇一三年、一四一頁。
(15) 吉野「ヘーゲルの法律哲学の基礎」『選集』一巻、七五〜七六頁。
(16) 河野有理「「自治」と「いやさか」――後藤新平と少年団をめぐって」『自由主義の政治家と政治思想』中央公論新社、二〇一四年、一九四頁。
(17) 前掲松本、六二頁。
(18) 吉野「日本文明の研究」『国家学会雑誌』一九〇五年七月号、一三〇〜一三三頁。
(19) 拙著『吉野作造』ミネルヴァ書房、二〇〇六年、九二〜九三頁。
(20) 吉野「仏国教界の近時」『新人』一九一三年四月号、八七〜八八、九〇、九一頁。
(21) 吉野「羅馬法皇」『法学協会雑誌』一九一四年一月号、七一〜一〇一頁。
(22) 同上、八三頁。
(23) 同上（承前完）、一九一四年一二月号、一二六〜一二七、一三〇頁。
(24) 一九一五年から一六年のものと考えられる赤松克麿筆記「吉野作造講義ノート」「政治史B」（吉野作造講義録研究会『吉野作造政治史講義』岩波書店、二〇一六年所収）にビスマルクと天主教会の文化闘争が詳細に論じられており、この時期ローマ法皇と国家という問題に重大な関心を寄せていたことがわかる。
(25) 吉野「羅馬法皇論」『新人』一九一六年八月号、四〇頁。なおもとの一文は「之ヲ以テ見テモ、教権ハ今日隠然トシテ、国権ニ対抗スル勢力タルコトカ分ルテアラウ」（前掲「羅馬法皇」一九一四年一二月号、一四〇頁）。
(26) 吉野「政治に対する宗教の使命」（一九一四年五月）『選集』三巻、四六、五〇、五八頁。
(27) 同上、四七頁。
(28) 同上、五六頁。
(29) 吉野「御大典に際して国民の精神的覚醒を促す」『新人』一九一五年一一月号、一六頁。

(30) 吉野「蘇峰先生著『時務一家言』を読む」(一九一四年一〇月)『選集』三巻、一〇六頁。
(31) 吉野「何故に伝道するか」『東京朝日新聞』一九一六年一〇月二五日、六面。
(32) 吉野「精神界の大正維新」(一九一六年一月)『選集』一巻、一一一、一一四~一一五頁。
(33) 吉野「精神的自給自足主義を排す」『新人』一九一七年七月号、二〇~二二頁。
(34) 吉野「国際競争場裡に於ける最後の勝利」(『選集』第五巻、九一頁)では、「国際的道義の尊重」こそが最後の勝利の要因だとして「国民の対世界思想を根本的に一変」することを主張している。
(35) 吉野「如何にして国体の万全を期すべき」『新人』一九一八年七月号、七頁。
(36) 同上、一〇~一二頁。
(37) 同上、八頁。
(38) 吉野「民本主義と国体問題」『大学評論』一九一七年八月号、五三頁。
(39) 古川学人(吉野)「東宮殿下御教導の任に膺れる人々に対する希望」『中央公論』一九一六年一二月号、八五~八六頁。
(40) 芦名定道「キリスト教思想研究から見た海老名弾正」『アジア・キリスト教・多元性』二号(電子ジャーナル)、二〇〇四年三月、六頁。
(41) 吉野「人格中心主義」『基督教世界』第一五七七号、一九一三年一二月一一日、四頁。
(42) 前掲吉野「民本主義と国体問題」五三頁。
(43) 同上、五四頁。
(44) 「吉野日記」『選集』一三巻、三六八頁。
(45) 吉野「国際関係の調和力としての宗教」『六合雑誌』一九一六年一月号、四二、四三頁。
(46) 吉野「石工の技術から人類愛の訓育に――フリー・メーソンリーの話の続き」『文化生活』一九二一年一一月号、一〇頁。
(47) 留学時の「賢者ナータン」観劇が「意外にも実に僕の思想の上に非常な影響を与へた」とし、この作品を「魂の嚮導者」と讃するに至る(『選集』一二巻、二一五~二一六頁)。
(48) 吉野がフリーメーソンリーについて論じたのは「所謂世界的秘密結社の正体」(『中央公論』一九二一年六月号)、「賢者ナータン」(『文化生活』同年九月号『選集』一二巻所収)、「フリー・メーソンリーの話」(『文化生活』同年一〇月、一一月、一二月、一二二年五月に四回掲載）。
(49) 前掲吉野「所謂世界的秘密結社の正体」三三六頁。
(50) 吉野「恒久平和の実現と基督教の使命」『選集』五巻、三七一～三七二頁。
(51) 前掲飯田、一九八～二〇二頁。
(52) 吉野「国家と教会」『選集』一巻、一八四～一八五頁。
(53) 前掲松本、三四四頁。
(54) 同上、一九七頁。
(55) 前掲「国家と教会」一八六頁。
(56) 同上、一八五、一八六頁。
(57) 吉野「政治学の革新」『選集』一巻、二四〇～二四一頁。
(58) 吉野「西洋の基督教」『新人』一九二二年二月号、九頁。
(59) 同上、八～九頁。
(60) 吉野「現代の青年と基督教」『新人』一九二一年一〇月号、九～一〇頁。
(61) 吉野「国家生活の一新」『選集』一巻、一九〇頁。
(62) 吉野「戦争の基督教に及ぼせる影響——米国協会同盟の質問に答ふ」『選集』一巻、一七〇頁。
(63) 同上、一六九頁。
(64)「世界の大主潮と其順応策及び対応策」（一九一九年一月）では、日本の国体の特徴として「万民の完全なる精神的尊崇の中心となる皇室」を挙げ、それが「民本主義」徹底のために都合がいいからだとしている（『選集』六巻、一九～二〇頁）。
(65) 前掲吉野「羅馬法皇㈠」七三頁。
(66) 吉野「我国基督教の将来と其使命」『基督教世界』一九一四年一月一日号、六頁。
(67) 前掲吉野「戦争の基督教に及ぼせる影響」一七三頁。
(68) 吉野「国民思想統一論者に与ふ」『選集』三巻、二五三～二五四、二五六～二五七頁。「国民思想統一の根本義」（『廓清』一九一九年二月一五日号）では、「種々雑多なる迷信淫祠を混ぜる神社仏閣の礼拝を強いたり」と神道や仏教が思想的に整ったものでないことを談話筆記で述べている。
(69) 吉野「神社崇拝の道徳的意義」『中央公論』一九二〇年一二月号、九五〜九六頁。
(70) 姉崎正治「大本教に就いて——中村文学士の「解剖」と行政処分」『姉崎正治集』九巻、クレス出版、二〇〇二年、二一〇頁。
(71) 吉野「大本教の取締」『中央公論』一九二〇年九月号、一一八〜一一九頁。
(72) 吉野「大本教神殿の取毀ち」『中央公論』一九二一年一一月号、一八〇〜一八一頁。
(73) 前掲赤澤、一一八〜一二〇頁。
(74) 吉野「メキシコ宗教紛争の教訓」『問題と解決』文化生活研究会、一九二六年、三〇八〜三一二頁。
(75) 吉野「基督教徒の宗教法案反対運動」(一九二七年二月)『選集』四巻、一八五頁。
(76) 吉野「神社宗教論」『選集』四巻、一八二〜一八三頁。
(77) 中山善仁「海老名弾正の政治思想——儒学的キリスト教・「共和国」・「帝国主義」」『国家学会雑誌』二〇〇〇年二月、一三七頁。

第二章　柳田国男における民間「神道」観の成立とキリスト教

(1) 柳田民俗学の形成における隣接学問との関係については、次の研究を参照した。福田アジオ『柳田国男の民俗学』吉川弘文館、一九九二年、設楽博己・工藤雄一郎・松田睦彦編著『柳田國男と考古学——なぜ柳田は考古資料を収集したのか』新泉社、二〇一六年、設楽博己他「共同研究　柳田国男収集考古資料の研究」『国立歴史民俗博物館研究報告』二〇二集、二〇一七年三月。
(2) 坂野徹『帝国日本と人類学者一八八四—一九五二年』勁草書房、二〇〇五年、一五四〜一五五頁。
(3) 岡谷公二『柳田国男の青春』筑摩書房、一九七七年、二二〇頁。
(4) 横山茂雄「「異民族」の記憶——英国民俗学と南方熊楠、柳田国男の山人論争」『國文学—解釈と教材の研究—』二〇〇五年八月号、二六〜二七頁。
(5) 川田稔『柳田国男の思想史的研究』未來社、一九八五年、一三七頁。

（6）同上、一二二～一二三頁、徳丸亞木「神社合祀政策における氏神・祖先・「森」の認識――『全国神職会会報』を中心として」『歴史・人類』二〇〇五年三月、五七～五八頁。

（7）若き日の柳田のキリスト教との関係については前掲岡谷『柳田国男の青春』、キリスト教から離れた思想的要因については藤井隆至『柳田國男　経世済民の学――経済・倫理・教育』（名古屋大学出版会、一九九五年）がある。

（8）柳田『全集』二三巻、四九四頁。

（9）同「キリスト教に一時傾く」『全集』二一巻、三三五頁。コーツ牧師はカナダ・オンタリオ州出身で、ヴィクトリア大学卒業後、一八九〇年に来日し九四年より一二年間中央会堂の総理を務めた。小石川上富坂町に中央学生寄宿舎も経営していた。「清教徒型の聖徒」であり仏教文化の研究者でもあった。キリスト教の迫害者と目されていた井上哲次郎に東京帝大大学院の入学を許可され、井上に伝道を試みたこともあった（倉長巍『加奈陀メソヂスト日本伝道概史』加奈陀合同教会宣教師会、一九三七年、一二六～一二七頁）。

（10）中央会堂編『中央会堂五十年史』中央会堂、一九四〇年、七六～七八、九六頁。コーツは慈善音楽会を年数回開催、東京の音楽家で中央会堂の舞台を踏まないものはないといわれていた。

（11）同上、八二頁。

（12）前掲岡谷『柳田国男の青春』九五頁。

（13）前掲柳田「キリスト教に一時傾く」三四〇頁。

（14）このときの柳田の住所は「本郷台町五十七　沢田（宅）」（館林市教育委員会文化財振興課編『田山花袋宛柳田国男書簡集』館林市、一九九一年、六四～五、三一三頁）。「東京市本郷区全図」（明治四一年一月調査）によれば、この場所は春木座（春木町一丁目）とは隔たった場所にあるうえ、同年二月二八日の田山あてハガキは「本郷根津片町二十二」とさらに遠のいた場所からの発信となっている。その前の九五年一二月二二日付田山あて書簡の住所は「本郷区駒込第一高等学校東寮十八」。

（15）植村正久（一八五七～一九三四）は横浜バンドの一員、日本人による最初の教会である日本基督公会のメンバー。一番町教会の牧師として生涯をささげ、東京神学社（現・東京神学大学）を創設。外国宣教師の指導と庇護によらない独立自給主義による日本人が確立する教会の形成の道を追求した。一九〇一年には海老名弾正との間でキリスト論論争を展開し、福音主義的信仰の立場を日本のキリスト教史上、正統なものであることを明確にした。カーライル、ゲーテやトルストイ、ユーゴーなど西洋文学の日本への紹介者でもある。

(16) 柳田『全集』二三巻、四一九頁。
(17) 田山花袋『東京の三十年』(『作家の自伝二五　田山花袋』日本図書センター、一九九五年)、九九頁。
(18) あるときコーツ牧師と色々の話をして帰ったところ、「向ふの二階の隅」にいた同じ教会に属していた二人の書生から「非道い目」にあわされたため、キリスト教徒にはならなかったという(前掲「キリスト教に一時傾く」三三五頁)。
(19) 前掲藤井『柳田國男　経世済民の学』一一二〜一一三頁。
(20) 柳田『全集』二三巻、一〇一〜一〇四頁。
(21) 岡谷公二『殺された詩人――柳田国男の恋と学問』(新潮社、一九九六年)は、柳田には「この世界が現実を超えたなにものかによって支配されている、という感覚」があったと指摘している(七〇頁)。
(22) 柳田『全集』二三巻、一三九頁。
(23) 柳田『全集』二三巻、一八〇頁。
(24) 前掲藤井、一七四〜一七六頁。
(25) 柳田『全集』一巻、一三六頁。
(26) 柳田『全集』二三巻、五五八〜五五九頁。
(27) 柳田『全集』二三巻、三四〇頁。
(28) 柳田『全集』二三巻、三四二頁。
(29) 柳田『全集』二三巻、四一三頁。
(30) 柳田『全集』二巻、三四四頁。
(31) 柳田『全集』二三巻、三九三頁。
(32) 同上、四〇一頁。
(33) 同上、三九四頁。
(34) 柳田『全集』二三巻、七〇五〜七〇六頁。

(35) 柳田『全集』二三巻、六二八〜六三一頁。
(36) 柳田『全集』二三巻、六〇七頁。
(37) 柳田『全集』二〇巻、三七五頁。
(38) 柳田『全集』一巻、四三四、四三五頁。
(39) 柳田『全集』二三巻、六三一頁。
(40) 柳田『全集』一八巻、五五頁。
(41) 柳田『全集』二三巻、六四〇〜六四二頁。
(42) 柳田『全集』二三巻、六四二頁。
(43) 石井正己『遠野物語の誕生』若草書房、二〇〇〇年、一六四、一六九頁。
(44) 山中はカナダ・メソジスト派教会の牧師であり、一八八五年より下谷、一九〇〇年には牛込の各教会で牧師を務めたあと、一九〇七年五月に静岡県の吉原教会へ赴任、移住した。往復書簡は静岡と東京の地で取り交わされた。
(45) 前掲岡谷『柳田国男の青春』二二〇頁。
(46) 鳥居龍蔵「私の見た山中先生」『武蔵野』武蔵野文化協会、一九二九年九月号、二七〜二八頁。
(47) 前掲坂野、八八〜八九頁。
(48) 柳田『全集』一巻、五〇五頁。柳田がアイヌ説に立っていたことは、坂野は「ほぼ確実」としている（前掲、一五四〜一五五頁）。
(49) 柳田「塚と森の話」のなかには、芝公園丸山の古墳発掘を東京府が坪井理学博士に依頼した一件が記されている。当初の墓所との予想をくつがえした発掘結果について、「一旦の葬処を後日発掘して、包蔵物を片付けたゞらう」など墓所に固執する説明がなされた点について、柳田は「築造当初から墓場ではなかつた」と批判している（『全集』二四巻、一〇六〜一〇七頁）。また「踊の今と昔」（一九一一年）では坪井の情報として足利付近には今もカニウチと称する特殊部落ありとされており（『全集』二三巻、三七頁）、実際訪ねたところ「一群の鉦打であった」という（「念仏団体の変遷」一九一四年、『全集』二四巻、三四六頁）。後年の記述では「朝日夕日」伝説に伴う歌を坪井が古墳築造の労働歌としている点を明確に否定している（『全集』二八巻、四六七頁）。

(50) 柳田『全集』一巻、五〇九頁。
(51) 柳田『全集』一巻、五一二頁。
(52) 柳田『全集』一四巻、二五八頁。
(53) 柳田は後年、「私は実はシャクジは石神の音読であらうといふ、故山中先生の解説に反対であつたばかりに、この様な長たらしい論難往復を重ねた」と再刊の際に山中をこの説の代表者のように紹介しているが、続けて「其点は先生も強く主張せられたわけでも無く」と本来は山中の説ではないとしている（「再刊序」『全集』一巻、六二五頁）。
(54) 柳田『全集』一巻、五一一頁。
(55) 柳田『全集』一巻、五〇五頁。
(56) 柳田『全集』一巻、五一六頁。
(57) 喜田貞吉「神籠石概論」『歴史地理』一九一〇年三月号、一二、四三頁。
(58) 同上、二九頁。
(59) 柳田「神籠石に関係ある地名」『歴史地理』同号、八六頁。
(60) 喜田貞吉「神籠石と磐境」『歴史地理』一九一〇年九月号、五～六頁。
(61) 柳田「神護石に就て」『全集』二三巻、七〇七頁。
(62) 柳田『全集』二三巻、六八〇頁。
(63) 柳田『全集』一巻、五一三頁。
(64) 柳田『全集』一巻、五二四頁。
(65) 柳田『全集』二三巻、六八二、六八三頁。
(66) 柳田『全集』一巻、五六六頁。
(67) 柳田『全集』一巻、五二九頁。「此島先住民の頭目にして帰順和熟する者は即ち国つ神（地祇）と称せられ新住民に抵抗する者は即ち之を荒神と云ひしなるべく之に向つて地を乞ふ者は常に地主を恭敬せざる能はざりし次第と存じ候」。
(68) 柳田『全集』一巻、五四八～五四九頁。
(69) 柳田『全集』一巻、五三八頁。「小生は必しも陰陽道を以て仏教よりも渡来新しとは考へ申さず　天朝の公事としては兎も角も地方無知の人民は久しき昔より此信仰に浸染せりと云ふ推測は決して根拠無きに非ずと存候」。

(70) 柳田『全集』一巻、五六九頁。

(71) 柳田『全集』一巻、五四六頁。「少名御神の如きは　神代系統の外に立ち一種特有の機能を具へたまへるやうに候　大胆なる説ながら大少二神の協同の経略と申すことは　同時に又二種の信仰、二種の思想の綜合調和を意味する者には無之候ひしか」。

(72) 柳田「石神の信仰」（一九一〇年八月）では、「外国では男女の生殖器を祭るのは、生産と云ふことで、即ち物を豊かに作ると云ふことを意味する。それが日本では何う云ふものか、防禦の神さま、戦ふ神さまとして祭られて居る。之れは日本だけの特色で、何う云ふ意味で信仰をするのか、其所が考ふべきところだ」と防禦の神である点を日本の特徴とする（『全集』二三巻、七〇一頁）。

(73) 柳田『全集』一巻、六〇九頁。

(74) 柳田『全集』一巻、六〇六頁。「今日に於ては各地方の信仰を分析して　其外来のものを引離し候はんことは　仮令徒労の業には非ず候とも其効果まことに少なかるべきか」、「日本の神道として世界に知られをり候所も　次第に薤などの皮を剥き候やうに　よほど古き時代に遡りて刪除に随ふべきもの多からんと存じ候」。

(75) 柳田「掛神の信仰に就て」『全集』二四巻、八二頁。

(76) 前掲徳丸、九三頁。

(77) 柳田『全集』二四巻、一〇〇頁。

(78) 同上、一一三頁。

(79) 同上、一二二頁。

第三章　柳田国男における「固有神仰」と「世界民俗学」

(1) 一九一〇年代から三〇年代にかけて柳田は、「幽冥教」「えたいの知れない民間信仰」「神道の本来の面目」「真の神道」「日本神道」などの語句を使用して後の「固有信仰」の内容を論じている。本章ではこうした語句の総称として「固有信仰」を使用する。

(2) 阿久津昌三「柳田国男と『金枝篇』」『信州大学教育学部紀要』六五号、一九八九年三月、四四頁。
(3) 鶴見太郎「柳田民俗学の東アジア的展開」『岩波講座 「帝国」日本の学知』六巻、岩波書店、二〇〇六年、一〇八頁。
(4) 柳田民俗学へのヨーロッパの文化人類学、民俗学への影響については、フレイザー以外にもデュルケム、ゴムなどの影響が指摘されてきており、共同研究の成果としては伊藤幹治編「共同研究柳田国男とヨーロッパの民族学・民俗学」『民俗学研究所紀要』(成城大学民俗学研究所、一九九八年三月号)、高木昌史編『柳田国男とヨーロッパ――口承文芸の東西』(三交社、二〇〇六年)がある。
(5) 柳田へのフレイザーの影響については、伊藤幹治「一国民俗学の創出過程」『柳田国男と文化ナショナリズム』(岩波書店、二〇〇二年)、松村一男『神話学講義』(角川書店、一九九九年)を参照。
(6) 前掲阿久津、四三～四四頁。
(7) 川田稔『柳田国男――「固有信仰」の世界』未來社、一九九二年、三〇七頁。
(8) 前掲伊藤『柳田国男と文化ナショナリズム』では、成城大学民俗学研究所の柳田文庫所蔵の『金枝篇』原書の書き込み等を通じ、柳田とフレイザーの接点を明らかにしている。
(9) 高橋治「柳田国男の洋書体験 一九〇〇―一九三〇――柳田国男所蔵洋書調査報告」『柳田国男・民俗の記述 柳田国男研究年報三』岩田書院、二〇〇〇年、二三四頁。
(10) 成城大学民俗学研究所の柳田旧蔵書の原書巻末にそれぞれ読了年月日の書き込みがある。第一巻は「大正八年八月十四日」、第二巻は「大正九年七月八日」。
(11) 南方熊楠あて柳田国男書簡、一九一三年九月一八日、『柳田国男・南方熊楠往復書簡集』下、平凡社、一九九四年、一七五頁。
(12) 柳田「日本の民俗学」『全集』四巻、一六七～一六八頁。
(13) ロバート・アッカーマン(小松和彦監修)『評伝J・G・フレイザー――その生涯と業績』法藏館、二〇〇九年、三八七、四九〇頁。アッカーマンはフレイザーがキリスト教は偽りだとの信念を持っていたことを明らかにしている。
(14) 前掲柳田「日本の民俗学」一六八頁。
(15) 柳田「東北農村の構成」『全集』二八巻、四四三頁。

(16) 同上、四四五頁。
(17) 戦後になってから、柳田は穀霊信仰について下記のように記している。フレイザーの「穀霊と山野霊」と宇野円空「マライシヤの稲米儀礼」により、「この東西二つの穀種の間に於ける慣習の類似、殊に穀母が一期毎に穀童を産み育てる」という「顕著なる前代信仰の残留」に基づき「初期人類の知能観念の成長過程を、跡づけしめる端緒」だと思い至るはずだったとする。しかし「日本には所謂万邦無比の思想があつて、比較研究の目標とすべき題目に、幾つもの制限があつた」と戦前の「比較民俗学」展開には時代的制限があったとしている（「倉稲魂考」『定本』三一巻、一五九頁）。
(18) 柳田「巫女考」『全集』二四巻、二一三頁。
(19) 柳田「人を神に祭る風習」『全集』二七巻、一六五頁。
(20) 柳田「玉依姫考」『全集』一一巻、二九七頁。
(21) 柳田「炭焼小五郎が事」『全集』三巻、三五〇頁。
(22) J・G・フレイザー（神成利男訳）「第三篇第六章　イシス」『金枝篇――呪術と宗教の研究』第五巻、国書刊行会、二〇〇九年、二六二頁。
(23) 同上「第一篇第四章　聖なる男女」八五頁。
(24) 柳田「大礼の後」『全集』二五巻、二六〜二七頁。このときの祭祀における皇室と民間の類似性の指摘は、戦後になると自ら否定することが先行研究で指摘されている（岩本由輝『柳田民俗学と天皇制』吉川弘文館、一九九二年、二五五頁）。
(25) 柳田「神道私見」『全集』二五巻、二五八頁。
(26) 同上、二六六頁。
(27) 同上、二五三頁。
(28) J・G・フレイザー（江川徹他訳）『旧約聖書のフォークロア』太陽選書、一九七六年、四三頁。
(29) 前掲J・G・フレイザー「第二篇第六章　西方における東方の宗教」一九〇頁。
(30) 前掲柳田「神道私見」二四五、二四六頁。
(31) 同上、二四七〜二四八頁。
(32) 柳田は「西洋でも基督教の歴史が、新たに在俗の手によつて考察せられることになつて、民俗研究の興味が俄かに信仰の方に偏したことは同じであつたが、この固有宗教の「統一を失つた永続」といふことは、日本でもひどく我々の仲間の知識欲を刺激した。白状をすれば自分などもその陶酔者の一人」と述懐している（「食物と心臓」『全集』一〇巻、三七三頁）。

(33) 前掲柳田「神道私見」二四八頁。
(34) 柳田『桃太郎の誕生』『全集』六巻、二五八頁。
(35) 同上、二六〇頁。
(36) 同上、三八〇頁。
(37) 同上、二五八頁。
(38) 同上、二四八頁。
(39) 同上、二六一頁。
(40) 同上、二六三頁。
(41) 同上、三三四頁。
(42) 同上、三三一頁。
(43) J・G・フレイザー「第四章　王の補給」『金枝篇』四巻、二〇〇六年、九五〜一〇三頁。
(44) 同「第一篇第十章　アドニスの庭」『金枝篇』五巻、一六六頁。
(45) 柳田「人を神に祀る風習」『全集』二七巻、一八〇頁。
(46) 柳田「妹の力」『全集』一一巻、二五四〜二五五頁。
(47) 柳田「猿丸と小野氏」『神を助けた話』『全集』三巻、八一頁。
(48) 柳田「朝日長者」『神を助けた話』『全集』三巻、八五頁。
(49) 柳田「桃太郎根原記」『全集』二八巻、二六三〜二六四頁。
(50) 柳田「郷土研究の将来」『全集』一四巻、一四〇〜一四一頁。
(51) 柳田「郷土研究と文書史料」『全集』八巻、二一七頁。
(52) 前掲柳田「郷土研究の将来」一四二頁。
(53) 同上、一四〇頁。

(54) 柳田「殊俗誌の新使命」『全集』八巻、四八頁。
(55) 柳田「口承文芸とは何か」『全集』一六巻、四二九頁。
(56) 柳田「文化運搬の問題」『全集』二九巻、二四九頁。
(57) 同上、二五〇〜二五一頁。

第四章　一九二〇年代の柳田と吉野の政治思想

(1) 後藤総一郎監修、柳田国男研究会編著『柳田国男伝』三一書房、一九八八年参照。
(2) 福井直秀「柳田国男のアジア認識」『近代日本のアジア認識』京都大学人文科学研究所、一九九四年、五〇七頁（注7）。
(3) 柳田の植民地認識や連盟の委任統治委員の仕事については次の文献を参照した。岩本由輝『もう一つの遠野物語』（刀水書房、一九八三年）、同「植民地政策」野村純一他編『柳田國男事典』（勉誠出版、一九九八年）。二〇年代と四〇年代のアジア認識については藤井隆至「「比較民俗学」の政治思想」（『柳田國男　経世済民の学――経済・倫理・教育』名古屋大学出版会、一九九五年）。また貴族院書記官長時代を主とする柳田と政治との関係については岡谷公二『貴族院書記官長柳田国男』（筑摩書房、一九八五年）、朝日新聞社時代の柳田の政治思想、活動を扱っているのは川田稔「柳田国男における政治論の特質」『柳田国男の思想史的研究』（未來社、一九八五年）、同『柳田国男のえがいた日本――民俗学と社会構想』（未來社、一九九八年）、牧田茂編『評伝柳田国男』（日本書籍、一九七九年）、黒羽清隆「朝日新聞論説委員としての柳田国男」（『柳田国男研究資料集成』第一九巻所収、一九八七年）、山下紘一郎「第九章　朝日新聞社時代」『柳田国男伝』（三一書房、一九八八年）、稲葉暁「新聞人としての柳田国男」（『社会科学討究』一一八号、一九九五年三月）、福井直秀「東京朝日新聞における柳田国男の政治評論」（『京都外国語大学研究論叢』一九九三年三月、のち『柳田国男――社会変革と教育思想』岩田書院、二〇〇七年）。朝日新聞社の社内状況については、今西光男『新聞資本と経営の昭和史――朝日新聞筆政・緒方竹虎の苦悩』（朝日新聞社、二〇〇七年）がある。研究動向については、佐谷眞木人「柳田国男論の現況」（『国文学解釈と鑑賞』至文堂、二〇〇七年一二月）を参照。
(4) 村井紀『南島イデオロギーの発生――柳田国男と植民地主義』（福武書店、一九九二年）および川村湊『「大東亜民俗学」の虚実』（講談社、一九九六年）、大塚英志『公民の民俗学』（作品社、二〇〇七年）等。

(5) 前掲福井、および後藤総一郎編『柳田国男のアジア認識』岩田書院、二〇〇一年。
(6) 川田稔「立憲制的君主制から議会制的君主制へ――その政治思想史的一考察」『環太平洋の国際秩序の模索と日本』山川出版社、一九九九年、三二八～三二九頁。
(7) 藤井隆至「柳田国男――協同組合の思想家」大森郁夫編『日本の経済思想1』日本経済評論社、二〇〇六年、一五〇頁。
(8) 吉野「何ぞ進んで世界改造の問題に参与せざる」『選集』五巻、三七四頁。
(9) 柳田「将来の農政問題」『全集』二五巻、二七四頁。
(10) 柳田「二階から見て居た世間」『全集』二五巻、四三〇頁。
(11) 柳田「文明の批評」『定本』二九巻、四七八頁。
(12) 柳田『青年と学問』『全集』四巻、二一頁。
(13) 柳田「国際労働問題の一面」『全集』二六巻、二一三、二二三頁。
(14) 吉野「外交上に於ける日本の苦境」『選集』九巻、一五八頁。
(15) 吉野「所謂呂運亨事件について」『選集』九巻、一二一頁。
(16) 吉野「朝鮮青年会問題」『選集』九巻、一三八頁。
(17) 吉野「支那朝鮮基督教徒の大会不参加」『選集』九巻、一五二、一五五頁。
(18) 吉野「対外的良心の発揮」『選集』九巻、六一頁。
(19) 吉野「維新前後の排外思想」『吉野作造博士民主主義論集』八巻、新紀元社、一九四七年、一〇六～一六六頁。
(20) 柳田「第二几上南洋談」『柳田国男談話稿』法政大学出版局、一九八七年、一二六頁。
(21) 同上、一三〇頁。
(22) 柳田『都市と農村』『全集』四巻、一九四頁。
(23) 柳田『明治大正史世相篇』『全集』五巻、四四八頁。
(24) 前掲吉野「所謂呂運亨事件について」一二一頁。
(25) 吉野「朝鮮統治策に関して丸山君に答ふ」『選集』九巻、一四九頁。
(26) 柳田「眼前の異人種問題」『全集』二七巻、一二九頁。

(27) 吉野「委任統治に関する日本の主張に就て」『選集』六巻、九四頁。
(28) 吉野「愛蘭問題の世界的重要意義」『選集』六巻、二二五頁。
(29) 柳田「国際聯盟の発達」『全集』二六巻、一五頁。
(30) 前掲柳田「国際労働問題の一面」二一七～二一八頁。
(31) 柳田「太平洋民族の将来」『全集』二六巻、一七九頁。
(32) 柳田「几上南洋談」『全集』二五巻、三五五頁。
(33) 同上、三四八頁。
(34) 同上、三五六頁。
(35) 前掲柳田『青年と学問』二六頁。
(36) 吉野「人種的差別撤廃運動と日米問題」『東方時論』一九一九年四月号、四八、五〇～五一頁。
(37) 同上、五三頁。
(38) 吉野「人口増殖と特殊地位」『中央公論』一九二一年一〇月号、一四一頁。
(39) 柳田「移民の移民論」『全集』二六巻、三〇一頁。
(40) 同上、三〇二頁。
(41) 同上、二九五頁。
(42) 前掲柳田『都市と農村』二五一頁。「所謂半代出稼の気風が、この久しい沿革に囚はれた中途半端のものであることは、海外の移住に付いても我々は既に之を実験して居る。移民と謂ひながら其実は送金を主たる目的とし、故郷で地主となり又家を建て、銀行に貯蓄して喜ぶ様な人が多いのはそれである」。
(43) 同上（「地方の生産計画」）、三二〇頁。
(44) 同上（「紹介せられざる労働」）、二五二頁。
(45) 前掲吉野「人口増殖と特殊地位」一四一頁。
(46) 吉野「所謂人口問題の解決策」『中央公論』一九二六年七月号、一四七頁。
(47) 柳田「日本の人口問題」『全集』二六巻、四三五、四三六頁。

(48)前掲柳田『都市と農村』三三二頁。
(49)前掲柳田『明治大正史世相篇』五五六、五五七頁。
(50)前掲柳田「移民の移民論」二九一頁。
(51)前掲柳田『都市と農村』二一〇頁。
(52)吉野「普通選挙主張の理論的根拠に関する一考察」『選集』二巻、一七二頁。
(53)吉野「我が国無産政党の辿るべき途」『選集』二巻、二二七頁。
(54)柳田「政治生活更新の期」『全集』二六巻、九五頁。
(55)柳田『日本農民史』『全集』三巻、四五〇頁。
(56)前掲柳田『都市と農村』三〇〇頁。
(57)前掲柳田「将来の農政問題」二七八頁。
(58)柳田「郡誌調査員会に於て」『全集』二五巻、二九八、三〇二頁。
(59)無記名(柳田)「感情政治の得失」『全集』二七巻、四六四頁。
(60)柳田「旧勢力とは何ぞや」『全集』二六巻、三六五、三六六頁。
(61)前掲柳田『青年と学問』三九頁。
(62)前掲柳田『都市と農村』二一一～二一二頁。
(63)前掲柳田『青年と学問』七四頁。
(64)同上、八四頁。
(65)前掲柳田「几上南洋談」三五二頁。
(66)前掲柳田『都市と農村』二一四頁。
(67)前掲柳田「文明の批評」四七四頁。
(68)柳田「普通選挙の準備作業」『全集』二六巻、一〇八、一一〇頁。
(69)前掲柳田『都市と農村』三〇一～三〇二頁。
(70)同上、三〇七～三〇八頁。

(71) 同上、三〇九頁。
(72) 前掲柳田『明治大正史世相篇』五七二〜七三頁。
(73) 同上、五五四頁。
(74) 「今度の政変〔政憲両派の決裂―引用者注〕に際する老壮政治家の行動は、益進展する新聞報道の力に由つて、鏡の前を過ぐる如く、明確に国民の眼に映ずることゝ信ずる。此際何人が卑屈であり、何人が陰険であり、何人がまた公平で無かつたかは、記録として之を永久に保存するのみならず、やがて来るべき第一回の普通選挙の、有力なる参考とせられねばならぬ」（無記名「決裂の日来る」『全集』二六巻、四一六頁）。
(75) 前掲柳田『明治大正史世相篇』五九三頁。
(76) 同上、六〇七頁。
(77) 前掲柳田『青年と学問』八二、九八頁。
(78) 同上、一〇二頁。

第五章　「デモクラシー」と「生存権」

(1) 福田の「福祉国家」論および大正「自由主義」についての先行研究は以下の論文を参照した。池田信「福祉国家論の先駆――福田徳三の社会政策思想」（『日本労働協会雑誌』一八七号、一九七四年一〇月）、西沢保「福田徳三の経済思想――厚生経済、社会政策を中心に」（『一橋論叢』二〇〇四年一〇月）、木嶋久実「福田徳三――ある大正自由主義者の形成」（大森郁夫編『日本の経済思想1』日本経済評論社、二〇〇六年）。
(2) 吉野と福田の思想の比較検討は、松本三之介『近代日本の思想家一一　吉野作造』（東京大学出版会、二〇〇八年）第三章でなされている。ただし吉野の「生存権」論についてはふれられていない。
(3) 武藤秀太郎「福田徳三における社会政策論とアジア――異端の大正デモクラシー思想」（『日本思想史学』三六号、日本思想史学会、二〇〇四年、同『近代日本の社会科学と東アジア』藤原書店、二〇〇九年所収）および山内進「福田徳三の国際政治思想」（『一橋論叢』二〇〇四年一〇月号）。武藤は、吉野の英米協調に対し福田が英米の資本的侵略主義に批判的だったことを対置し、後者を「異端」の大正デモクラットと位置づけている。

（4）前掲松本『近代日本の思想家一一　吉野作造』東京大学出版会、二〇〇八年、一六六～一六七頁。
（5）田中秀臣「福田徳三と中国」『上武大学ビジネス情報学部紀要』二〇〇七年九月号、一二～一三頁。日本を無条件で「非侵略主義」とみなす言説は二二年には放棄していると指摘する。
（6）両者は一九〇九年より金曜経済会、経済学攻究会、社会政策学会を通じての知己であった。吉野の文章に「福田博士」は吉野批判者としてしばしば登場する。一九一八年には第一次世界大戦観をめぐり論争、同年一二月、先に開催された吉野と浪人会との立会演説会を契機として共に黎明会を結成する。しかし一九年早々「ソーシャル・デモクラシー」をめぐり応酬、同年一〇月国際労働会議の代表選定をめぐり両者間で対立が生じ、二〇年夏に会は解散する。その後は関東大震災を契機とする知識人団体二十三日会で顔を合わせている（「吉野作造日記」『選集』一三～一四巻）。黎明会における吉野と福田については、武藤秀太郎「戦間期日本における知識人集団――黎明会を中心に」（『戦間期日本の社会集団とネットワーク――デモクラシーと中間団体』NTT出版、二〇〇八年）を参照。
（7）「矢内原忠雄ノート」（一九一三年度）吉野作造講義録研究会編『吉野作造政治史講義――矢内原忠雄・赤松克麿・岡義武ノート』岩波書店、二〇一六年、七、九頁。
（8）吉野「白耳義ニ於ケル選挙法問題」『穂積先生還暦祝賀論文集』有斐閣書房、一九一五年、九～一〇頁。
（9）吉野「此度の議会に於ける問題」『新女界』一九一四年四月号、六三頁。
（10）吉野「蘇峰先生著『時務一家言』を読む」『選集』三巻、一〇三～一〇四頁。
（11）吉野「憲政の本義を説いて其有終の美を済すの途を論ず」『選集』二巻、三七頁。
（12）同上、四四頁。
（13）吉野「公共的犠牲の公平なる分配」『大学評論』一九一七年一月号、三四～三五頁。
（14）吉野「民本主義の意義を説いて再び憲政有終の美を済すの途を論ず」『選集』二巻、一〇五～一〇六頁。
（15）同上、一二六頁。
（16）同上、一二二～一二三頁。
（17）大陽寺順一「解題」『社会政策学会史料集成』五巻、御茶の水書房、一九七七年、五頁。
（18）福田「生存権の社会政策」『生存権の社会政策』（赤松要編）黎明書房、一九四八年、一八一、一八二頁。

(19) 同上、一七六、一八四頁。
(20) 福田「新らしい意味のデモクラシー」（一九一七年八月）『黎明録』大鐙閣、一九一九年、八一五～八一六頁。
(21) 福田「二大政党対立論を非とす」（一九一六年一一月）『黎明録』七九九、八〇七頁。
(22) 福田「極窮権の実行」（一九一八年八月）『黎明録』八三六～八三七頁。
(23) 吉野「我国現代の社会問題」『中央公論』一九一八年一〇月号、九四～九五頁。
(24) 姉崎正治「戦後の世界がどうなるか／をどうするか」『姉崎正治集』七巻、クレス出版、二〇〇二年、七五、一〇〇、一〇二頁。
(25) 福田「戦後の世界と姉崎博士」（一九一七年一一月）『黎明録』一〇七～一〇八頁。
(26) 福田「ホッブスとグローシアスとを論じて姉崎博士の空想的世界観を排す」（一九一八年二月）『黎明録』一六〇頁。
(27) 吉野「姉崎博士に対する福田博士の批評について」『中央公論』一九一八年四月号、一一九頁。
(28) 同上、一一六頁。
(29) 福田「黎明運動論」『黎明録』九七五～九七六頁。
(30) 前掲吉野「姉崎博士に対する福田博士の批評について」一一七頁。吉野「戦争の目的に関する我国論の二種」『中央公論』一九一八年四月号、一二六～一二七頁。
(31) 福田「世界の平和望み遠し」『黎明録』三七四頁。
(32) 前掲吉野「姉崎博士に対する福田博士の批評について」一一〇頁。
(33) 福田「社会政策とは何ぞや」（一九一九年二月）『黎明録』九三八、九五四頁。
(34) 福田「国本は動かず」（一九一九年三月）『黎明録』一〇五六～一〇五七頁。
(35) 吉野「デモクラシーに関する吾人の見解」『黎明講演集』一九一九年四月号、一八九、一九一頁。
(36) 吉野「政治上のデモクラシー」『新人』一九一九年四月号、六～七頁。
(37) 吉野「社会問題とは何ぞや」『婦人公論』一九二〇年四月号、一二四頁。
(38) 吉野「社会問題と其思想的背景」『中央公論』一九二〇年七月一五日号、九一～九三頁。
(39) 吉野「果して何処へか適帰せんとする？　瀰漫せる「労働不安」の流れ」『海か陸か』一九一九年一一月号、一一～一二頁。

(40) 吉野「資本家の労働問題観――武藤山治氏の「吾国労働問題解決法」を読む」『中央公論』一九一九年九月号、一一〇頁。

(41) 吉野「民本主義者より見たる労働問題」『社会及国体研究録』一九一九年一〇月号、三〇頁。

(42) 福田「如何に改造するか」『資料大正デモクラシー論争史』(太田雅夫編)、新泉社、一九七一年、四一一頁。

(43) 同上、四〇六、四一〇頁。福田の「生存を楽しむ」はラスキンから得ている。

(44) 同上、四〇四頁。

(45) 前掲福田「黎明運動論」九八〇頁。

(46) 福田「朝鮮は軍閥の私有物に非ず」『経済学全集』六巻上、同文館、一九二六年、一一四九、一一五〇頁。

(47) 福田「小島国的侵略主義の応報」(一九一九年七月)『経済学全集』六巻上一三八七、一三九二～一三九三頁。

(48) 福田「軍備制限は確かに実現し得る」『改造』一九二一年一一月号、二四八頁。

(49) 福田「社会政策の立場より見たる日米問題」『改造』一九二四年五月号、七二～七三頁。

(50) 吉野「人口問題の合理的解決」『婦人公論』一九二六年二月号、二一六頁。

(51) 吉野「社会問題としての生活問題」『廓清』一九二〇年一一月号、二六頁。

(52) 福田「労働非貨物主義の公認」『経済学全集』六巻上、一三六六頁。

(53) 同上、一三七六～七七頁。西沢保「大正デモクラシーと産業民主主義・企業民主主義の展開」『デモクラシーの崩壊と再生――学際的接近』(日本経済評論社、一九九八年)参照。

(54) 前掲吉野「資本家の労働問題観――武藤山治氏の「吾国労働問題解決法」を読む」一一四頁。吉野は、武藤は労働資本の関係を正しい関係に改造するという「労働問題の本質に関して全然無理解」だと批判。

(55) 吉野「工場委員会制度」『中央公論』一九二一年九月号、三〇四～三〇五頁。

(56) 吉野「工場委員会制度」『婦人之友』一九二一年一〇月号、一九頁。

(57) 福田『社会運動と労銀制度』改造社、一九二二年、二一四頁。

(58) 森本厚吉「生活権の主張と其責任」『私どもの主張』文化生活研究会、一九二一年、一三五、一四三頁。森本の「生活権」の発想については、平出裕子「森本厚吉の「文化生活運動」――生活権の提唱と講義録発行」(『日本歴史』二〇〇六年六月号）を参照。

(59) 前掲吉野「社会問題としての生活問題」二六、二七頁。

(60) 吉野「私の文化生活観」『文化生活』一九二二年八月号、二頁。

(61) 吉野「英国炭坑争議と我国小作問題」『MISUZU REPRINTS 12 古い政治の新しい観方』みすず書房、一九八八年、三二七頁。傍線は引用者による。

(62) 吉野「普通選挙主張の理論的根拠に関する一考察」『選集』二巻、一七一頁。

(63) 論説「政治上のデモクラシー」に比べると、この論説では精神生活の「開発」としての教育の要素を強調している（当該箇所一三三頁参照）。

(64) 前掲吉野「普通選挙主張の理論的根拠に関する一考察」一七一頁。

(65) 吉野「社会改造問題と基督教」『開拓者』一九二五年一月号、六頁。

(66) 吉野「普選と政治教育」『MISUZU REPRINTS 13 現代政治講話』みすず書房、一九八八年、三三三、三三四、三四二頁。

(67) 吉野「現代政界内面観」『MISUZU REPRINTS 13 現代政治講話』四一四～四一五頁。

(68) 吉野「無産政党問題に対する吾人の態度」『MISUZU REPRINTS 13 現代政治講話』三五七頁。

(69) 福田「価格闘争より厚生闘争へ」『経済学全集』五巻上、同文館、一九二六年、三一〇～三一一頁。

(70) 前掲福田『社会運動と労銀制度』四二、五七頁。

(71) 同上、一四二、一四九頁。

(72) 同上、二五二頁。

第六章　「共同団結の自治」実現への模索

(1) 室井康成『柳田国男の民俗学構想』森話社、二〇一〇年、二六三、二六五頁。個人の主体性確立の理想から柳田が「民俗」を「弊習」とみなしていたとする点は、極端な見解である。

(2) 川村邦光「戦争と民俗学――柳田国男と中山太郎の実践をめぐって」（『比較日本文化研究』七号、二〇〇三年）、関口すみ子「「主婦の歴史」と「特攻精神をはぐくむ者」――月刊誌『新女苑』における山川菊栄と柳田国男」（『法學志林』一一〇巻二号、二〇一二年一一月）等。

（3）鶴見太郎「柳田民俗学の東アジア的展開」『岩波講座　帝国日本の学知』六巻、岩波書店、二〇〇六年、川田稔『柳田国男――知と社会構想の全貌』ちくま新書、二〇一七年など。

（4）大政翼賛会組織局文化部「翼賛文化運動の理念と組織（試案）」高岡裕之編『資料集総力戦と文化』二巻、大月書店、二〇〇一年、九～一一頁。

（5）後藤総一郎監修、柳田国男研究会編著『〔別冊〕柳田国男伝年譜・書誌・索引』三一書房、一九八八年、六六頁。

（6）黒川徳男「大政翼賛会調査会における家族論――総動員態勢下における「家」解体への対策として」『国史学』二〇一〇年一二月号。

（7）藤本頼生「無格社整理と神祇院――「国家ノ宗祀」と神社概念」（『國學院雑誌』二〇一二年一一月号）で、神祇院の無格社整理問題に関する審議過程や実施要綱が明らかにされている。

（8）佐藤健二『歴史社会学の作法――戦後社会科学批判』岩波書店、二〇〇一年、一〇五、一〇七、一〇八頁。

（9）大門正克『近代日本と農村社会――農民世界の変容と国家』日本経済評論社、一九九四年、一七〇頁。

（10）鹿野政直「青年団運動の思想」『鹿野政直思想史論集』一巻、岩波書店、二〇〇七年。

（11）加藤千香子「戦間期における「農村青年」運動」『近代日本の都市と農村　激動の一九一〇―五〇年代』青弓社、二〇一二年。

（12）林淳「固有信仰論の学史的意義について」『アジアの宗教と精神文化』新曜社、一九九七年、三七一頁。

（13）柳田「感情政治の得失」（一九二八年三月四日）『全集』二七巻、四六四頁。

（14）柳田「特権階級の名」『全集』二六巻、一〇三頁。

（15）柳田「農村生活と産業組合」（一九三三年一〇月）『全集』二九巻、九三頁。

（16）柳田「郷土研究と民俗学」（一九三六年一〇月）『全集』二九巻、四〇二頁。

（17）柳田「親方子方」（一九三七年一二月）『全集』三〇巻、八六頁。

（18）前掲柳田「農村生活と産業組合」八四頁。

(19)　柳田『都市と農村』『全集』四巻、三〇二頁。
(20)　同上、三〇二頁。
(21)　柳田『明治大正史世相篇』『全集』五巻、五七二～五七三頁。
(22)　同上、五八七頁。
(23)　柳田「食物と心臓」（一九三二年一月）『全集』一〇巻、三七九～三八〇頁。
(24)　柳田「身の上餅のことなど」（一九三六年六月）『全集』一〇巻、四三九～四四〇頁。
(25)　野本寛一『栃と餅――食の民俗構造を探る』岩波書店、二〇〇五年、一六四頁。安室知『餅と日本人――「餅正月」と「餅なし正月」の民俗文化論』（雄山閣出版、一九九九年）では、「柳田国男のユニークな餅論」を紹介しつつ、「儀礼の社会化」という観点から餅の社会的意義を論じている（五頁）。
(26)　柳田『村のすがた』（一九四八年）『全集』一七巻、四四四頁。
(27)　柳田「今日の郷土研究」（一九三四年五月）『全集』二九巻、一八一頁。
(28)　柳田「言語生活の指導」（一九三九年一二月）『全集』一八巻、四一一頁。
(29)　柳田「農村雑話」（一九二六年一月）『全集』二七巻、一八頁。
(30)　柳田「国語の将来」（一九三八年八月）『全集』一〇巻、二九～三〇頁。
(31)　戦後になると柳田は「心の中の考へ又は感じを結んで言葉にする能力を、抑圧する」ことの結果として、「民主々義などは型ばかりで、事実は首領政治・煽動政治になるのも已むを得ない」と「民主々義」の語を使用して同じ内容を論じた（柳田「是からの国語教育」（一九四六年）『全集』一八巻、四一六頁）。
(32)　前掲大門正克『近代日本と農村社会――農民世界の変容と国家』一七〇頁。
(33)　柳田「採集と観測」（一九三一年九月）『全集』一三巻、二〇五～二〇六頁。
(34)　柳田「国語史論」（一九三三年四月）『全集』二九巻、一五七頁。
(35)　同上、一七二頁。
(36)　柳田『国語史　新語篇』（一九三六年）『全集』九巻、二三二頁。
(37)　前掲柳田「国語の将来」四八～五〇頁。

(38)田中万逸発言『大政翼賛運動資料集成』(赤木須留喜他編)六巻、一九四一年七月七日、柏書房、一九八八年、一〇頁。
(39)高田事務官発言、同上、一九四一年七月一四日、一三頁。
(40)松本信広発言、同上、一九四一年九月一日、八九頁。
(41)第一委員会第二小委員会、同上、一九四一年九月六日、九八頁。
(42)「大政翼賛会の委託により食習調査開始」『民間伝承』一九四一年九月号、七頁。
(43)「学界消息」『民間伝承』一九四一年一月号、一一頁。
(44)「学界消息」『民間伝承』一九四一年二月号、一一頁。
(45)「学界消息」『民間伝承』一九四一年三月号、一一頁。
(46)前掲『大政翼賛運動資料集成』一〇巻、二〇五頁。
(47)同上、第七巻、第四委員会第一小委員会議事速記録(第八回)、一九四一年一一月四日、三一七~三一九頁。
(48)調査会第八委員会「協同生活ノ範囲ト其実行方策ニ関スル報告書」七~八頁。国立公文書館デジタルアーカイブより引用。ttp://www.digital.archives.go.jp/das/image/M0000000000000303266
(49)「戦時生活文化に関する報告書　第五委員会」『資料日本現代史』(赤澤史朗他編)一二巻、大月書店、一九八四年、五九一頁。
(50)「学界消息」『民間伝承』一九四一年一二月号、一一頁。
(51)「編集後記」『民間伝承』一九四二年三月号、二五頁。
(52)関敬吾「問題の拡張」『民間伝承』一九四三年四月号、一頁。
(53)前掲黒川「大政翼賛会調査会における家族論」八一頁。
(54)「第五委員会第一小委員会第五回会議要録」(一九四三年十一月十八日)(松本学文書)、国立国会図書館所蔵。
(55)「「家」に関する調査報告書　第五委員会」前掲『資料日本現代史』一二巻、五七〇、五七六頁。
(56)柳田「敬神と祈願」(一九四四年)『全集』一六巻、三一二~三一三頁。
(57)柳田発言「座談会民族信仰の問題――「神道と郷土」を語る」『日本評論』一九四三年一月号、一二七~一二八頁。
(58)柳田「氏神篇調査に関する柳田国男先生講演の概要」『全集』三一巻、九九頁。

(59) この文章は柳田の戦争協力を示す文章として次の論文に取り上げられている。前掲川村邦光「戦争と民俗学——柳田国男と中山太郎の実践をめぐって」、前掲関口すみ子「「主婦の歴史」と「特攻精神をはぐくむ者」——月刊誌『新女苑』における山川菊栄と柳田国男」。
(60) 『全集』一六巻の「解説」では一九四三年七月執筆とされる(五三五頁)。
(61) 柳田「おしら神と執り物」(一九四〇年一〇月)『全集』一六巻、二〇三頁。
(62) 柳田「日本の母性」『全集』三〇巻、六六三頁。
(63) 前掲「氏神篇調査に関する柳田国男先生講演の概要」九九頁。
(64) 前掲柳田発言「民族信仰の問題」一三〇頁。
(65) 柳田『神道と民俗学』『全集』一四巻、七二、七四頁。
(66) 同上、六八頁。
(67) 柳田「氏神様と教育者」(一九四四年一月)『全集』三一巻、一三一頁。
(68) 柳田『日本の祭』『全集』一三巻、五〇二頁。
(69) 同上、五〇六頁。氏神信仰は公共の祈願がその本旨であるとの主張は、戦後『氏神と氏子』(一九四七年)でも論じている。親密な氏神と氏子の間に無言の祈願が成立していたことを挙げた上で、「氏神の恵みは氏子の全部に共通なもの、即ち公共に祈願せられるものに専らであつたことで、従つて住民の欲する所が、区々対立せざることを条件として居た」としている。柳田「氏神と氏子」一九四六年七月『全集』一六巻、二八六頁。
(70) 前掲藤本頼生「無格社整理と神祇院——「国家ノ宗祀」と神社概念」八三頁。
(71) 同上、七七~七八頁。
(72) 「神社制度調査会第八十三回特別委員会議事録」『神社制度調査会議事録』(神社本庁編)、二〇〇一年、五一七~五一八、五四二頁。
(73) 同上、五四三、五四七頁。
(74) 「神社制度調査会第八十七回特別委員会議事録」六四七頁。
(75) 「第十三回総会」七二四頁。

(76)「神社制度調査会第八十五回特別委員会議事録」五八五頁。
(77)「神社制度調査会第八十六回特別委員会議事録」六二二頁。
(78)「神社制度調査会第八十四回特別委員会議事録」五五九頁。
(79)「神社制度調査会第十三回総会議事録」七一三~七一四頁。
(80) 前掲柳田『日本の祭』五〇七頁。
(81) 前掲柳田発言「民族信仰の問題」一二八頁。
(82) 柳田「祭と司祭者」(一九四三年六月)『全集』一六巻、三三一頁。
(83) 同上、三三一頁。
(84) 同上、三三二頁。
(85) 同上、三四四~三四五頁。
(86) 柳田は自らの講演を「先づ上出来、その割には感動なしと見ゆ」とした(「解題」『全集』一六巻、五三七頁)。
(87) 神社に祀る神々は「皇運を扶翼し奉つた氏族の祖先の神霊」であり、「神社を崇敬することは、即ち皇室に対し奉る忠であり、祖先に対する孝」だとされる。神祇院編『神社本義』印刷局、一九四四年、二〇頁。
(88) 前掲柳田「敬神と祈願」二九九頁。
(89) 前掲『日本の祭』五〇五頁。
(90) 前掲「敬神と祈願」三〇五頁。
(91) 同上、三〇五、三一三頁。

第七章　吉野作造の「現代」政治史研究

(1) 三谷太一郎「思想家としての吉野作造」『大正デモクラシー論——吉野作造の時代』第三版、東京大学出版会、一六五、一六九、一七七~一七八頁。なお同「吉野作造の明治文化研究」(『国家学会雑誌』一九七〇年五月号)を併せて参照した。
(2) 松本三之介「吉野作造と明治文化研究」『選集』一一巻、三七一、三七五頁(同『近代日本の思想家一一　吉野作造』東京大学出版会、二〇〇八年所収)。

(3) 鹿野政直「歴史学」『民間学事典』三省堂書店、一九九七年、一二八頁。
(4) 前掲三谷「思想家としての吉野作造」一五九頁。
(5) 同上、一六二〜一六三頁。
(6) 前掲松本、三八六頁。
(7) 秋山真一「吉野作造に於ける明治文化の世界」『吉野作造研究』五号、二〇〇八年一〇月、一八〜一九頁。
(8) 田中彰『明治維新観の研究』北海道大学図書刊行会、一九八七年、二五四〜二五五頁。
(9) 堅田剛『明治文化研究会と明治憲法——宮武外骨・尾佐竹猛・吉野作造』御茶の水書房、二〇〇八年、二一三〜二一四頁。
(10) 小川原正道「吉野作造における維新と「公道」」『吉野作造研究』八号、二〇一二年五月、一一頁。
(11) 「一九一五年度講義録」『吉野作造政治史講義——矢内原忠雄・赤松克麿・岡義武ノート』岩波書店、二〇一六年、二〇四、二〇五頁。
(12) 同上、二一五頁。
(13) 吉野「石工の技術から人類愛の訓育に——フリーメイソンリーの話の続き」『文化生活』文化生活研究会、一九二一年一一月号、一〇頁。
(14) 吉野日記によれば、一九一七年から一九年、漢文学者久保天随の下で月二、三回兎貢や洪範などの漢籍を学んでおり、荘子研究はその成果の一つと推測される。
(15) 吉野「東洋に於けるアナーキズム」『国家学会雑誌』一九二〇年三月号、六、八頁。
(16) 同上、一九、二〇頁。
(17) 同上、二二頁。
(18) 前掲「一九二四年度講義録」三七二頁。
(19) 同上、三七三、三七四頁。
(20) 吉野「現代政治思潮」『選集』一巻、三一四〜三一五頁。
(21) 内藤湖南「清国の立憲政治」（一九一一年六月）『内藤湖南全集』五巻、筑摩書房、一九七二年、四二一〜四二四頁。
(22) 蠟山政道「わが師吉野作造先生」によれば、『支那革命小史』は蠟山が学生時代（一九一七年か）に受講した特別講義のテキストであった（社会思想研究会編『わが師を語る　近代日本文化の一側面』社会思想研究会出版部、一九五三年、一四一頁）。
(23) 伏見岳人「解説――吉野作造の政治史講義」前掲『吉野作造政治史講義』一二一～一四頁。
(24) 吉野『支那革命小史』『選集』七巻、一一頁。
(25) 吉野の中国革命観は当時の日本では批判が多かった（狭間直樹「吉野作造と中国――吉野の中国革命史と日中関係史について」『選集』七巻、四一四頁）。
(26) 同上、一一四頁。
(27) 吉野『第三革命後の支那』『選集』七巻、一六八～一六九頁。
(28) 前掲『支那革命小史』二三頁。
(29) 国立国会図書館所蔵、デジタルライブラリー参照。この講義録は近代の西洋政治史、日本政治史、中国、朝鮮半島の政治史が記されている。内容は前後しており、落丁等あり不完全だが吉野の全体的な構想を知る手がかりとして利用した。
(30) 吉野作造講義録『政治史』文信社、一九二七年、八四頁。
(31) 同上、八四～八五頁。
(32) 一九二七年度とほぼ同じ内容の吉野『政治史』一九二八年（国文社出版部）でもこの点は同様である。
(33) 吉野『対支問題』『選集』七巻、二八九頁。
(34) 同上、三五六～三五七、三八五頁。
(35) 同上、三九三～三九四頁。
(36) 吉野「支那の政治と日本の政治」（一九二八年二月）『選集』九巻、三五八頁。
(37) 前掲吉野『対支問題』三八九頁。
(38) 前掲吉野『政治史』（一九二七年）一七五頁。
(39) 前掲吉野「現代政治思潮」三三九頁。
(40) 同上、三四〇頁。
(41) 吉野「我国近代史に於ける政治意識の発生」『選集』一一巻、二二八頁。

(42) 同上、二八九頁。
(43) 吉野「自由民権時代の主権論」『選集』一一巻、一二〇頁。
(44) 吉野「明治維新の解釈」『選集』一一巻、二二一頁。
(45) 前掲吉野「一九二四年度講義録」四二八頁。
(46) 同上、四二九頁。
(47) 同上、四三〇〜四三一頁。
(48) 同上、四三〇頁。
(49) 吉野「維新より国会開設まで」『選集』一一巻、三〇七頁。
(50) 前掲吉野『政治史』（一九二七年）、二三七頁。
(51) 尾佐竹猛『維新前後に於ける立憲思想の研究』一九三四年、中文館書店、一、一四頁。
(52) 前掲吉野「我国近代史に於ける政治意識の発生」二五一頁。
(53) 前掲尾佐竹、六頁。
(54) 同上、一四頁。
(55) 前掲吉野「我国近代史に於ける政治意識の発生」二四三頁。「現代政局の史的背景」で吉野は、「維新当時に定まった大方針が何の苦もなくスラ〳〵と歴史の上に現はれて往つたやうに言ふ」ことは事実とは異なるとし、新政府が「金にも困り兵力にも困り窮余の結果悲鳴を揚げるに到つた」のが五箇条の誓文だとした（朝日新聞社編『時局問題批判』一九二四年、二四二、二四六頁）。

第八章　「郷土研究」とアカデミズム史学

(1) 家永三郎「柳田史学論」『家永三郎集』四巻、岩波書店、一九九八年、二八一〜二八五頁。
(2) 鹿野政直「鳥島は入っているか」『鹿野政直思想史論集』七巻、岩波書店、二〇〇八年、一〇七頁。
(3) 同「民間学　運動としての学問」同上書一巻、二〇〇七年、三九三、四〇三、四一〇、四一七頁。
(4) 同上、二九四〜三〇〇頁。

（5）福田アジオ『日本の民俗学――「野」の学問の二〇〇年』吉川弘文館、二〇〇九年、三〇三～三〇四頁。
（6）同上、六五、一〇七～一一一頁。
（7）中井信彦「史学としての社会史――社会史にかんする覚書」『日本歴史民俗論集』一巻、吉川弘文館、一九九二年、五六～五七頁。
（8）石井進「中世史研究と日本民俗学」『石井進著作集』一〇巻、岩波書店、二〇〇五年、二二七頁。
（9）花森重行「歴史地理学という場の崩壊――柳田国男・高木敏雄の久米邦武批判から見えるもの」『日本思想史研究会会報』日本思想史研究会、二〇〇三年一月、三五八頁。
（10）齋藤智志「古蹟保存の流行と日本歴史地理研究会」『日本歴史』二〇〇九年五月号、吉川弘文館、一〇二～一〇三頁（同『近代日本の史蹟保存事業とアカデミズム』法政大学出版局、二〇一五年所収）。
（11）佐伯有清『柳田国男と古代史』吉川弘文館、一九八八年、二〇～二一頁。
（12）澤智恵「津田左右吉の記紀解釈に関する一考察――「myth」から「説話」へ」『ソシオサイエンス』早稲田大学大学院社会科学研究科、二〇一〇年、二〇頁。
（13）増尾伸一郎「黎明期の記紀神話をめぐる動向――津田左右吉と高木敏雄・柳田国男を中心に」新川登亀男・早川万年編『史料としての『日本書紀』――津田左右吉を読みなおす』勉誠出版、二〇一一年。
（14）早川万年「津田左右吉の記紀批判と史実の認識」同『史料としての『日本書紀』』三五七、三五九頁。
（15）池田智文「近代「国史学」の古代史認識――久米邦武の神道論について」『国史学研究』二〇〇三年三月、三三頁。
（16）佐伯有清「久米邦武と日本古代史」大久保利謙編『久米邦武の研究　久米邦武歴史著作集』別巻、吉川弘文館、一九九一年、五頁。
（17）無署名「今後の郷土研究」『郷土研究』一九一四年三月号、名著出版（復刻版）、六三頁（『全集』二四巻所収）。
（18）柳田「郷土研究の休刊」『郷土研究』一九一七年三月号、名著出版（復刻版）、七六〇頁（『全集』二五巻所収）。
（19）同上、七五七頁。
（20）高木敏雄「日本神話学の歴史的概観」大林太良編『増訂日本神話伝説の研究1』平凡社、一九七三年、八一頁。
（21）鹿野政直・今井修「日本近代思想史のなかの久米事件」前掲『久米邦武の研究』二一〇頁。久米の論文の特色として、他に考証史学の立場、近代史学の方法によっていること、社会史的問題関心の萌芽が存在することが指摘されている。
(22) 高木「珍奇なる神代史論」前掲『増訂日本神話伝説の研究1』三五七頁。
(23) 同上、三五八頁。
(24) 高木「郷土研究の本領」『郷土研究』第一号、一九一三年三月、八頁。
(25) 黒板勝美『国史の研究』文会堂、一九〇八年、二三一頁。
(26) 同上（各説之部）、文会堂書店、一九一八年、一〇頁。
(27) 高木敏雄「素戔嗚尊神話に現はれたる高天原要素と出雲要素」『史学雑誌』一九一四年三月号、七三〜七四頁。
(28) 前掲黒板『国史の研究（各説之部）』一九一八年、一三頁。
(29) 柳田「序」前掲『増訂日本神話伝説の研究1』三〜四頁。「慣習には…」以下の一文は、柳田著『退読書歴』（一九三三年）収録の際削除されている（柳田『全集』七巻、六四八頁）。
(30) 大林太良「解説」前掲『日本神話伝説の研究1』三八〇頁。
(31) 高木「古事記について」前掲『増訂日本神話伝説の研究1』一二二頁。
(32) 同上、一三一頁。
(33) 津田左右吉『神代史の新しい研究』二松堂書店、一九一三年、一三一頁。
(34) 門太郎（高木）「神代史の新しい研究（津田左右吉著）」『郷土研究』一九一三年一一月号、五七六頁。
(35) 津田左右吉「文献に現はれて居る上代の神」『郷土研究』一九一四年六月号、二〇八〜二〇九頁。
(36) 黒板勝美『国史の研究』一九一八年、一一頁。
(37) 柳田「「イタカ」及び「サンカ」」『全集』二四巻、六三頁。
(38) 柳田「三家分流の古伝」『全集』二四巻、五五三頁。
(39) 同上、五五五頁。
(40) 同上、五五五頁。
(41) 無署名（柳田）「大礼の後」『郷土研究』一九一六年一月号、六三九頁（『全集』二五巻所収）。
(42) 川村杳樹（柳田）「玉依姫考」『郷土研究』一九一七年三月号、二六頁（『全集』一一巻所収）。この号で同誌は休刊する。

(43) 柳田「炭焼小五郎が事」『全集』三巻、三五〇頁。
(44) 『郷土研究』では最初の二篇を論説とし、次に小報告、事例という体裁をほぼとっている。高木辞任後は柳田が別名で二篇担当することが多かった。
(45) 菅沼可児彦(柳田)「郷土誌編纂者の用意」『郷土研究』一九一四年九月号、三九三頁(『全集』三巻所収)。
(46) 柳田「塚と森の話」『全集』二四巻、一一三頁。
(47) 前掲柳田「郷土誌編纂者の用意」三九五頁。
(48) 原勝郎「序」『日本中世史巻一』冨山房、一九〇六年、一〜三頁。
(49) 原勝郎「足利時代を論ず」『日本中世史之研究』同文舘、一九二九年、三九七頁。
(50) 同上、四〇九頁。
(51) 菅沼可児彦(柳田)「村の年齢を知ること」『郷土研究』一九一六年四月号、九頁(『全集』三巻所収)。
(52) 柳田「日本農民史」『全集』三巻、四三八頁。
(53) 清水三男「初期の名田について」『中世荘園の基礎構造』高桐書院、一九四九年、五八頁。
(54) 岡田俊裕「砺波散村論争」『地理学史　人物と論争』古今書院、二〇〇二年、一三九〜一四〇頁。
(55) 小川琢治「越中国西部の荘宅 Homesteads に就て」『地学雑誌』一九一四年一一月号、八九九頁。
(56) 無署名(柳田)「散居制集落の研究」『郷土研究』一九一五年四月号、一一七頁(『全集』二四巻所収)。
(57) 牧野信之助「旧加賀藩の散居村落制について」『地学雑誌』一九一五年八月号、六八七頁。
(58) 牧野「散居制と環濠部落」『土地及び聚落史上の諸問題』河出書房、一九三八年、二〇一頁。なお「巻末記」で柳田著『時代と農政』を挙げ、「私は主としてその書を通じて先生の学問に私淑し、その啓発を受けた」と記す。
(59) 一九〇四年ドレスデンで設立、一九〇九年第一回万国会議(パリ)を経て第二回会議(シュトゥットガルト)の参加国はドイツ、ベルギー、イギリス、フランス、日本、オランダ、ノルウェー、オーストリア、スイス。石橋五郎(神戸高商業教授兼京大文科助教授)が出席し文部省に報告書提出。「第二回郷土保存万国会議状況報告」『歴史地理』一九一二年一一月号。
(60) 「第二回郷土保存万国会議状況報告」『歴史地理』一九一二年一一月号、八四頁。
(61) 黒板勝美「史蹟遺物保存に関する意見書」『虚心集』四巻、吉川弘文館、一九四〇年、三六〇、三六二、三六三頁。具体

的には「第一　皇室に関するもの」「第二　祭祀及び宗教に関するもの」「第三　政治及び兵事に関するもの」「第四　商工業に関するもの」「第五　農業山林に関するもの」「第六　土木交通に関するもの」「第七　教育学芸に関するもの」「第八　日常生活に関するもの」「第九　先住民族に関するもの」「第十　変化し易き天然状態に属するもの」「第十一　伝説的史蹟にして風教に関するもの」「第十二　雑類」である。

(62) 黒板勝美「郷土保存について」『歴史地理』一九一三年一月号、一一頁。

(63) 前掲柳田「塚と森の話」一二三頁。

(64) 前掲黒板「史蹟遺物保存に関する意見書」三六五頁。

(65) 同上、三七九頁。

(66) 黒板は「復旧」保存の問題点として国史学、考古学、美術史の未発達による年代確定の困難等を挙げている（前掲「史蹟遺物保存に関する意見書」三八七頁）。

(67) 秋山「甲寅歴史地理学界概観」『歴史地理』一九一五年一月号、一四〇頁。

(68) 「協会録事」には一九一一年一二月五日の項に柳田や喜田貞吉など一一名を評議員に依頼することを掲載（『史蹟名勝天然紀念物』一九一四年九月号、第一号）しているが、柳田含め三名はその後も評議員名欄に記載なし。史蹟名勝天然記念物保存法（一九一九年四月）発布後一〇月に調査委員就任。

(69) 「第三回総会と懇話陳列会」『史蹟名勝天然紀念物』一九一七年七月号、画報社、復刻版、一七一頁。

(70) 柳田「農に関する土俗」『全集』三巻、一八四頁。

(71) 「社告」『郷土研究』一九一四年一〇月号、奥付上部（『全集』二四巻所収）。

(72) 高木博志「史蹟・名勝の成立」『日本史研究』一九九一年一一月号、七一頁。

(73) 前掲花森「歴史地理学という場の崩壊」三五六頁。

(74) 柳田「耳塚の由来に就て」『郷土研究』一九一六年二月号、六六二頁（『全集』二五巻所収）。

(75) 同上、六六六頁。

(76) 柳田「七塚考」『郷土研究』一九一五年七月号、二六五〜二六六頁（『全集』二四巻所収）。

(77) 柳田「和泉式部」『郷土研究』一九一六年七月号、二〇三〜二〇四、二〇六頁（『全集』二五巻所収）。

(78) 柳田「地名考説」『全集』八巻、四二七頁。
(79) 同上、四二九頁。

補章 「新しい歴史学」と「我々の文化史学」

(1) 山口輝臣「大正時代の「新しい歴史学」――日本文化史という企て、和辻哲郎と竹岡勝也を中心に」『季刊日本思想史』二〇〇五年一二月号、一〇九頁。
(2) 昆野伸幸「平泉史学と人類学」同上、一二一頁。
(3) 林淳「文化史学と民俗学」『柳田国男研究論集』四号、岩田書院、二〇〇五年、六七～六八頁。京大における民俗学の伝統は、西田直二郎退職後途絶えたとしている。
(4) 菊地暁「敵の敵は味方か?――京大史学科と柳田民俗学」『民俗学的想像力』せりか書房、二〇〇九年、一七六頁。
(5) K・N生「文学に現はれたる我が国民思想の研究　武士文学の時代　津田左右吉著」『史学雑誌』一九一七年二月号、一九一、一九四頁。
(6) 平泉(澄)「文学に現はれたる我が国民思想の研究　平民文学の時代上　津田左右吉著」『史学雑誌』一九一九年一月号、一四一頁。
(7) 平泉(澄)「最近史界」『史学雑誌』一九二〇年六月号、六二頁。
(8) 中村(栄孝)「神と神を祭る者との文学　武田祐吉著」『史学雑誌』一九二四年七月号、八三頁。
(9) (無署名)「最近史界」『史学雑誌』一九二〇年四月号、七七頁。
(10) 植村(清二)「日本神話伝説の研究　文学士高木敏雄著」『史学雑誌』一九二五年八月号、九一頁。
(11) 志田(不動麿)「「民俗学」の発刊」『史学雑誌』一九二九年一〇月号、一一三～一一四頁。
(12) 村川(堅太郎)「バーン著民俗学概論(普及版)岡正雄訳」『史学雑誌』一九三〇年一〇月号、一一三頁。
(13) 前掲植村(清二)「日本神話伝説の研究　文学士高木敏雄著」九一頁。
(14) 村川堅太郎「民俗学論考　松村武雄著」『史学雑誌』一九三一年四月号、一一五頁。
(15) 植村(清二)「海南小記　柳田国男著」『史学雑誌』一九二五年七月号、七四頁。

(16) 前掲志田、一一四頁。
(17) 志田不動麿「「民俗学」大会の盛会」『史学雑誌』一九二九年一一月号、一二〇頁。
(18) 「『史林』発行趣意書」『史林』一九一六年一月号、前一～前二頁。
(19) 肥後（和男）「昨年の史学・考古学・地理学界」『史林』一九三〇年四月号、八七頁。
(20) 柴田実「桃太郎の誕生　女性と民間伝承　柳田国男著」『史林』一九三三年二月号、三八一～三八二頁。
(21) 中村（直勝カ）「海南小記　柳田国男著」『史林』一九二五年七月号、一二〇頁。
(22) 西田直二郎「日本民俗学について」『史林』一九二九年四月号、一五〇頁。
(23) （松本芳夫）「発刊の辞」『史学』一九二一年一一月号、冒頭部分。
(24) 橋本孝「大正十一年度の雑誌に表はれたる「歴史哲学」概観」『史学』一九二三年三月号、一〇二頁。
(25) 松本芳夫「『国体新論』の疑点――黒板博士の新著を読みて」『東京朝日新聞』一九二五年六月二一日、六面。
(26) 黒板勝美「松本氏に問ふ――『国体新論』に就て」『東京朝日新聞』同年六月二八日、六面。
(27) 松本芳夫「黒板博士の反問に答ふ」『東京朝日新聞』同年七月五日、七面。
(28) 松本芳夫「雑誌民族（民族発行所）」『史学』一九二六年三月号、一五〇頁。
(29) 松本信広「蝸牛考（柳田国男著刀江書院発行）」『史学』一九三〇年九月号、一六六頁。
(30) 松本芳夫「山の人生（柳田国男著郷土研究社発行）」『史学』一九二七年三月号、一四五頁。
(31) 柳田「Ethnology とは何か」『全集』四巻、一五九頁。
(32) 西田直二郎「文化史の性質」『歴史と地理』一九三一年六月号、二〇頁。
(33) 同「日本の史学と文化史」『東洋史論叢――桑原博士還暦記念』弘文堂書房、一九三一年、一一三五頁。
(34) 前掲「文化史の性質」三三頁。
(35) 同上、三六頁。
(36) 西田直二郎「日本上代のトーテミズム痕跡の問題と呪術についての二三の考」『内藤博士頌寿記念史学論叢』弘文堂書房、一九三〇年、四〇頁。
(37) 柳田「蟷螂考」『全集』一七巻、三五〇頁。

(38) 同上、三六五頁。
(39) 柳田「蝸牛考」『人類学雑誌』一九二七年六月号、二二五、二二九頁、同七月号、二八三頁。
(40) 柳田「木曽より五箇山へ」『全集』六巻、一九九八年、五三頁。拙稿「柳田民俗学と岐阜県」(『リブロ岐阜学』一号、みらい、二〇一五年)参照。
(41) 柳田「婿入考」『全集』一七巻、六二七頁。

主要参考文献（五十音順、単行本収録の個別論文名は省略した）

赤澤史朗『近代日本の思想動員と宗教統制』校倉書房、一九八五年。

秋山真一「吉野作造に於ける明治文化の世界」『吉野作造研究』五号、二〇〇八年。

阿久津昌三「柳田国男と『金枝篇』」『信州大学教育学部紀要』一九八九年三月号。

芦名定道「キリスト教思想研究から見た海老名弾正」『アジア・キリスト教・多元性』第二号（電子ジャーナル）、二〇〇四年三月。

ロバート・アッカーマン（小松和彦監修）『評伝J・G・フレイザー――その生涯と業績』法藏館、二〇〇九年。

安室知『餅と日本人――「餅正月」と「餅なし正月」の民俗文化論』雄山閣出版、一九九九年。

有馬学「「大正デモクラシー」の再検討と新たな射程」『岩波講座　東アジア近現代通史』四巻、岩波書店、二〇一一年。

飯田泰三『批判精神の航跡――近代日本精神史の一稜線』筑摩書房、一九九七年。

家永三郎「柳田史学論」『家永三郎集』四巻、岩波書店、一九九八年。

伊藤幹治『柳田国男と文化ナショナリズム』岩波書店、二〇〇二年。

伊藤幹治篇「共同研究柳田国男とヨーロッパの民族学・民俗学」『民俗学研究所紀要』一九九八年三月号。

池田信「福祉国家論の先駆――福田徳三の社会政策思想」『日本労働協会雑誌』一九七四年一〇月号。

池田智文「近代「国史学」の古代史認識――久米邦武の神道論について」『国史学研究』二〇〇三年三月号。

石井進「中世史研究と日本民俗学」『石井進著作集』一〇巻、岩波書店、二〇〇五年。

石井正己『遠野物語の誕生』若草書房、二〇〇〇年。

石井正己『いま、柳田国男を読む』河出書房新社、二〇一二年。

稲葉暁「新聞人としての柳田国男」『社会科学討究』一一八号、一九九五年三月。

今西光男『新聞資本と経営の昭和史──朝日新聞筆致・緒方竹虎の苦悩』朝日新聞社、二〇〇七年。

岩本由輝『もう一つの遠野物語』刀水書房、一九八三年。

岩本由輝『柳田民俗学と天皇制』吉川弘文館、一九九二年。

大門正克『近代日本と農村社会──農民世界の変容と国家』日本経済評論社、一九九四年。

大久保利謙編『久米邦武の研究　久米邦武歴史著作集』別巻、吉川弘文館、一九九一年。

大塚英志『公民の民俗学』作品社、二〇〇七年。

岡田俊裕『地理学史　人物と論争』古今書院、二〇〇二年。

岡谷公二『貴族院書記官長柳田国男』筑摩書房、一九八五年。

岡谷公二『殺された詩人──柳田国男の恋と学問』新潮社、一九九六年。

岡谷公二『柳田国男の青春』筑摩書房、一九七七年。

小川原正道「吉野作造における維新と「公道」」『吉野作造研究』八号、二〇一二年五月。

堅田剛『明治文化研究会と明治憲法──宮武外骨・尾佐竹猛・吉野作造』御茶の水書房、二〇〇八年。

加藤千香子「戦間期における「農村青年」運動」『近代日本の都市と農村　激動の一九一〇─五〇年代』青弓社、二〇一二年。

鹿野政直『鹿野政直思想史論集』一巻、七巻、岩波書店、二〇〇七、二〇〇八年。

鹿野政直・鶴見俊輔・中山茂編『民間学事典』三省堂書店、一九九七年。

苅部直『歴史という皮膚』岩波書店、二〇一一年。

川田稔『柳田国男の思想史的研究』未來社、一九八五年。

川田稔『柳田国男──「固有信仰」の世界』未來社、一九九二年。

川田稔『柳田国男のえがいた日本──民俗学と社会構想』未來社、一九九八年。

川田稔「立憲制的君主制から議会制的君主制へ──その政治思想史的一考察」『環太平洋の国際秩序の模索と日本──第一次世界大戦後から五五年体制成立』山川出版社、一九九九年。

川田稔『柳田国男──知と社会構想の全貌』ちくま新書、二〇一七年。

川村邦光「戦争と民俗学──柳田国男と中山太郎の実践をめぐって」『比較日本文化研究』七号、二〇〇三年。

川村湊『「大東亜民俗学」の虚実』講談社、一九九六年。

木嶋久実「福田徳三――ある大正自由主義者の形成」『日本の経済思想1』日本経済評論社、二〇〇六年。

菊地暁「敵の敵は味方か?――京大史学科と柳田民俗学」『民俗学的想像力』せりか書房、二〇〇九年。

後藤総一郎監修、柳田国男研究会編著『柳田国男伝』三一書房、一九八八年。

後藤総一郎編『柳田国男のアジア認識』岩田書院、二〇〇一年。

黒川徳男「大政翼賛会調査会における家族論――総動員態勢下における「家」解体への対策として」『国史学』二〇一〇年一二月号。

黒羽清隆「朝日新聞論説委員としての柳田国男」『柳田国男研究資料集成』第一九巻、日本図書センター、一九八七年。

河野有理「「自治」と「いやさか」――後藤新平と少年団をめぐって」北岡伸一監修『自由主義の政治家と政治思想』中央公論新社、二〇一四年。

近藤勝彦『デモクラシーの神学思想――自由の伝統とプロテスタンティズム』教文館、二〇〇〇年。

昆野伸幸「平泉史学と人類学」『季刊日本思想史』二〇〇五年一二月号。

昆野伸幸『近代日本の国体論――「皇国史観」再考』ぺりかん社、二〇〇八年。

昆野伸幸「近代日本の国体論――教育勅語・『国体の本義』・平泉澄」『近代』一〇六号、二〇一二年三月号。

齋藤智志『近代日本の史蹟保存事業とアカデミズム』法政大学出版局、二〇一五年。

佐伯有清『柳田国男と古代史』吉川弘文館、一九八八年。

坂野徹『帝国日本と人類学者一八八四―一九五二年』勁草書房、二〇〇五年。

佐藤健二『歴史社会学の作法――戦後社会科学批判』岩波書店、二〇〇一年。

佐藤健二「民俗学と郷土の思想」『岩波講座　近代日本の文化史』五巻、岩波書店、二〇〇二年。

佐藤健二『柳田国男の歴史社会学――続・読書空間の近代』せりか書房、二〇一五年。

澤智恵「津田左右吉の記紀解釈に関する一考察――「myth」から「説話」へ」『ソシオサイエンス』早稲田大学大学院社会科学研究科、二〇一〇年。

佐谷眞木人「柳田国男論の現況」『國文学解釈と鑑賞』至文堂、二〇〇七年一二月号。

設楽博己・工藤雄一郎・松田睦彦編著『柳田國男と考古学――なぜ柳田は考古資料を収集したのか』新泉社、二〇一六年。

設楽博己他「共同研究　柳田国男収集考古資料の研究」『国立歴史民俗資料館研究報告』、二〇一七年三月。

清水靖久「吉野作造の政治学と国家観」『吉野作造選集』一巻、岩波書店、一九九五年。

新川登亀男・早川万年編『史料としての『日本書紀』――津田左右吉を読みなおす』勉誠出版、二〇一一年。

新保祐司「近代日本における「基督教」」『日本思想史講座』四巻、ぺりかん社、二〇一三年。

関口すみ子「「主婦の歴史」と「特攻精神をはぐくむ者」――月刊誌『新女苑』における山川菊栄と柳田国男」『法學志林』一一〇巻二号、二〇一一年一一月。

大陽寺順一「解題」『社会政策学会史料集成』五巻、御茶の水書房、一九七七年。

高木博志「史蹟・名勝の成立」『日本史研究』一九九一年一一月号。

高木昌史編『柳田国男とヨーロッパ――口承文芸の東西』三交社、二〇〇六年。

高橋治「柳田国男の洋書体験　一九〇〇―一九三〇――柳田国男所蔵洋書調査報告」『柳田国男・民俗の記述　柳田国男研究年報三』岩田書院、二〇〇〇年。

田澤晴子『吉野作造――人世に逆境はない』ミネルヴァ書房、二〇〇六年。

田澤晴子「柳田民俗学と岐阜県」『リブロ岐阜学』一号、みらい、二〇一五年。

田中彰『明治維新観の研究』北海道大学図書刊行会、一九八七年。

田中秀臣「福田徳三と中国」『上武大学ビジネス情報学部紀要』二〇〇七年九月号。

鶴見俊輔「「革命」のとらえ方」『鶴見俊輔集・続　二巻』筑摩書房、二〇〇一年。

鶴見太郎「柳田民俗学の東アジア的展開」『岩波講座　帝国日本の学知』六巻、岩波書店、二〇〇六年。

陶徳民「吉野作造の民本主義における儒教的言説――人間論と政治論を中心に」『東アジア文化交渉研究』第三号、二〇一〇年三月号。

徳丸亞木「神社合祀政策における氏神・祖先・「森」の認識――『全国神職会会報』を中心として」『歴史・人類』二〇〇五年三月。

中井信彦「史学としての社会史――社会史にかんする覚書」『日本歴史民俗論集』一巻、吉川弘文館、一九九二年。

中山善仁「海老名弾正の政治思想――儒学的キリスト教・「共和国」・「帝国主義」」『国家学会雑誌』二〇〇〇年二月。

西沢保「大正デモクラシーと産業民主主義・企業民主主義の展開」『デモクラシーの崩壊と再生――学際的接近』日本経済評論社、一九九八年。

西沢保「福田徳三の経済思想――厚生経済、社会政策を中心に」『一橋論叢』二〇〇四年一〇月号。

野村純一他編『柳田国男事典』勉誠出版、一九九八年。

野本寛一『栃と餅――食の民俗構造を探る』岩波書店、二〇〇五年。

花森重行「歴史地理学という場の崩壊――柳田国男・高木敏雄の久米邦武批判から見えるもの」『日本思想史研究会会報』日本思想史研究会、二〇〇三年一月。

原口大輔「徳川家達と柳田国男――「河井弥八日記」から見る柳田辞職問題」『史淵』二〇一六年三月。

林淳「固有信仰論の学史的意義について」『アジアの宗教と精神文化』新曜社、一九九七年。

林淳「文化史学と民俗学」柳田国男の会編『柳田国男研究論集』四号、岩田書院、二〇〇五年。

原秀成『日本国憲法制定の系譜Ⅰ――戦争終結まで』日本評論社、二〇〇四年。

平出裕子「森本厚吉の「文化生活運動」――生活権の提唱と講義録発行」『日本歴史』二〇〇六年六月号。

平野敬和「吉野作造のアジア――第一次世界戦争から国民革命の終結まで」『吉野作造記念館研究紀要』創刊号、二〇〇四年三月。

平野敬和「デモクラットの対外認識――吉野作造・石橋湛山を中心に」『近代日本の対外認識Ⅰ』彩流社、二〇一三年。

福井直秀『柳田国男――社会変革と教育思想』岩田書院、二〇〇七年。

福田アジオ『柳田国男の民俗学』吉川弘文館、二〇〇七年（初版一九九二年）。

福田アジオ『日本の民俗学――「野」の学問の二〇〇年』吉川弘文館、二〇〇九年。

藤井隆至『柳田國男　経世済民の学――経済・倫理・教育』名古屋大学出版会、一九九五年。

藤井隆至「柳田国男――協同組合の思想家」『日本の経済思想1』日本経済評論社、二〇〇六年。

伏見岳人「解説――吉野作造の政治史講義」『吉野作造政治史講義』岩波書店、二〇一六年。

藤村一郎『吉野作造の国際政治論――もうひとつの大陸政策』有志舎、二〇一二年。

藤本頼生「無格社整理と神祇院――「国家ノ宗祀」と神社概念」『國學院雜誌』二〇一二年一一月号。

J・G・フレイザー（江川徹他訳）『旧約聖書のフォークロア』太陽選書、一九七六年。

J・G・フレイザー（神成利男訳）『金枝篇――呪術と宗教の研究』四巻、五巻、国書刊行会、二〇〇六、二〇〇九年。

牧田茂編『評伝柳田国男』日本書籍、一九七九年。

松尾尊兊『大正デモクラシーの研究』青木書店、一九六六年。

松村一男『神話学講義』角川書店、一九九九年。

松本三之介『近代日本の思想家一一　吉野作造』東京大学出版会、二〇〇八年。

三谷太一郎『大正デモクラシー論――吉野作造の時代』第三版、東京大学出版会、二〇一三年。

三谷太一郎「吉野作造の明治文化研究」『国家学会雑誌』八三巻一・二号、一九七〇年五月。

宮田光雄『権威と服従――近代日本におけるローマ書十三章』新教出版社、二〇〇三年。

武藤秀太郎「戦間期日本における知識人集団――黎明会を中心に」『戦間期日本の社会集団とネットワーク――デモクラシーと中間団体』ＮＴＴ出版、二〇〇八年。

武藤秀太郎『近代日本の社会科学と東アジア』藤原書店、二〇〇九年。

村井紀『南島イデオロギーの発生――柳田国男と植民地主義』福武書店、一九九二年。

室井康成『柳田国男の民俗学構想』森話社、二〇一〇年。

R・A・モース『近代化への挑戦――柳田国男の遺産』日本放送出版協会、一九七七年。

山内進「福田徳三の国際政治思想」『一橋論叢』二〇〇四年一〇月号。

山口輝臣「大正時代の「新しい歴史学」――日本文化史という企て、和辻哲郎と竹岡勝也を中心に」『季刊日本思想史』二〇〇五年一二月号。

横山茂雄「「異民族」の記憶――英国民俗学と南方熊楠、柳田国男の山人論争」『國文学―解釈と教材の研究―』二〇〇五年八月号。

米谷匡史『アジア／日本』岩波書店、二〇〇六年。

米原謙『日本政治思想』ミネルヴァ書房、二〇〇七年。

吉野作造関係資料

飯田泰三・三谷太一郎・松尾尊兊編『吉野作造選集』全一五巻別一、岩波書店、一九九六〜九七年。

『吉野作造博士民主主義論集』全八巻、新紀元社、一九四六〜四七年。

吉野作造講義録研究会編『吉野作造政治史講義——矢内原忠雄・赤松克麿・岡義武ノート』岩波書店、二〇一六年。

吉野作造『政治史』文信社、一九二七年（政治史講義録）、国立国会図書館近代デジタルライブラリー。

吉野『政治史』国文社出版部、一九二八年。

吉野『露国帰還漂流民幸太夫』文化生活研究会、一九二四年。

吉野『MISUZU REPRINTS 12 古い政治の新しい観方』みすず書房、一九八八年。

吉野『MISUZU REPRINTS 13 現代政治講話』みすず書房、一九八八年。

吉野「日本文明の研究」『国家学会雑誌』一九〇五年七月号。

吉野「仏国教界の近時」『新人』一九一三年四月号。

吉野「人格中心主義」『基督教世界』第一五七七号、一九一三年一二月一一日。

吉野「羅馬法皇」『法学協会雑誌』一九一四年一〜一二月号。

吉野「我国基督教の将来と其使命」『基督教世界』一九一四年一月一日号。

吉野「此度の議会に於ける問題」『新女界』一九一四年四月号。

吉野「白耳義ニ於ケル選挙法問題」『穂積先生還暦祝賀論文集』有斐閣書房、一九一五年。

吉野「御大典に際して国民の精神的覚醒を促す」『新人』一九一五年一一月号。

吉野「国際関係の調和力としての宗教」『六合雑誌』一九一六年一月号。

吉野「羅馬法皇論」『新人』一九一六年八月号。

吉野「何故に伝道するか」『東京朝日新聞』一九一六年一〇月二五日。

吉野「東宮殿下御教導の任に膺れる人々に対する希望」『中央公論』一九一六年一二月号。

吉野「公共的犠牲の公平なる分配」『大学評論』一九一七年一月号。

吉野「民本主義と国体問題」『大学評論』一九一七年八月号。

吉野「精神的自給自足主義を排す」『新人』一九一七年七月号。

吉野「姉崎博士に対する福田博士の批評について」『中央公論』一九一八年四月号。

吉野「戦争の目的に関する我国論の二種」『中央公論』一九一八年四月号。

吉野「如何にして国体の万全を期すべき」『新人』一九一八年七月号。

吉野「我国現代の社会問題」『中央公論』一九一八年一〇月号。

吉野「国民思想統一の根本義」『廓清』一九一九年二月一五日号。

吉野「人種的差別撤廃運動と日米問題」『東方時論』一九一九年四月号。

吉野「デモクラシーに関する吾人の見解」『黎明講演集』一九一九年四月号。

吉野「政治上のデモクラシー」『新人』一九一九年四月号。

吉野「資本家の労働問題観――武藤山治氏の「吾国労働問題解決法」を読む」『中央公論』一九一九年九月号。

吉野「民本主義者より見たる労働問題」『社会及国体研究録』一九一九年一〇月号。

吉野「果して何処へか適帰せんとする？　瀰漫せる「労働不安」の流れ」『海か陸か』一九一九年一一月号。

吉野「東洋に於けるアナーキズム」『国家学会雑誌』一九二〇年三月号。

吉野「社会問題とは何ぞや」『婦人公論』一九二〇年四月号。

吉野「社会問題と其思想的背景」『中央公論』一九二〇年七月一五日号。

吉野「大本教の取締」『中央公論』一九二〇年九月号。

吉野「社会問題としての生活問題」『廓清』一九二〇年一一月号。

吉野「神社崇拝の道徳的意義」『中央公論』一九二〇年一二月号。

吉野「西洋の基督教」『新人』一九二一年二月号。

吉野「所謂世界的秘密結社の正体」『中央公論』一九二一年六月号。

吉野「私の文化生活観」『文化生活』一九二一年八月号。

吉野「工場委員会制度」『中央公論』一九二一年九月号。

吉野「人口増殖と特殊地位」『中央公論』一九二一年一〇月号。

吉野「工場委員会制度」『婦人之友』一九二一年一〇月号。

吉野「現代の青年と基督教」『新人』一九二一年一〇月号。

吉野「大本教神殿の取毀ち」『中央公論』一九二一年一一月号。

吉野「フリーメーソンリーの話」『文化生活』一九二一年一〇、一一、一二月、一九二二年五月号。

吉野「現代政局の史的背景」朝日新聞社編『時局問題批判』一九二四年。

吉野「メキシコ宗教紛争の教訓」『問題と解決』文化生活研究会、一九二六年。

吉野「社会改造問題と基督教」『開拓者』一九二五年一月号。

吉野「人口問題の合理的解決」『婦人公論』一九二六年二月号。

吉野「所謂人口問題の解決策」『中央公論』一九二六年七月号。

蠟山政道「わが師吉野作造先生」社会思想研究会編『わが師を語る　近代日本文化の一側面』社会思想研究会出版部、一九五一年。

尾佐竹猛『維新前後に於ける立憲思想の研究』中文館書店、一九三四年。

柳田国男関係資料

柳田国男『定本柳田國男集』全三一巻別巻五、筑摩書房、一九六二～七一年。

伊藤幹治他編『柳田國男全集』筑摩書房、一九九七年～刊行中。

柳田為正他編『柳田国男談話稿』法政大学出版局、一九八七年。

飯倉照平編『柳田国男・南方熊楠往復書簡集』下、平凡社、一九九四年。

倉長巍『加奈陀メソジスト日本伝道概史』加奈陀合同教会宣教師会、一九三七年。

中央会堂編『中央会堂五十年史』中央会堂、一九四〇年。

館林市教育委員会文化財振興課編『田山花袋宛柳田国男書簡集』一九九一年。

田山花袋『東京の三十年』（『作家の自伝二五　田山花袋』日本図書センター、一九九五年）。

鳥居龍蔵「私の見た山中先生」『武蔵野』武蔵野文化協会、一九二九年九月号。

喜田貞吉「神籠石概論」『歴史地理』一九一〇年三月号。

喜田貞吉「神籠石と磐境」『歴史地理』一九一〇年九月号。

「座談会民族信仰の問題――「神道と郷土を語る」」『日本評論』一九四三年一月号。

柳田国男「蝸牛考」『人類学雑誌』一九二七年六月号、同七月号。

「第三回総会と懇話陳列会」『史蹟名勝天然記念物』画報社、一九一七年七月号。

福田徳三関係資料

赤松要編『生存権の社会政策』黎明書房、一九四八年。

福田『黎明録』大鐙閣、一九一九年。

福田『暗雲録』大鐙閣、一九二一年。

福田『経済学全集』五巻上、六巻上、同文館、一九二六年。

福田「軍備制限は確かに実現し得る」『改造』一九二一年一一月号。

福田「社会政策の立場より見たる日米問題」『改造』一九二四年五月号。

福田『社会運動と労銀制度』改造社、一九二二年。

太田雅夫編『資料大正デモクラシー論争史』新泉社、一九七一年。

その他の資料

姉崎正治『姉崎正治集』七巻、九巻、クレス出版、二〇〇二年。

赤木須留喜・須崎慎一編『大政翼賛運動資料集成』六巻、七巻、十巻、柏書房、一九八八年。

赤澤史朗他編『資料日本現代史』一二巻、大月書店、一九八四年。

小川琢治「越中国西部の荘宅 Homesteads に就て」『地学雑誌』一九一四年一一月号。

清水三男『中世荘園の基礎構造』高桐書院、一九四九年。

神社本庁編『神社制度調査会議事録』二〇〇一年。

神祇院編『神社本義』印刷局、一九四四年。

黒板勝美『国史の研究』文会堂、一九〇八年。

黒板勝美『国史の研究』文会堂書店、一九一八年。

黒板勝美『虚心集』四巻、吉川弘文館、一九四〇年。

第八委員会「協同生活ノ範囲ト其実行方策ニ関スル報告書」国立公文書館デジタルアーカイブ。http://www.digital.archives.go.jp/das/image/M0000000000000303266
高岡裕之編『資料集 総力戦と文化2 厚生運動・健民運動・読書運動』大月書店、二〇〇一年。

高木敏雄著(大林太良編)『増訂日本神話伝説の研究1』平凡社、一九七三年。

津田左右吉『神代史の新しい研究』二松堂書店、一九一三年。

内藤湖南「清国の立憲政治」『内藤湖南全集』五巻、筑摩書房、一九七二年。

西田直二郎「文化史の性質」『歴史と地理』一九三一年六月号。

西田直二郎「日本の史学と文化史」『東洋史論叢——桑原博士還暦記念』弘文堂書房、一九三一年。

西田直二郎「日本上代のトーテミズム痕跡の問題と呪術についての二三の考」『内藤博士頌寿記念史学論叢』弘文堂書房、一九三〇年。

原勝郎「序」『日本中世史巻一』冨山房、一九〇五年。

原勝郎『日本中世史之研究』同文舘、一九二九年。

牧野信之助「旧加賀藩の散居村落制について」『地学雑誌』一九一五年八月号。

牧野信之助「散居制と環濠部落」『土地及び聚落史上の諸問題』河出書房、一九三八年。

松本学文書「調査会第五委員会審議要録」国立国会図書館所蔵。

森本厚吉「生活権の主張と其責任」『私どもの主張』文化生活研究会、一九二一年。

新聞・雑誌

郷土研究会『郷土研究』一〜四巻(復刻版)、名著出版、一九七六年。

歴史地理学会編『歴史地理』（一九一二～一五年分）。
史蹟名勝天然紀念物保存協会『史蹟名勝天然紀念物』（復刻版）。
史学会編『史学雑誌』（一九一七～三一年分）。
史学研究会編『史林』（一九一六～三三年分）。
三田史学会編『史学』（一九二一～三〇年分）。
東京朝日新聞社『東京朝日新聞』（一九二五年六～七月分）。
民間伝承の会『民間伝承』（一九四一～四三年分）。

あとがき

本書は二〇一一年度、名古屋大学大学院環境学研究科に提出した博士論文「近代日本政治思想史における「自由」と「自治」——吉野作造と柳田国男の比較を中心に」をもとに、その後に発表した論文を加えたものである。各章のうち雑誌等に掲載した論文は次の通りである。

第一章　「吉野作造における「国体」と「神社問題」」『政治思想研究』九号、風行社、二〇〇九年五月。
第二章　「「柳田国男における「神道」観の成立——『石神問答』と「塚と森の話」を中心に」『社会文化形成』二号、名古屋大学社会文化形成研究会、二〇〇八年一〇月。
第三章　「柳田国男における「固有信仰」と「世界民俗学」——キリスト教との関連から」『年報近現代史研究』四号、二〇一二年三月。
第四章　「一九二〇年代における柳田国男の「共同生存」と「共同団結の自治」——吉野作造と比較して」『社会思想史研究』三四号、二〇一〇年九月。
第五章　「「デモクラシー」と「生存権」——吉野作造と福田徳三の思想的交錯」『政治思想研究』一一号、二〇一一年五月。
第八章　「「郷土研究」とアカデミズム史学」『年報近現代史研究』七号、二〇一五年三月。

また、本書の論文を作成するにあたり各研究会等で報告する機会を得て、参加者のみなさんから貴重なご意見をいただくことができた。感謝をこめて研究会の名称と発表した年月を記しておきたい。

すなわち、柳田国男の会（二〇〇八年七月）、近現代史研究会（二〇〇九年六月、二〇一三年六月）、同研究会大会（二〇一四年七月）、同志社大学キリスト教社会問題研究会（二〇〇九年七月）、日本思想史学会研究大会（二〇〇九年一〇月、二〇一五年一〇月）、政治思想学会大会（二〇一〇年五月）、思想史の会（二〇一〇年六月）、社会思想史学会大会（二〇一〇年一〇月）、東海地区政治思想研究会（二〇一三年三月）、中部政治学会（二〇一六年七月）、である。

博士論文作成の際は、名古屋大学大学院環境学研究科で担当教員となってくださった川田稔先生を筆頭に、審査を担当してくださった出原政雄先生、溝口常俊先生、井口治夫先生、記念館時代からお世話になり建築学のゼミで報告を聞いてくださった西澤泰彦先生、法学研究科のゼミ、講義で新たな知見を開いてくださった姜東局先生に感謝申し上げる。

また、早稲田大学大学院文学研究科の先輩となる岡田洋司氏、黒川みどり氏は、愛知県に来たばかりの私に研究会や非常勤を紹介してくださった。鹿野政直先生、安在邦夫先生からは葉書で励ましをいただいた。

また、二〇一四年より平野敬和氏、藤村一郎氏と「大正デモクラシー再検討」の研究会を立ち上げ、「大正デモクラシー」研究文献の検討やインタビューを行っている。その過程で得た知見も本書に織り込まれている。

ミネルヴァ書房編集部の田引勝二氏には『吉野作造』に引き続き今回も編集をご担当いただき、前回同様丁寧なご指摘をいただいた。

吉野と柳田を最初に扱った吉野作造記念館（宮城県大崎市）在職当時の企画展「吉野作造と柳田国男――しだれ桜をめぐって」（二〇〇一年三〜五月）で使用した図版を本書で使用することができた。また二〇一七年六月吉野作造記念館で開催された日本経済思想史学会の席で田中秀臣先生より住谷悦治の吉野作造講義ノートの複写をご提供いただき、住谷が描いた吉野の似顔絵を使用することができた。

その他図版の使用に関しては住谷一彦氏、群馬県立図書館、成城大学民俗学研究所、館林市教育委員会文化振興課、遠野市立博物館、日本基督教団甲府教会、一橋大学附属図書館、吉野作造記念館にお世話になった。

なお、本書を刊行するにあたり、岐阜大学の平成二九年度活性化経費（人文社会系活動支援）ならびに科学研究費（「大正デモクラシー」の総合的研究、基盤研究(C)、平成二九〜平成三一年度）の助成を受けた。

二〇一八年一月

田澤晴子

人名索引

※「吉野作造」「柳田国男」は頻出するため省略した。

さ　行

た　行

な　行

は　行

ま　行

や　行

ら　行

わ　行

事項索引

※「大正デモクラシー」「政治学」「民俗学」「キリスト教」などは頻出するため省略した。

あ 行

か 行

さ 行

《著者紹介》

田澤晴子（たざわ・はるこ）
1966年　東京都生まれ。
名古屋大学大学院環境学研究科博士後期課程修了。
現　在　岐阜大学教育学部准教授。
主　著　『吉野作造——人世に逆境はない』ミネルヴァ書房，2006年。
「竹内好——「変革のための学問」をめざして」大井赤亥他編『戦後思想の再審判——丸山眞男から柄谷行人まで』法律文化社，2015年。

シリーズ・人と文化の探究⑯
吉野作造と柳田国男
——大正デモクラシーが生んだ「在野の精神」——

2018年３月30日　初版第１刷発行　〈検印省略〉

定価はカバーに
表示しています

著　者　田　澤　晴　子
発行者　杉　田　啓　三
印刷者　藤　森　英　夫

発行所　株式会社　ミネルヴァ書房
607-8494　京都市山科区日ノ岡堤谷町１
電話代表（075）581-5191
振替口座　01020-0-8076

Ⓒ田澤晴子，2018
亜細亜印刷・新生製本

ISBN978-4-623-08161-5
Printed in Japan

国体論はなぜ生まれたか　米原　謙 著　四六判三一四頁 本体三〇〇〇円

三宅雪嶺の政治思想　長妻三佐雄 著　A5判二一八頁 本体六〇〇〇円

北一輝の「革命」と「アジア」　萩原　稔 著　A5判三〇八頁 本体六〇〇〇円

日本政治思想［増補版］　米原　謙 著　A5判三七〇頁 本体三五〇〇円

概説日本政治思想史　西田　毅 編著　A5判四一六頁 本体三二〇〇円

概説日本思想史　佐藤弘夫編集委員代表　A5判三七六頁 本体三二〇〇円

ミネルヴァ日本評伝選

吉野作造——人世に逆境はない　田澤晴子 著　四六判三三六頁 本体三〇〇〇円

福澤諭吉——文明の政治には六つの要訣あり　平山　洋 著　四六判四六四頁 本体三〇〇〇円

久米邦武——史学の眼鏡で浮世の景を　髙田誠二 著　四六判三九二頁 本体三〇〇〇円

陸　羯南——自由に公論を代表す　松田宏一郎 著　四六判三六〇頁 本体三〇〇〇円

金沢庄三郎——地と民と語とは相分つべからず　石川遼子 著　四六判四八六頁 本体四〇〇〇円

満川亀太郎——慷慨の志猶存す　福家崇洋 著　四六判四〇二頁 本体四〇〇〇円

早川孝太郎——民間に存在するすべての精神的所産　須藤　功 著　四六判四三二頁 本体四〇〇〇円

ミネルヴァ書房

http://www.minervashobo.co.jp